Fundamentos de teoría
literaria contemporánea

Fundamentos de teoría literaria contemporánea

Juan M. Godoy Marquet

McFarland & Company, Inc., Publishers
Jefferson, North Carolina

This book has undergone peer review.

ISBN (print) 978-1-4766-8605-9
ISBN (ebook) 978-1-4766-4722-7

LIBRARY OF CONGRESS AND BRITISH LIBRARY
CATALOGUING DATA ARE AVAILABLE

Library of Congress Control Number 2022054389

© 2023 Juan M. Godoy Marquet. All rights reserved

No part of this book may be reproduced or transmitted in any form or by any means, electronic or mechanical, including photocopying or recording, or by any information storage and retrieval system, without permission in writing from the publisher.

Front cover image by Juan M. Godoy Marquet

Printed in the United States of America

*McFarland & Company, Inc., Publishers
Box 611, Jefferson, North Carolina 28640
www.mcfarlandpub.com*

para Bruce

Reconocimientos

Quiero dar las gracias a todos aquellos que me han ayudado con la redacción de este libro. Gracias a todos los estudiantes graduados del departamento de Español y Portugués en San Diego State University, que año tras año me han acompañado en el seminario de Teoría Literaria. Sus comentarios durante los primeros años de estos seminarios me hicieron pensar en la necesidad de un libro como éste. Más tarde sus sugerencias me ayudaron a organizar y corregir el libro tal y como lo podemos ver ahora. Especialmente de ayuda fueron los comentarios de los estudiantes Aharon Arvizu, Trinidad Jiménez y Sergi Rivero, hoy amigo y colega. Gracias al profesor y gran amigo Héctor Mario Cavallari que me regaló el libro de Selden cuando empecé a enseñar la clase de Teoría Literaria. También quiero agradecer a mis colegas del departamento José Mario Martín-Flores y Daniel Ares-López, cuya generosa información me ha ayudado a redactar el capítulo sobre Estudios Culturales. Gracias a Layla Milholen, Managing Editor—Operations de la editorial McFarland, por el apoyo, paciencia y entusiasmo mostrados durante la preparación del manuscrito. También mis agradecimientos a los acertados comentarios que los dos evaluadores anónimos hicieron del primer borrador, porque me han ayudado a corregir y mejorar el libro. Gracias a todo lo que me han enseñado los libros consultados, especialmente las obras de Antonio Bolivar Botía, Toril Moi, Mark Mondimore, Michael Ryan, Raman Selden et al. y David Walton. Un muy especial agradecimiento a mi esposo Bruce Vermazen por los muchos y valiosos consejos durante la investigación, por su incansable lectura de cada uno de los borradores y por su agudeza editora que ha hecho posible ver los errores imposibles de ver. Gracias, Bruce, por tus muestras de ánimos y ayuda emocional cuando estuve a punto de tirar la toalla. Finalmente, gracias a mi madre, Rosa Marquet Torné, porque cada semana de mi niñez me trajo *El último mohicano*, *Veinte mil leguas de viaje submarino* y *La isla del tesoro* desde la editorial Bruguera.

Índice

Reconocimientos vi
Introducción 1

I. El formalismo ruso 7
II. Mikhail Bakhtin (1895–1975) 25
III. Teorías estructuralistas 35
IV. Teorías postestructuralistas 49
V. Roland Barthes (1915–1980) 56
VI. Michel Foucault (1926–1984) 70
VII. Jacques Lacan (1901–1981) 82
VIII. Jacques Derrida (1930–2004) 96
IX. Teorías feministas 118
X. Postfeminismo: Julia Kristeva (1941–), Luce Irigaray (1930–), Hélène Cixous (1937–) 132
XI. Teorías marxistas 150
XII. Teorías poscolonialistas 164
XIII. Teorías gays, lesbianas y *queer* 176
XIV. Estudios culturales 192
XV. Teorías posmodernistas 206

Bibliografía 221
Índice temático 223

Introducción

En la actualidad, la actividad crítico-literaria debe estar sostenida por la teoría, o lo que es lo mismo la teoría literaria no se puede separar de la práctica de la interpretación.

Algunos estudiantes piensan que la teoría literaria es una red misteriosa de ideas expresadas en un lenguaje pomposo e imposible de entender para el no iniciado. Y tienen gran parte de razón; los textos originales de uno/a de estos teóricos/as son, la mayoría de las veces, difíciles de entender, sobre todo si consideramos que las formulaciones de sus teorías tienen su base en otros campos de pensamiento como la filosofía de siglos anteriores. A esta dificultad hay que añadirle la incorporación de otros discursos de pensamiento como, por ejemplo, las ciencias políticas o el psicoanálisis iniciado por Sigmund Freud.

Cuando un/a estudiante de literatura lee un cuento, un poema, una novela o una obra de teatro, la primera pregunta que se hace es ¿cuál es la significación del texto? Pero se podría hacer otro tipo de preguntas como por ejemplo ¿a lo largo de la historia, la significación de este texto fue siempre la misma? ¿por qué el autor quiere que tenga esta significación? ¿es esta significación igual para los diferentes grupos sociales, diferentes géneros, diferentes razas o diferentes sexualidades? ¿se puede aplicar la misma teoría a un poema o a una novela, a una obra renacentista o vanguardista? Estas y otras preguntas pueden encontrar sus respuestas en los diferentes campos de pensamiento creado por la teoría literaria.

Aunque parezca una novedad, el hecho de interpretar un texto literario no es nuevo. Durante cientos de años un gran número de pensadores y escritores han desarrollado teorías sobre la literatura, tratando de encontrar formas de entender un texto poético, una novela, una obra de teatro, un cuento, una película, así como otras creaciones artísticas. Uno de los primeros intentos teóricos fue la *Poética* de Aristóteles, en donde se teoriza sobre la tragedia griega en el siglo IV a.C. Durante el siglo XIX, el análisis de la literatura se basaba principalmente en un acercamiento historicista que intentaba conectar el análisis del texto con la biografía del escritor: "el poeta escribió estos poemas porque la persona amada lo abandonó." A principios del siglo XX, el llamado historicismo empezó a ser visto como incapaz de proveer herramientas de análisis necesarias para la interpretación de la obra literaria. Las respuestas contra el historicismo no se hicieron esperar y fueron precisamente las diferentes reacciones contra el historicismo las que provocaron el nacimiento de una variedad de propuestas dirigidas al análisis e interpretación que hoy, de forma colectiva, llamamos "teoría literaria contemporánea."

La primera respuesta al historicismo decimonónico fue la del formalismo cuya propuesta de análisis enfatizaba, no el autor, sino "el texto mismo." Nuevas teorías fueron apareciendo y con ellas nuevos teóricos que lograron desarrollar multiplicidad de ideas, recursos y técnicas literarias que ayudaron al lector a iniciarse en el análisis del texto. En el campo de la teoría literaria contemporánea existen diferentes acercamientos y perspectivas teóricas. Algunos de estos acercamientos se enfocan en la significación mientras que otros se concentran en la forma; algunos enfatizan su carácter político mientras que otros aparecen como apolíticos. Por ejemplo, las teorías feministas dirigen sus estudios hacia la identificación de estereotipos femeninos repetidos a través de la historia por el patriarcado. Las teorías marxistas consideran el contexto social y económico, mientras que las teorías poscolonialistas analizan los estereotipos culturales impuestos desde la metrópolis, y así sucesivamente.

Este libro intenta animar al/a la estudiante a pensar en la teoría literaria como una serie de ideas que al principio pueden ser difíciles de entender, pero que, una vez se han entendido, pueden abrir nuevas maneras de entender, analizar y escribir acerca de textos literarios. Este libro no pretende ofrecer una visión completa de la teoría literaria, sino un panorama selectivo y parcial de las teorías literarias. Tampoco pretende ser un libro de historia de las ideas en el siglo XX, aunque en algunos capítulos el libro introduce al/a la estudiante en el momento histórico en que apareció el movimiento. La intención del presente libro es interesar al/a la estudiante a adentrarse en el mundo de las ideas. Está pensado especialmente, pero no exclusivamente, para que los/las estudiantes de Master's en los departamentos de literatura hispánica puedan tener una comprensión básica, clara y concisa de algunas de las teorías literarias contemporáneas.

El libro tiene tres objetivos. Primero: el conocimiento básico de algunas de las principales ideas teóricas de los pensadores contemporáneos que creemos pueden ser más útiles para el/la estudiante. Para ello el libro intenta facilitar algunas de las más importantes teorías desarrolladas en el siglo XX a estudiantes que no tienen previo conocimiento de teoría literaria, filosofía u otras ramas de las ciencias humanas como la psicología. Naturalmente, este libro no pretende ser un sustituto de las teorías originales, pero sí un acercamiento "simplificado" de las teorías y los autores/as mas utilizadas en la práctica de los estudios literarios. La "simplificación" de las ideas teóricas planteadas en este libro no es gratuita, es más, es una de las contribuciones de este libro: reducir la complejidad de las ideas para que un/a estudiante de Master's en literatura hispánica puede entenderlas. Si este libro intentara explicar estas teorías en toda su complejidad, sería mucho más largo y difícil para el/la estudiante. Por esta razón, una explicación completa y detallada de la teoría literaria no tendría lugar en un texto introductorio como éste. Pensemos en cada teoría como un bosque. La intención de este libro no consiste en delinear un mapa detallado de cada uno de los bosques, sino solamente un mapa que muestre al/a la estudiante un camino que podrá recorrer por cada uno de ellos. Con el conocimiento de un camino, el/la estudiante podrá hacer uso de él y desarrollar su propia manera de pensar acerca de los textos literarios. Y aquí es donde tenemos el segundo objetivo: las posibles aplicaciones de estas ideas en las interpretaciones de los textos literarios a los que el/la estudiante se ha de enfrentar a lo largo de su carrera. El simple conocimiento, aunque sea básico, de teoría no tendría razón de ser si no tuviera una aplicación práctica en los textos literarios.

Una vez se ha provisto al/a la estudiante con una variedad de marcos teóricos, la primera pregunta que se le puede plantear es ¿cómo aplicarla a un texto literario? Este marco teórico, con sus diversas estrategias, le ayudará a organizar y enriquecer las posibles interpretaciones de un texto literario. Sin dejar de expresar sus propias ideas, el/la estudiante que ha entendido los conceptos teóricos básicos y es poseedor de un vocabulario teórico, podrá apoyarse en ellos para interpretar los textos literarios presentados en sus cursos de literatura. La segunda pregunta que el/la estudiante podría preguntarse es ¿cómo puedo saber que teoría es la más acertada para analizar un texto? La respuesta: depende del texto. Si, por ejemplo, queremos ver cuáles son los elementos formales que componen un romance, la respuesta es que deberíamos adoptar un acercamiento formalista. Otra de las preguntas es ¿hay una teoría mejor que otra? La respuesta es no. Cada teoría tiene sus ventajas e inconvenientes, pero todas aportan nuevas perspectivas al/a la estudiante que las utiliza. Esto no quiere decir que una teoría funcione con igual eficacia para cualquier texto. Lo que el/la estudiante deberá hacer es dejar que sea la *obra* la que le sugiera cuántas ideas de diferentes teorías puede utilizar, nunca imponer una teoría.

Una forma eficaz para que el/la estudiante se familiarice con la aplicación de la teoría a la práctica podría ser aquella en la que el/la estudiante eligiera un texto corto como un cuento y lo analizara según algunas de las sugerencias del capítulo que está viendo. A veces, dependiendo de la elección del cuento, la aplicación de la teoría se le hace difícil al/a la estudiante que todavía no tiene la competencia o la intuición de poder ver si ese texto se podría analizar bajo esa teoría. En este caso el profesor podría elegir un cuento o poema donde la correspondencia entre texto y teoría es más evidente para el/la estudiante. Por ejemplo, el cuento "El etnógrafo" de Jorge Luis Borges, donde la aplicación teórica de la estructura del sujeto según Jacques Lacan es bastante evidente. Ahora bien, ocurre que muchas veces el/la estudiante cree que debe aplicar a cada texto literario una sola teoría. La idea no es que el/la estudiante aplique una sola teoría a una obra literaria. La idea es que una variedad de teorías puedan ser aplicadas a un solo texto literario, mientras que otras teorías puedan ser aplicadas a otros. Un/a estudiante bien preparado podrá aplicar una variedad de teorías en un solo texto.

Volviendo a la metáfora del bosque, si el/la estudiante encuentra el bosque lo suficientemente interesante, posiblemente se internará en caminos más complejos. Como por ejemplo tomando un curso específicamente en Feminismo o en Michel Foucault. Y aquí tenemos el tercer objetivo: aquel que deriva de la inquietud intelectual del/de la estudiante que, después de haber entendido lo básico de la teoría literaria del siglo XX, se siente alentado a seguir leyendo textos que explican la teoría, pero desde ángulos más complejos. El objetivo final es que se sienta cómodo cuando llegue a leer los textos originales de todos estos pensadores/as.

El libro consta de quince capítulos. En cada capítulo se expone una teoría, como por ejemplo el formalismo ruso, el estructuralismo o bien el pensamiento de teóricos como Roland Barthes, Jacques Derrida o Julia Kristeva. La división de capítulos entre teorías y autores se debe a una consideración pedagógica. Los capítulos dedicados exclusivamente a algunos autores responden a que sus ideas, más que las de otros teóricos, puedan ayudar al/a la estudiante en sus análisis. Por ejemplo, el análisis que Foucault hace del Panóptico de Bentham ha sido utilizado multiplicidad de veces en diferentes análisis sobre el confinamiento de la mujer en su casa.

El número de capítulos está pensado para cursos semestrales (quince semanas), un capítulo por semana, aunque, naturalmente, la relación capítulo-curso siempre estará en la prerrogativa del profesor.

Todos los capítulos comparten un formato común. Cada capítulo está dividido en varias secciones señalados por números romanos. La primera sección es un índice muy esquematizado sobre el contenido del capítulo. Es como una llamada de atención al/a la estudiante de lo que se va a encontrar a continuación en el capítulo. La segunda sección es un listado de conceptos que el/la estudiante encontrará a lo largo del capítulo. La función de esta sección es que el/la estudiante empiece a familiarizarse con ellos para poder utilizarlos en sus futuros análisis. A partir de la tercera sección el/la estudiante encontrará paso a paso el desarrollo explicativo de los conceptos claves de la teoría o el autor estudiado. Al final de cada capítulo el/la estudiante encontrará una serie de preguntas cuya intención es la de revisar los puntos más importantes desarrollados en el capítulo. Asimismo, se incluye una serie de sugerencias de posibles ideas que pueden ser útiles para el/la estudiante cuando se enfrente a un trabajo final de semestre o una tesis de Master's. Por último, cada capítulo contiene un glosario de términos que se han ido utilizando durante el capítulo. Un asterisco en paréntesis después de un término en el texto significa que este término se explica al fin del capítulo. Por lo general, los términos pueden ser nuevos para el/la estudiante por lo que el glosario puede ayudarle a entender el contexto social, cultural o filosófico donde se desarrollan las diferentes ideas teóricas del capítulo que está leyendo.

Capítulo I

El formalismo ruso

I. En este capítulo veremos

La crítica anterior al formalismo / los orígenes del formalismo / el formalismo ruso / Viktor Shklovsky, "El arte como artificio"/ Roman Jakobson, la función estética / la distinción entre *trama* y *argumento* / Boris Tomashevsky, novelas con y sin motivación

II. Conceptos clave

Literariedad / lenguaje connotativo / lenguaje denotativo / automatismo / desautomatización / extrañamiento / función estética / función dominante / deslizamiento de la función dominante / trama / argumento / motivo / motivación

III. Anterior al formalismo

Antes del siglo XX, en Europa, los estudios literarios estaban dominados por una crítica que hacía que las interpretaciones estuvieran teñidas de subjetivismo, erudición histórica y acumulación de datos extraliterarios. El poeta era percibido por los críticos literarios como un genio que recibía la inspiración de una musa. El poema se analizaba como si de una experiencia místico-religiosa se tratara, algo misterioso, casi imposible de explicar. Alegando esta dificultad de explicar con palabras lo que el poema expresaba, el crítico se convertía en una especie de sumo sacerdote, en cuyas interpretaciones era capaz de traducir las verdades supuestamente ocultas en el poema. El crítico que se acercaba a un poema se le consideraba como una especie de acólito que entraba en comunión espiritual con las ideas y sentimientos del poeta. En cuanto a la narrativa, las interpretaciones críticas se basaban en la biografía del escritor, el momento histórico en el que vivió, la intención que supuestamente tenía cuando escribió la obra y las opiniones sobre su propia obra que el autor solía expresar en los círculos intelectuales. Ninguna de estas interpretaciones críticas satisfacía a las nuevas generaciones de críticos. De esa insatisfacción nació el formalismo.

IV. El formalismo ruso

La teoría literaria del siglo XX comenzó con el formalismo ruso, cuyo desarrollo pasó por dos etapas: su nacimiento durante el auge de las vanguardias artísticas después de la Revolución rusa y su declive por la creciente imposición de la ideología soviética. El formalismo se originó en dos centros de investigación. El primer centro fue el Círculo Lingüístico de Moscú (investigadores centrados en el estudio de la lingüística), fundado en 1915. Uno de sus principales investigadores fue Roman Jakobson que más tarde contribuyó a la creación del Círculo de Praga en 1926. El segundo centro fue la llamada Opojaz (investigadores centrados en el estudio del lenguaje poético), creado en 1916. Uno de sus principales investigadores fue Viktor Shklovsky, cuya publicación en 1917, "El arte como artificio," es considerado como el artículo-manifiesto de la escuela formalista. La segunda etapa, el declive del formalismo hacia 1930, fue provocado por cuestiones políticas. Después de la Revolución de 1917 el partido comunista impuso su disciplina en la vida cultural rusa, exigiendo el compromiso de los intelectuales formalistas con el partido comunista. En este contexto el formalismo experimentó una supervivencia cada vez más difícil, ya que el enfoque formalista chocaba con las ideas del partido comunista. Los formalistas buscaban las leyes que seguían los procedimientos artísticos, mientras que los comunistas querían describir y demostrar la interacción entre la obra de arte y la sociedad en un momento determinado de la historia.

A pesar de todos los impedimentos (la persecución oficial obligó al formalismo al silencio y a forzados arrepentimientos), los formalistas ya habían plantado la semilla que habría de fructificar en figuras como la de Roman Jakobson que llevó las ideas del formalismo a los lingüistas y críticos literarios de Checoslovaquia, donde nació el Círculo Lingüístico de Praga fundado en 1926.

V. El contenido es tan solo efecto de la forma

El texto, no el autor como centro de análisis. El formalismo abandonó toda interpretación centrada en el autor, su vida, sus emociones e ideas, que según la crítica eran expresadas por el "yo" poético, así como las consideraciones sociales que le rodeaban. Los formalistas consideraban que tanto el autor así como el entramado social que le rodeaba eran simplemente aportaciones contextuales carentes de interés ya que no aportaban nada a la interpretación literaria. En vez del autor, los formalistas situaron la obra literaria en el centro del análisis. Concibieron el texto literario como un ámbito autónomo y lo definieron como una organización formal, es decir, como la suma de todos los recursos literarios utilizados en su composición. Debido a la acumulación de recursos literarios en el lenguaje poético, consideraron la poesía como el texto ideal para sus análisis. El poeta ya no fue considerado como un genio, sino como un obrero, como alguien que dominaba los recursos literarios con los que conseguía sus logros artísticos.

La literariedad. El análisis formalista consistía en un minucioso estudio de los recursos con los que se construía el poema, siempre siguiendo las directrices marcadas por el *empirismo* (*). Para los formalistas el poema era únicamente forma, un artefacto construido a partir de los múltiples recursos literarios con los que el poeta contaba. El fondo o contenido era tan sólo efecto de la forma. El estudio de la poesía se abordaba no en la interpretación temática sino como el conjunto de palabras organizadas en un sistema formal con los procedimientos expresivos característicos del lenguaje poético. Empezaron, por ejemplo, a distinguir la presencia de varios planos superpuestos (fonemas, ritmo, rima etc.) y, a partir de aquí, afirmaron que, aunque cada estrato poseía una identidad propia, todos estaban relacionados entre sí. El objetivo de los formalistas era descubrir cuáles eran los rasgos específicos que permitían distinguir las diferencias entre lo literario y lo no literario. A las particularidades específicas de lo literario, Roman Jakobson las llamó *literariedad*. Este enfoque técnico de los formalistas los llevó a considerar la literatura como un uso *connotativo* (*) del lenguaje. Es decir, la literatura se manifestaba en un sistema de lenguaje "elaborado," "manipulado," "desfigurado," "distorsionado," que llegaba a connotar referentes diferentes y alejados a los expresados en el lenguaje "práctico," referencial o *denotativo* (*) utilizado en los actos de comunicación. Esta elaboración del lenguaje literario sobre el lenguaje utilizado en los actos de comunicación tenía como objetivo desviar nuestra atención hacia las palabras, que cobraban validez por sí mismas, y no por su contenido referencial. Las palabras, al dejar de ser simplemente informativas adquirían un valor estético en sí mismas. De esta forma el lenguaje literario rompió con los patrones rutinarios de percepción convirtiendo en extraordinaria una realidad que el lenguaje ordinario mantenía invisible ante nosotros los lectores. La literariedad hizo posible que las cosas aparecieran insospechadamente "nuevas" ante los ojos del lector.

VI. *Algunos teóricos formalistas*

Viktor Shklovsky (1893–1984)

El concepto de literatura definida como la acumulación de un lenguaje connotativo fue desarrollado por primera vez en el artículo de Shklovsky, "El arte como artificio." La palabra "artificio" que aparece en el título remite a la idea central del formalismo que consideraba toda obra de arte como un artefacto construido a partir de una acumulación de procedimientos conocidos por los escritores. Según Shklovsky, el escritor crea su obra utilizando un lenguaje caracterizado por la acumulación de procedimientos artificiosos para, deliberadamente, complicar la forma. La pregunta que deberíamos hacernos es ¿por qué el poeta construye su poema con este lenguaje artificiosamente complicado? Según Shklovsky, debido a una cuestión de practicidad en nuestra rutina diaria, el ser humano realiza todo su proceso de percepción con el menor esfuerzo posible. Esta percepción del mínimo esfuerzo Shklovsky la llamó *automatismo*. Dice Shklovsky que nuestra percepción de las cosas se convierte en percepciones habituales, "automatizadas," en nuestra conciencia. Nuestra retina está tan acostumbrada a ellas que no precisamos fijar demasiado nuestra atención para reconocerlas. Entrevemos unos rasgos formales, las reconocemos, pero no llegamos a verlas en toda su dimensión, no las vemos de una forma auténtica. Sigue diciendo Shklovsky que el objetivo de la obra de arte es destruir el *automatismo* de nuestra percepción del objeto o del concepto. A partir de aquí creó la idea de *desautomatización* que consiste en dar un tratamiento nuevo al material artístico. La obra de arte, dice, debe utilizar ciertos mecanismos "desautomatizadores" para que algunos de sus elementos cobren una relevancia especial y causen el lector un efecto de *extrañamiento* (*) (percibir como "extraños" los objetos de arte). La dificultad de las formas crea una "extrañeza" en el lector que lo llevará a verlos realmente, a comprenderlos como objetos artísticos. Las cosas y los conceptos serán devueltos a su singularidad propia e intransferible y aparecerán ante los ojos del lector como si fuera la primera vez que los ve, consiguiendo con ello romper con la automatización.

Roman Jakobson (1896–1982) y Yury Tynyanov (1894–1943)

Pasado el tiempo, los formalistas ampliaron el concepto de *desautomatización* al de *función*. Hacia 1928, Roman Jakobson y Yury Tynyanov rechazaron esta estrecha visión formalista del texto como un conjunto de recursos literarios y abogaron por el texto como un sistema de funciones que Tynyanov conceptualizó como *función estética*. Este nuevo concepto de *función estética* encerraba la idea de que una obra literaria no sólo era la suma de recursos considerados aisladamente, sino que la obra literaria también debía ser considerada como un sistema integrado por varios recursos con funciones distintas (la tarea que desempeña cada recurso dentro de la estructura). Por ejemplo, la paradoja es aquel recurso que une ideas contradictorias en un mismo pensamiento, para generar una verdad profunda. La función de la paradoja es la de poner de relieve la profundidad de esa verdad. Ya no se podía hablar de la *literariedad* solo como el resultado de la suma de recursos literarios. Ahora la *literariedad* del texto se veía como un sistema, como un todo coherente formado por varios recursos interrelacionados entre sí y con funciones distintas que cambiaban a través del tiempo.

La función dominante. De ahí se dedujo que no todos los recursos literarios tenían la misma importancia dentro de la obra, y cómo algunos de ellos tenían un componente central que Jacobson llamó la *función dominante*. Jakobson definió la *función dominante* como "el componente central de una obra de arte que rige, determina y transforma todos los demás" (citado en Selden et al., 55). La *función dominante* proporciona al texto literario un núcleo central y de unificación temático-estructural. Por lo general, la *función dominante* viene marcada por la escala de valores estéticos vigentes en una época determinada. Estos cambios de valores estéticos son los que hacen que la *función dominante* también vaya cambiando y, con ella, otras funciones que los diferentes elementos literarios desempeñan en la obra. En el siguiente esquema podemos ver como evoluciona la función dominante:

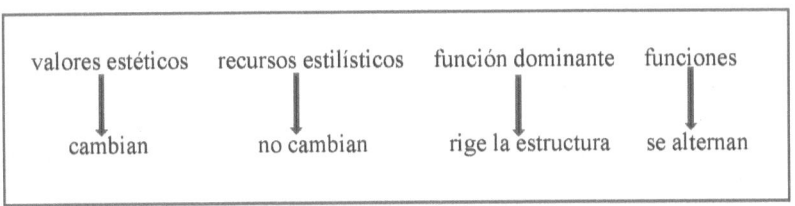

Los formalistas se dieron cuenta de que, cuando la función de los distintos elementos llegaba a agotarse, perdiendo su eficacia artística, se introducían otros que generaban alguna innovación. A partir de aquí, lo importante para los formalistas era ver cómo las funciones ejercidas por los componentes de una obra iban evolucionando en el transcurso del tiempo.

El deslizamiento de la función. La teoría de la *desautomatización* ayudó a los formalistas a ilustrar perfectamente la evolución de las funciones en literatura. Según los formalistas uno de los recursos de una obra suele tener una función estética dominante hasta convertirse en "automatizada." Con el tiempo este dominante entra en una fase de *automatización*, se desgasta y ya no sorprende a nadie. En este caso la función no aparece ante el lector como función dominante, por lo que pasa a un segundo plano del mismo modo que las percepciones ordinarias, que se automatizan y sólo son percibidas, pero no vistas. Sin embargo, aunque se agote su eficacia estética, no desaparece. Lo que sucede es que su función cambia, pasando de función dominante a función "auxiliar." A este fenómeno los formalistas lo llamaron *deslizamiento* de la [función] dominante. Por otra parte, algunos de los recursos cuya función era la meramente "auxiliar" abandonan la periferia para ocupar el centro de la construcción artística. No hay sustitución alguna, sino un cambio de función que origina un movimiento generalizado en el interior del sistema. Si el procedimiento desautomatizador resulta eficaz, éste terminará por fijar una nueva función dominante. Tomemos el ejemplo del uso de la morfología y la sintaxis derivado del latín en la poesía barroca. Estas construcciones de naturaleza "culta" ocupaban la posición de función dominante. En un momento dado, esta función dominante se convirtió en una función "automatizada," dejando de tener un papel de dominante para pasar a una función auxiliar. Al mismo tiempo, otras funciones que se consideraban auxiliares (el ritmo, por ejemplo) pasarán a ocupar el lugar de la función dominante.

La función dominante y la historia de la literatura. Este concepto de la función dominante también proporcionó a los formalistas un camino para explorar la historia de la literatura. El formalismo consideraba la evolución literaria como una línea recta que unía a unos escritores con otros a través de la tradición. Esta visión cronológico-lineal que permitía hablar de un movimiento para cada época dejó paso a la idea de una sucesión literaria caracterizada como una lucha que rompía con lo existente y construía, con los elementos anteriores, algo nuevo. También observaron que cada época literaria contiene no una sino varias formas literarias que coexisten y, aunque sólo una de ellas es la canonizada, las demás sobrellevan una vida clandestina y pugnan por imponerse.

Cuando una forma era destronada no desaparecía del todo, sino que pasaba a un segundo plano, además podía surgir nuevamente, enriqueciéndose con las aportaciones heredadas de la forma que estaba vigente.

VII. La narrativa

El formalismo desarrolló algunas de las ideas que supusieron la base de la narratología del siglo XX. Frente a la idea tradicional de que el relato era una combinación de motivos temáticos, los formalistas afirman que las obras literarias en prosa, al igual que la poesía, cuentan con elementos de elaboración y procedimientos específicos de composición que hacen emerger estos motivos temáticos.

El argumento y la trama. Una de las distinciones más importantes de la narrativa fue la distinción entre *argumento* y *trama*. Para los formalistas la obra literaria pasó a ser vista como una construcción hecha a partir de un material que se presentaba en estado bruto, como la materia prima esperando la mano organizadora del escritor. El material en sí mismo no es más que un factor preliterario, perfectamente diferenciado de la construcción estética. El término "material" pasó a denominarse *argumento*. El escritor, una vez tenía el material le daba forma definitiva por medio de los recursos literarios. A este producto se le llamó *trama*. El argumento sería pues la mímesis de la acción o la imitación de los acontecimientos que conforman la historia, mientras que la trama consistiría en la configuración artística de esos mismos acontecimientos. Estos dos términos *argumento* y *trama*, provienen de la *Poética* de Aristóteles (384–322 a.C.) en donde el filósofo hace un análisis "estructural" de las seis partes que constituyen la tragedia. Aristóteles destaca la trama como la parte más importante de todas. Para conseguir la máxima tensión posible y, con ella, la eficacia de la catarsis (*), el escritor, según Aristóteles, debía cuidar la elaboración de la trama.

Boris Tomashevsky (1890–1957)

Tradicionalmente el motivo suele ser o bien una unidad temática recurrente en una obra o bien una unidad diseminada en diferentes obras. Tomashevsky definió al término "motivo" como "las partículas más pequeñas del material temático" que pueden ser un simple enunciado de la acción: "'Ha caído la tarde,' 'Raskolnikov asesinó a la vieja,' 'El héroe ha muerto,'" etc. (Todorov 2002, 276). Tomashevsky afirma que un análisis de la narrativa revela que algunos motivos pueden omitirse sin alterar la continuidad de esta, sin lesionar la sucesión de causa y efecto de los acontecimientos. A este tipo de motivos los llamó "motivos libres." Existen otros motivos, sigue argumentando Tomashevsky, que no pueden omitirse ya que alterarían el nexo de causalidad que une los acontecimientos; a estos motivos los clasificó como "motivos asociados." Los motivos asociados son los que desempeñan el papel dominante en el argumento, además de determinar la construcción del texto narrativo. Para la trama los motivos libres son los más importantes. Acostumbran a ser marginales, por ejemplo, un simple detalle que suele pasar desapercibido. La introducción de estos motivos tiene su razón en la construcción artística del argumento. Tomemos por ejemplo el cuento de Emilia Pardo Bazán "Las medias rojas." Debido a la violencia de su padre, la protagonista, Ildara, no puede realizar su proyecto de mujer libre, fuera del control de éste. En el cuento se añade una historia similar, la de su prima Mariola. El recurso de la historia intercalada de la prima es un motivo "libre," ya que no altera la continuidad del argumento, ni añade información para el entendimiento de la historia de Ildara. Sin embargo, desde el punto de vista artístico, es más importante que los motivos asociados ya que cumple la función de enfatizar el determinismo vital de Ildara.

La motivación. Con este concepto Tomashevsky se refiere al ocultamiento en el argumento de los recursos formales. Según Tomashevsky, hay novelas *con motivación* y novelas *sin motivación*. La novela "realista," por ejemplo, es una novela con "motivación" ya que su estrategia consiste en disfrazar la artificialidad de su construcción. Los recursos formales en este tipo de novela se esconden con el fin de mostrar que no existe ningún tipo de artificio artístico, que lo que estamos leyendo es simplemente como la realidad misma. No importa lo elaborada que pueda estar formalmente una novela "realista," el lector suele esperar que le proporcione la ilusión de realidad, que la novela sea como "la vida misma." De esta artificialidad aceptamos una serie de convenciones y acabamos acostumbrándonos a toda una serie de acontecimientos carentes de verosimilitud. Por ejemplo, nunca prestamos atención en cómo, en las narraciones de aventuras, a la mujer, después de una serie de peligros y cuando está a punto de perecer, aparece el héroe que, como "deus ex máquina," la salva de una muerte segura. Las novelas carentes de "motivación" hacen exactamente lo contrario que la novela realista, es decir están construidas de forma que los recursos formales aparecen al descubierto. Estas novelas pueden llegar a molestar pues se apartan de las expectativas derivadas del sentido común aceptadas por el lector. Al cualquier lector le suele molestar que tanto los personajes como las acciones y descripciones no satisfagan sus expectativas derivadas de su cosmovisión. Tomemos por ejemplo la novela *Niebla* de Miguel de

Unamuno. El protagonista Augusto parece un hombre enamorado, pero su comportamiento no corresponde a lo que el lector espera de un personaje que siente el amor. En la misma novela algunos de los personajes utilizan en sus parlamentos un registro que el lector percibe como no correspondiente a su clase social, inmediatamente piensa que es un fallo de la motivación realista, sin pensar que puede tratarse de una técnica de falta de motivación.

Algunas veces nuestro pensamiento lógico nos empuja a mantener al texto dentro de nuestros parámetros referenciales y tendemos a acomodarlo a estos parámetros analizando los recursos formales "desvelados." Imaginemos un texto narrativo donde abundan pasajes desordenados, lleno de digresiones y juegos tipográficos. El primer impulso es acomodar ese desorden a nuestras expectativas vivenciales, interpretando esas imágenes como la proyección de un mundo caótico.

VIII. Importancia y crítica de los estudios formalistas

El centro de atención únicamente formal, dicen los críticos del formalismo, ya representaba tomar una decisión política e ideológica. Factores como la relación del texto con un mundo definido por jerarquías clasistas, racistas, sexistas y homófobas nunca han sido contemplados por el formalismo. Por ello se ha acusado al formalismo de mantener implícitamente una política de silencio ante las formas represivas de las minorías. El feminismo, por ejemplo, ha criticado duramente el insistente aislamiento de la forma y lo han relacionado como un pensamiento abstracto característico del mundo intelectual masculino que eliminó toda cuestión sobre la política sexual. A pesar de ello, los estudios de los formalistas fueron sumamente importante para los teóricos posteriores. Al prestar atención a las características de textos que resisten el proceso de naturalización, los formalistas se anticiparon al pensamiento de los postestructuralistas que, como veremos, pusieron su atención sobre la insistente literariedad de la novela que resiste la naturalización.

IX. Cuestionario

Respondan a las siguientes preguntas:

1. ¿En qué se basaban las interpretaciones de la crítica del S. XIX?
2. ¿Qué quiere decir "el texto, no el autor como centro de análisis"?

3. ¿Qué es la *literariedad*?
4. ¿Qué es el *automatismo*? ¿la *desautomatización*?
5. ¿Qué quiso decir Yury Tynyanov con la *función estética*?
6. ¿Qué quiere decir la *función dominante*?
7. ¿Qué quiere decir el *deslizamiento de la función*?
8. ¿Cuál es la diferencia entre argumento y trama?
9. Según Boris Tomashevsky ¿qué es el *motivo*?
10. ¿Cuáles son las diferencias entre novelas con y sin *motivación*?

X. *Sugerencias para una interpretación formalista (poesía)*

Una interpretación formalista de un texto poético estaría interesada en el alto grado de "literariedad" expresado a través de los mecanismos del poema. La interpretación expondría que el "fondo" del poema es un efecto de la forma.

Cómo interpretar un poema

–Lean el poema en voz alta por lo menos tres veces.
–Busquen las posibles antítesis o paradojas.
–Busquen algunas palabras en el diccionario: primero los verbos, seguido de los sustantivos (nombres), adjetivos, adverbios, etcétera.
–Escriban el argumento del poema. Debemos tener en cuenta que en los poemas líricos los argumentos suelen ser difíciles de explicar ya que suelen tratar de sentimientos.
–Dividan el poema en secciones según vayan percibiendo cambios, por ejemplo, cambios de argumento, tema, gradación, tiempo, espacio, acciones, sentimientos, voz (una voz diferente a la del sujeto poético); además de estos cambios, se pueden añadir otros, como nuevos personajes, súbita aparición de algo inesperado, y estructura (por ejemplo, cuando se pasa de la narración a la descripción).
–Clasifiquen el tipo de poema: lírico, narrativo o dramático, y dentro de estas formas generales la multiplicidad de posibles formaciones. Por ejemplo, la elegía estaría contenida dentro de la lírica. Si deben interpretar un poema elegíaco (poema escrito con ocasión de la muerte de alguien), se centrarán en el tema de la muerte.
–Observen qué tiene de especial la estructura del poema (recuerden que suelen apartarse de toda normativa morfo-sintáctica). Una vez establecida la estructura, vean cuál es su objetivo. Por ejemplo, si en la expresión de un sentimiento no hubiera las esperadas concordancias

entre sujetos y verbos podríamos decir que el objetivo es desplazar la centralización de la subjetividad humana.

–Tengan en cuenta todos los demás componentes morfológicos como por ejemplo los adjetivos calificativos y vean que están sugiriendo.

–No pasen de largo cualquier modificación como letra en cursiva, paréntesis, puntos suspensivos o signos de interrogación.

–Subrayen las figuras retóricas, teniendo en cuenta sus funciones.

–Observen los símiles. A veces unen elementos contrarios como la naturaleza y la civilización. Las comparaciones con instituciones humanas (una iglesia, una casa) suelen ser evocaciones de seguridad.

–Determinen el tema principal.

–Escriban el tema con una frase corta y con nombres abstractos, por ejemplo "la lucha entre el sentimiento y la obligación."

–Empiecen la interpretación desde el título, siguiendo con cada una de las partes, observando cómo este tema se va revelando en todo el poema.

–Observen la mezcla de vocabulario connotativo con vocabulario denotativo.

–Deténganse en las estructuras sintácticas que se apartan de la normativa.

–Observen el cómputo silábico, el ritmo, la rima, los encabalgamientos y el tipo de estrofa.

Sugerencias

–Presten atención a los lugares comunes, que suelen ser recurrentes, según el tipo de poema. En las elegías, por ejemplo, la vuelta a la infancia, la recuperación del pasado perdido, el paso del tiempo, el viaje, detención del tiempo ordinario, la compresión de la muerte desde la observación cotidiana, el dolor y la pena humana, el significado trascendente de la vida, un posible significado religioso, la muerte y la pérdida compensada con una visión de la vida en otro mundo, un mundo espiritual encarnado (simbolizado) por animal o cosa.

–Presten atención al retraso de la presentación del sujeto poético. Vean cuándo aparece y si aparece directamente con el "yo" o de forma indirecta por la conjunción en primera persona de algún verbo.

–Vean los paralelismos entre los versos, y determinen cuál es su función. ¿Sirven para enfatizar algo? Comprobar si el ritmo de los versos paralelos está imitando algún movimiento.

–Vean las contraposiciones de diferentes términos (tenue olor, fuerte olor, etc.), siempre interpretando lo que pueden estar sugiriendo.

–Observen las repeticiones y comprueben si todas están en la misma posición sintáctica o hay alguna variación. Por lo general, las repeticiones enfatizan algún concepto.

–Detecten la descripción, si la hubiera, y comprueben si estas descripciones de acontecimientos y objetos ordinarios pueden relacionarse con un tema más trascendental (como por ejemplo la vida y la muerte).

–Vean los conceptos particulares unidos a los universales. Por ejemplo, una historia simple como un viaje en tren podría devenir en un argumento trascendental como el viaje de la vida a la muerte. Es muy común que se pase de la particularidad del "yo" a la inclusión de toda la humanidad. Normalmente se hace por medio del pronombre "nosotros," pero debemos estar atentos a cualquier cambio en los modismos gramaticales.

–Estén atentos a la naturaleza; normalmente refleja el estado de ánimo del sujeto poético. Por ejemplo, la conexión entre lo humano y lo natural podría implicar que la armonía del mundo que se observa provoca un equilibrio, una ordenada coincidencia entre el mundo y el observador. Vean si el paisaje está subjetivizado (aparece como un sujeto) o no. Vean si hay contrastes entre elementos de la naturaleza y la artificialidad de la civilización humana. Vean si hay intermediarios con la naturaleza (luz artificial para poder ver la naturaleza). Cuando se apagan las luces artificiales, puede ser un símbolo del abandono de la visión terrenal, para llegar a una visión más parecida a la interioridad religiosa.

–Busquen si hay elementos que separan dos conceptos diferentes del mundo, lo natural y lo humano, la conciencia subjetiva del sujeto de los objetos, la vida de la muerte.

–Observen como ocurren las transiciones. Por ejemplo, la transición de la vida a la muerte puede estar representada por la luz radiante del mediodía que pasa a la luz mortecina del atardecer y su desaparición. La noche, naturalmente. El paso del calor al frío. Del rojo a los grises, o un punto solitario de una luz roja en la oscuridad.

–Deténganse en la perspectiva del sujeto poético que puede transcurrir desde una visión total de la naturaleza, de las acciones, o de las cosas, a una visión parcial y fragmentaria que podría interpretarse como la desestabilización de la percepción del sujeto poético.

–Presten atención a aquellas imágenes positivas evocadoras de vida que pueden pasar a imágenes negativas evocadoras de muerte.

–No pasen por alto la pérdida de la conciencia al dormir ya que se ha interpretado como una metáfora de la muerte.

–Observen la temporalidad. Puede haber tiempos fragmentados, referencias al pasado (la memoria) o al presente (las percepciones). A veces el pasado y el presente se unen o se mezclan.

–Consideren el tema del viaje a través del tiempo como un lugar común de aprendizaje. A veces los viajes suelen ser metáforas del tránsito de personas y cosas a un pasado anterior al propio viaje. Aquí es donde interviene la memoria y la imaginación que permiten recuperar el pasado.

El lenguaje poético

Tipos de poesía

Poesía lírica: es subjetiva, el sujeto poético expresa sus sentimientos en primera persona.

Poesía épica: es objetiva, el sujeto poético es como un narrador que cuenta hechos.

Poesía dramática: es subjetiva/objetiva, el sujeto poético expresa sentimientos, pero los pone en boca de algún personaje.

Fenómenos que afectan al cómputo silábico

Sinalefa: ¿Cómo está usted? seis sílabas gramaticales, cuatro poéticas por la unión de las vocales al final y principio de palabra.

Hiato: contrario a sinalefa. "Música de alas" tiene cinco sílabas poéticas por la sinalefa, pero el poeta se vale del hiato para mantener las seis sílabas que necesita.

Sinéresis: "poeta" tiene tres sílabas gramaticales. La sinéresis une dos vocales en interior de palabra por lo que "poeta" tendría dos sílabas poéticas.

Diéresis: contrario a la sinéresis. Separa dos vocales que forman diptongo. "Ruïdo" tiene dos sílabas gramaticales, pero tres poéticas.

Tipos de rima

Rima consonante: (1) observemos todas las palabras finales de todos los versos, (2) contemos las sílabas, (3) detectemos la última vocal tónica. (4) Si a partir de esta vocal hay una coincidencia entre los sonidos vocálicos y consonánticos diremos que es rima consonante.

Rima asonante: procederemos de la misma manera que hemos hecho con la rima consonante. La diferencia es que la coincidencia solamente está en las vocales, no en las consonantes.

Figuras de pensamiento cuya función es despertar sentimientos

Hipérbole: exagerar aumentando o disminuyendo: "me comería un caballo."

Personificación: atribuir cualidades humanas a animales o cosas.

Apóstrofe: invocación a una persona, animales o cosas: "¡Oh! montañas."

Figuras cuya función es poner de relieve una idea

Comparación: semejanza entre dos ideas valiéndose del "como y cual."
Antítesis: contraposición de conceptos: "blanco y negro."
Paradoja: es una antítesis de contenido filosófico: "vida y muerte."
Sinestesia: describir una experiencia de los sentidos en términos de otra: "olor amarillo."
Gradación ascendente o descendente: "en tierra, en humo, en polvo, en sombra, en nada" (Luis de Góngora, "Soneto").

Figuras cuya función es expresar un pensamiento de modo indirecto

Perífrasis: "Ciego dios del amor" = Cupido.
Figuras de lenguaje (añadiendo, suprimiendo, repitiendo o combinando palabras)
Epíteto: adjetivo colocado delante del sustantivo (su función es resaltar el sustantivo no el adjetivo).
Asíndeton: suprimir conjunciones: "Veni, vidi, vici" dijo Julio César (función dar rapidez).
Anáfora: repetición de palabras al principio o en medio del verso (función, centrarnos en el análisis de estas repeticiones).
Polisíndeton: usar más conjunciones de las necesarias (función: dar solemnidad al verso).
Aliteración: repetición sonido inicial en varias palabras de un verso o estrofa.
Onomatopeya: imitación de sonidos reales con palabras (función acercar la realidad).
Hipérbaton: invertir el orden gramatical de las palabras.

Tropos (lenguaje figurado)

Metonimia: dar un nombre en vez de otro por relación de origen: "compró un Picasso."
Dar un nombre en vez de otro por relación de causa: "hay que ganar el pan de cada día."
Sinécdoque: designar la parte por el todo: "asistieron diez almas al concierto."
Metáfora: identificar una cosa por otra que se parezca. Las dos han de ser concretas: "dientes de perlas."

Símbolo: relación entre dos cosas, una concreta ("rosa") y otra abstracta ("el paso del tiempo").

XI. Sugerencias para una interpretación formalista (narrativa)

–Observen si la trama es cronológicamente lineal. Si la trama se aparta de esta temporalidad (empieza con un "flashback," por ejemplo) formaría parte de la desautomatización.
–Determinen el tema principal que van a interpretar.
–Vean si el título hace referencia al tema central. Si no es así deberán considerarlo como un procedimiento de desautomatización.

Personajes

–Agrupen los personajes por características comunes y dótenlos de algún tipo de funcionalidad (ver la sección sobre Propp en Capítulo III).
–Vean si la trama presenta a los personajes principales de forma directa o indirecta (generalmente mediatizado por medio de la voz de otros). Si es así, si cualquiera de los personajes principales está representado de forma indirecta, deben tener en cuenta que forma parte de la desautomatización.
– Observen si el procedimiento de presentación indirecta descentra y distancia al personaje. Este procedimiento contribuye a que sus palabras carezcan de la autoridad que podrían haber tenido en una presentación directa. La consecuencia más inmediata es que el lector no tome las palabras del personaje tan seriamente como se podrían haber tomado si el personaje se nos hubiera presentado de una forma más directa, con su propia voz.
–Determinen si esta forma indirecta lleva a la imprecisión en el conocimiento de ese personaje. Si es así, deben buscar la función de esa imprecisión.
–Busquen cuáles son las formas de actuación concebidas dentro de las convenciones, procedimientos y conductas estereotipadas del mundo del personaje.

Marcadores lingüísticos de los personajes

–Determinen los marcadores lingüísticos de cada uno de los personajes. Vean cuáles son las clases de discurso aceptables o legítimos.

—Observen si los personajes siguen las reglas al decir la verdad, o si mienten.

—Doten a cada personaje de una representación, de acuerdo con sus palabras o actos. Hagan lo mismo con la institución a la que pertenece.

—Consideren como un procedimiento de desautomatización el alejamiento de las expectativas que representa la clase social del personaje o institución a la que representa. Por ejemplo, un personaje de clase elevada reaccionando de forma diferente a la esperada por su clase.

—Contrasten el lenguaje de los personajes. El lenguaje no implica ninguna garantía de verosimilitud; puede, por tanto, dar lugar a errores en el conocimiento, y puede ser deliberadamente utilizado para provocar dichos errores. Más como una representación que como un concepto (palabras en vez de ideas o sentimientos reales), el lenguaje puede, por un lado, ser una verdadera expresión o representación de sentimientos o ideas. Por otro, puede tener una engañosa apariencia de algo verdadero. Por ejemplo, el lenguaje puede ser una declaración simple, clara y directa de un respetuoso afecto en boca de un personaje o bien, una exagerada proclamación de afecto con palabras vacías de contenido.

—En los diálogos de los personajes, vean si en su registro utilizan un lenguaje lleno de juegos de palabras u otras formas de literariedad lingüísticas. En el caso de los juegos de palabras, estos sugieren que las palabras pueden tener dos significados, uno escondido o implícito o privado y el otro explícito o público.

—Observen si hay contrastes de registros (elevado, con recursos retóricos y artificiosos, o popular—lenguaje crudo, literal, imágenes corporales, dicen las cosas como realmente son) entre dos o más personajes.

—Vean con que tipo de personajes o acciones se relacionan los diferentes tipos de lenguaje.

—Determinen cómo los personajes utilizan los registros en diferentes situaciones. Si un personaje invierte el registro que le corresponde, estamos ante un caso de efecto desautomatizador. Por ejemplo, en el caso de que se tratara de algo trágico, el registro vulgar en los personajes de clase alta desmontaría nuestras expectativas con respecto a una tragedia. A veces, el uso del registro vulgar sirve para mitigar las pretensiones del registro elevado. Los diálogos llenos de vulgaridades entre la clase elevada preparan al lector para leer el ampuloso discurso de otro personaje de la misma o superior clase social. Contrasten este discurso ampuloso con el registro sencillo.

—Observen que algunas veces este mismo uso del registro vulgar sirve para conducir las percepciones hacia la verdad y lejos de la falsedad.

−Presten atención a las digresiones, juegos tipográficos, desorden de las partes del libro (prólogo, dedicatoria, etc.), descripciones extensas, utilización de sinónimos en series, enumeraciones, paralelismos, antítesis, designación de un objeto con un nombre poco común, detención en un detalle trivial y su acentuación, descripción de los objetos como si fueran vistos por primera vez, narración de cuentos para demorar el cumplimiento de una acción, la forma de una composición por medio del enhebrado (varios relatos autónomos guardan relación entre sí porque comparten un mismo personaje), la realización de una composición por encuadre (relatos dentro de otros relatos).

XII. Glosario

Catarsis: En su *Poética*, Aristóteles describe al héroe trágico como un personaje que, sin ser totalmente virtuoso ni totalmente malvado, comete un error que le conduce a la catástrofe. A la identificación del público con la desgracia del héroe Aristóteles la llamó *empatía*. Cuando se produce la catástrofe el espectador suele experimentar dos emociones, *compasión* y *miedo*. La compasión está relacionada con la empatía, mientras que el miedo es el sentimiento que se despierta en el espectador y está relacionado con la toma de conciencia de su propia vulnerabilidad. La compasión y el miedo producen en el espectador una *purificación* o *catarsis* (sentimiento de liberación).

Connotación (de *con-* y *notar*): Además de su significado propio o específico, conlleva otro por asociación. El lenguaje literario utiliza el lenguaje connotativamente para dar origen a significados por asociación.

Denotación: Describe el significado literal de las palabras en oposición al significado asociativo relacionado con la connotación.

Empirismo: Forma filosófica dominante en Gran Bretaña desde mediados del siglo XVII en adelante. Consideraba al sujeto como la fuente de todo conocimiento; todo conocimiento proviene de los sentidos (vista, oído, olfato, gusto y tacto). La experiencia se consideraba como la única base de los conocimientos humanos. Es decir, las afirmaciones epistemológicas son posibles gracias al conocimiento que se adquiere con la experiencia. El empirismo se opone al racionalismo que consideraba, no los sentidos, sino la razón como la principal fuente de conocimiento. Los racionalistas creen que algunos conocimientos derivan de la experiencia, pero hay cosas importantes que no se conocen por la experiencia sino por la razón, por ejemplo, causa y efecto, tiempo (un evento pasa después de otro), espacio (cosas mas lejos que otras), derecha, izquierda etc. El empirismo se opone a todas estas consideraciones metafísicas y especulativas.

Extrañamiento: El concepto de *extrañamiento* influyó directamente sobre la noción de *distanciamiento* del dramaturgo Bertolt Brecht, que como los formalistas cuestionó la idea según la cual el arte debía ocultar sus propios recursos. La idea de Brecht es que el dramaturgo debe presentar en el drama aquellas ideas que obliguen al espectador a tomar conciencia de los problemas que tiene el ser humano. Para ello utiliza lo que él llamó la técnica del *distanciamiento*. Esta técnica consiste, por ejemplo, en el uso de un narrador o la utilización de marionetas. Con esta técnica lo que pretende el teatro épico es crear un mundo alejado de nosotros, un mundo escénico donde emerge un *distanciamiento* sentimental (falta de identificación, no empatía con los personajes), condición necesaria para que se produzca el acercamiento intelectual (mensaje político-social). (Ver "Bertolt Brecht" en Capítulo XI.)

Bibliografía

Ehrlich, Victor. *Russian Formalism: History-Doctrine*. 3d ed. New Haven: Yale, 1981.
Jakobson, Roman. *Ensayos de poética*. Tr. Juan Amela. Mexico City: Fondo de Cultura Económica, 1986.
Pascual Buxó, José. *Introducción a la poética de Roman Jakobson*. Mexico City: Universidad Nacional Autónoma de México, 1978.
Pomorska, Krystina. *Roman Jakobson, lingüística poética, tiempo: Conversaciones con Krystina Pomorska*. Tr. Joan A. Argente. Barcelona: Crítica, 1981.
Shklovsky, Viktor. "El arte como artificio." Tr. Ana María Nethol., *Teoría de la literatura de los formalistas rusos*. Comp. Tzvetan Todorov. Madrid: Siglo XXI, 2002. 55–70.
Tomashevsky, Boris. "Sobre el verso." Tr. Ana María Nethol. *Teoria de la literatura de los formalistas rusos*. Comp. Tzvetan Todorov. Madrid: Siglo XXI, 2002. 115–126.

Capítulo II

Mikhail Bakhtin (1895–1975)

I. En este capítulo veremos

La novela monológica / la novela dialógica / la novela polifónica / la intención "disimulada" del autor / la carnavalización / los diálogos socráticos / la sátira menipea / la novela dialógica y la carnavalización

II. Conceptos clave

La novela monológica / dialogismo / la carnavalización

III. La novela monológica y la novela dialógica

Orígenes del dialogismo. Bakhtin localizó los orígenes remotos del dialogismo en los diálogos socráticos escritos por Platón. Cuatro son las razones por las cuales Bakhtin piensa que el dialogismo comenzó con los diálogos socráticos. En primer lugar, la inmediatez que la oralidad aporta a los diálogos. En segundo lugar, la inclusión de una multiplicidad de voces que, sin ningún tipo de jerarquía, intercambian y debaten sus puntos de vista. En tercer lugar, la no intervención de una sola voz autoritaria. Y, por último, el intento de estos diálogos de descubrir la verdad.

La novela dialógica. En sus trabajos Mikhail Bakhtin privilegió el estudio de la novela porque pensaba que se trataba del género literario con el que más fidedignamente se podía representar el mundo y el uso que en él hace el hombre del lenguaje. Tradicionalmente se consideraba que en la novela la voz más importante era la del autor porque en ella se encontraba su cosmovisión. Bakhtin llamó a este tipo de novela "monológica" porque el autor impone su visión del mundo, subordinando los diversos puntos de vista que puedan tener los personajes a los suyos. El resultado es que los personajes son utilizados como meros portavoces de la ideología del autor, reduciendo el potencial de las otras voces a una sola voz autoritaria, la suya. Por el contrario, Bakhtin considera que la novela debía estar constituida por una multiplicidad de voces y que estas voces reflejaran el mundo de una forma multidimensional. A este tipo de novela Bakhtin la llamó *novela dialógica* porque durante la interacción verbal entre los personajes y el/la narrador/a siempre hay un entrecruzamiento entre las diferentes ideologías.

La novela polifónica. A la novela dialógica se le llama también *novela polifónica*, porque en el proceso dialéctico (*) (descubrimiento de la verdad) se concibe como un intercambio de puntos de vista más que como un monólogo autoritario.

En la novela polifónica el autor no se coloca por encima de los personajes. No impone su voz, al contrario, sitúa las voces de sus personajes al mismo nivel que la suya. Muchas veces el autor llega a "silenciar su propia voz," dejando que se escuchen la de sus personajes, mientras que él se limita a hacerse eco de sus cosmovisiones. Tampoco intenta dirigir las diferentes opiniones expresadas por los personajes, sino las deja en absoluta libertad. En otras palabras, no se sirve de sus personajes como si fueran meros portavoces de su propia ideología. Con ello el autor consigue que los personajes expresen libremente su punto de vista, que no sean portavoces de la cosmovisión del autor, que no sean monigotes, sino que sean totalmente autónomos, con personalidades individuales y vida propia, manteniendo unas características psicológicas creíbles como las personas de la vida real. Según Bakhtin, al desnudar objetivamente las conciencias de los personajes, dejándolos que se avengan o se enfrenten, sin la "intervención del autor," éstos podrán por sí solos reflejar la realidad de las relaciones sociales. Con ello el escritor logrará ilustrar la diversidad y la riqueza lingüística e ideológica, así como la pluralidad de la vida en sociedad. La importancia de este efecto artístico abrió el camino a un nuevo tipo de novela capaz de ofrecer una representación multidimensional del mundo.

La intención "disimulada" del autor. Es importante evitar una lectura ingenua de la maniobra señalada por Bakhtin en las novelas polifónicas acerca de la idea del autor "silenciando su propia voz" para que sean otras voces las que se escuchen en la novela. Las voces del discurso novelesco son voces originadas simultáneamente desde dos grupos de hablantes: los personajes y el/la narrador/a. Son voces que expresan, de forma interrelacionada, la intención de los personajes y la intención "disimulada" del autor. Esta intención "disimulada" del autor es una técnica de la novela dialógica, ya que, aunque el autor juega a "silenciar su voz," él siempre está ahí, es un *autor implícito* cuya voz va conformando el texto dejando, al mismo tiempo, la "ilusión" de libertad de las otras voces. Sería erróneo pensar que el mérito de novelistas como Julio Cortázar reside en una cuestión de la pasividad del autor, de limitarse a recoger la opinión de otros, silenciando la propia. La intención de Cortázar nunca fue silenciar su voz, ya que apagar su voz sería apagar su propia ideología. Las voces de los personajes están siempre al servicio del autor Cortázar, todas reflejan la ideología de éste, su cosmovisión, su intención última como *autor implícito*. Por lo tanto, este *autor implícito* Cortázar no es sólo el organizador del diálogo, sino que también participa en él, aunque su voz no sea ni imperativa ni conclusiva; es una más de cuantas participan en el diálogo novelesco.

IV. *Carnavalización*

En los Estados Unidos de América el carnaval está asociado con "Mardi Gras," un tiempo de diversión popular que precede al tiempo de control de la celebración cristiana de la Cuaresma. Durante el carnaval las reglas y regulaciones que conforman la vida diaria son suspendidas y revertidas temporalmente. El carnaval es un tiempo cargado de contenido político ya que reta al poder, desafía las jerarquías establecidas y nos invita a romper con los límites impuestos socialmente. A partir del concepto de carnaval, Bakhtin crea el término de "carnavalización" y lo asocia a un tipo de literatura que llama "carnavalesca." Por su rompimiento con algunos mitos sociales y literarios la literatura carnavalesca es una literatura desmitificadora, transgresora y contestataria.

Los diálogos socráticos. Los primeros textos con características carnavalescas, según Bakhtin, fueron los diálogos socráticos y las sátiras menipeas. Los diálogos socráticos son una serie de conversaciones filosóficas escritas por Platón y basadas en las ideas y vida de su maestro, Sócrates (470-399 a.C.). Bakhtin toma como modelo estos diálogos socráticos porque, al igual que la obra de Platón, es en los diálogos donde se intenta descubrir la verdad, por medio de los diferentes puntos de vista.

La sátira menipea. Ese tipo de sátira (*) deriva de la figura histórica del esclavo griego Menipo de Gadara (siglo III a.C.). Una vez comprada su libertad, Menipo emprendió la tarea de satirizar a todas las escuelas oficiales de la filosofía, y todas las élites que formaban estas escuelas. Las sátiras menipeas son consideradas como un género serio-cómico, siendo su propósito didáctico-moral. De esta sátira menipea Bakhtin adopta la sátira (*), la ironía (*) y la parodia (*) para censurar y poner en ridículo las clases hegemónicas, el poder, la autoridad, la cultura oficial y el discurso erudito.

La novela dialógica y la carnavalización. La novela dialógica se ha relacionado con la carnavalización por la multiplicidad de voces que normalmente han sido reprimidas y condenadas al margen. Estas voces marginales suelen posicionarse desde un lugar de resistencia a la autoridad para luchar contra la cultura oficial o culta que Bakhtin relaciona con la seriedad, lo normativo, con una visión rígida y estática de la realidad, con un tiempo fuera del carnaval y con el monologismo. Con la incorporación de las voces que representan la cultura no oficial (cultura popular, la risa, la [a]normalidad, una visión flexible y fluida de la realidad, el carnaval y el dialogismo), Bakhtin le da un espacio a la otredad. Pero Bakhtin no sólo incorpora la marginalidad, sino que llega a privilegiar su voz. Privilegiar la voz del "Otro" significa invertir el orden dominante que establece las diferenciaciones de clase social, raza, género y orientación sexual.

V. Cuestionario

Respondan a las siguientes preguntas:

1. ¿Cuáles son los orígenes del dialogismo? ¿Cuatro razones?
2. ¿En qué consiste la novela monológica?
3. ¿En qué consiste la novela dialógica?
4. ¿En qué consiste la novela polifónica?
5. ¿Qué quiere decir "la intención disimulada del autor"?
6. ¿Cuál es la relación entre el carnaval y la literatura carnavalesca?
7. ¿Qué son los *diálogos* socráticos? ¿qué elementos toma Bakhtin de estos?
8. ¿Qué es la sátira menipea? ¿qué elementos utiliza Bakhtin de esta sátira?
9. ¿Cuál es la relación entre la novela dialógica y la carnavalización?

VI. Sugerencias para una interpretación carnavalesca

Temas

—Concéntrense en temas como la libertad versus la esclavitud / la conformidad en oposición a la rebeldía / el machismo a veces representado por caballos o rituales (corrida de toros, peleas de gallos y sacrificios humanos) / la muerte y el renacimiento vistos desde la renovación o la reencarnación / temas relacionados con la sociología, la política, la historia y la economía.

Personajes

—Presten especial atención a personajes marginales como payasos, locos, bufones, gigantes y enanos.
—Fíjense en el héroe del texto. A diferencia del héroe tradicional, el héroe de una composición carnavalesca suele ser un ideólogo que obliga a los otros personajes a indagar en la conciencia o en cuestiones filosóficas.

La mujer

—La literatura carnavalesca enfatiza el papel de la mujer: su poder, su sexo, su rol mítico. Vean si alguna de ellas es representada como un monstruo de naturaleza devoradora.
—Presten atención si la mujer es representada al mismo tiempo como proveedora de la vida y de la muerte. La mujer suele ser representada como fuente originaria del tiempo, porque a través de su vientre, el tiempo comienza a rodar y, a través de los ciclos de la naturaleza, el tiempo va menguando las fuerzas del individuo para finalmente parar su reloj y devolverlo como basura al fondo de la tierra. El hombre nace de sus entrañas y allí es enterrado al morir.
—Determinen si la mujer es representada con el lugar común de "la mujer vagina dentada": el sexo femenino como boca que engulle al hombre, lo mastica, lo digiere y lo mata.
—Observen si aparece la mujer como castradora del hombre que le quita al hombre su existencia o su identidad.
—Detecten si existe la mujer que menosprecia al hombre. Si fuera así, fíjense si el hombre trata de controlarla, dominarla, y hacerla callar.

El tiempo

—Presten atención a la antítesis entre el tiempo de los humanos versus el tiempo del reloj oficial.
—El tiempo del carnaval suele ser ahistórico (excluido del tiempo histórico); presten atención a los tiempos cíclicos y repetitivos.

El espacio

—Fíjense en los espacios que suelen ser abiertos, no acabados, no definidos.

La relatividad

—Observen la relatividad festiva y gozosa de todas las cosas.

Inversiones

—Busquen cualquier celebración del mundo vuelto al revés. Lo podrán ver, por ejemplo, en la inversión del orden jerárquico a través de la sustitución de un orden por otro. Esta inversión provoca un cambio (elevación o rebajamiento) en la situación de un personaje, por ejemplo, la sirvienta que acaba convirtiéndose en reina, los mendigos convertidos en reyes o los locos convertidos en sabios. Observen cómo estas inversiones del orden jerárquico además de legitimar todo lo ilegítimo o condenado, tiene un fin de ridiculización del autoritarismo de la clase hegemónica.

—Detecten posibles inversiones de los valores establecidos. En la sociedad oficial existen fronteras entre ricos / pobres, entre rey / súbdito, entre pueblo / gobierno, entre espectáculo / espectador etc. Durante el carnaval estas divisiones se borran, dejando paso al "travestismo." Precisen las inversiones de las solemnidades, protocolos y etiquetas de la clase hegemónica.

La autoridad

—Examinen si existe algún indicio de oposición y resistencia a la autoridad. Si es así precisen cómo se realiza la subversión y transgresión de la organización jerárquica. Así como el desmantelamiento del mundo lógico.

La cultura

—Analicen la cultura popular que suele tener un espíritu festivo con toda su diversidad de fiestas, ritos, refranes, proverbios y supersticiones. Presten atención a la risa del pueblo ya que suele contener una actitud irónica y subversiva ante acontecimientos serios.

—Contrasten la oposición entre cultura popular y alta cultura. En las composiciones carnavalescas la tradicional frontera que delimita estos dos tipos de cultura se (con)funde.

II. Mikhail Bakhtin (1895-1975)

–Traten de encontrar si existe una contracultura. Normalmente la contracultura se utiliza con el fin de oponerse a toda producción cultural basada en la cohesión.

Oposiciones binarias

–Consideren la mezcla entre las tradicionales oposiciones del centro y el margen reflejados en (a) la identidad nacional (países desarrollados / en vías de desarrollo); (b) roles sociales (hombre / mujer); (c) grupos étnicos.

–Determinen si existe algún rechazo de la dicotomía (se puede ver cuando se unen imágenes dicotómicas como la vida y la muerte), la estaticidad, la rigidez y la inmutabilidad. Por el contrario, el texto carnavalizado suele apostar por la dualidad, el dinamismo, la flexibilidad y la metamorfosis.

Sexualidades

–Examinen si existe (con)fusión de sexualidades. Sexualidades caracterizadas como híbridas, ambiguas, andróginas, reversibles, perversas y multiformes son legitimadas.

–Analicen la utilización del travestismo: cambios de traje y de sistemas sociales, relacionados con la comedia de la vida.

–Analicen cualquier recreación, fiestas y banquetes, así como cualquier escena erótica o pornográfica. Analicen estos comportamientos escandalosos en el contexto de una transgresión a las normas del buen decoro.

Lo visual y auditivo

–Presten atención a lo visual y auditivo en la teatralización del espectáculo como los rituales paganos de fertilidad o los espectáculos cómicos del mercado público. Estas representaciones sirven para tergiversar el orden oficial. Por ejemplo, si en uno de estos espectáculos se destrona a un dios masculino y en su lugar se corona a una diosa, las implicaciones simbólicas podrían sugerir que el cristianismo se destrona y se corona el paganismo.

El cuerpo

–Busquen imágenes grotescas de las funciones corporales íntimamente relacionadas a los ciclos de la naturaleza. Referencias a la orina, la defecación, el coito, la sangre menstrual, son expresadas abiertamente como parte integrante de la naturaleza. Las referencias, a veces exageradas, de estas funciones tienen un carácter lúdico de tono cómico, que sirve para ridiculizar la moralidad de la clase hegemónica.

La verdad

–Observen si la verdad oficial es problematizada. Analicen si existe una búsqueda de la verdad lejos de la verdad oficial.

Lo sagrado

–En los textos carnavalizados el concepto de lo sagrado creado por la clase hegemónica suele ser profanado. Examinen posibles actitudes anticristianas y anticlericales. Para ello busquen alusiones a religiones, dioses, cosmogonías y teologías.

Lo fantástico

–Averigüen si se utiliza lo fantástico o seres fantásticos como el demonio o monstruos. Suelen ser utilizados como destrucción de fronteras rígidas y apertura a múltiples posibilidades.

El sueño

–Presten atención a los sueños, o las escenas oníricas. Las transformaciones ocurridas en el proceso del sueño suelen ser utilizadas como posibilidades de una vida o realidad totalmente distinta.

Los objetos

–Presten especial atención a objetos como máscaras, espejos y prismáticos.

Estructura

–Examinen la fusión de las tradicionales fronteras entre géneros literarios.

II. Mikhail Bakhtin (1895-1975)

Lenguaje

–Detecten cualquier tipo de lenguaje ambivalente, de antítesis, de listas exhaustivas (enumeraciones), de énfasis sobre el detalle realista o periodístico, de abundancia de digresiones y exageraciones (hipérboles), de juegos verbales (neologismos, oxímoron, juego de palabras), de personificación, de cosificación y de animalización, de juegos, acertijos y profecías que suelen vincularse con los temas sobre el poder, el futuro y la historia.

–Observen si existe alguna referencia a la oralidad, a la cultura popular (canciones o poemas). También presten atención al lenguaje cómico: parodias escritas y orales en lenguaje culto o vulgar, utilización de un lenguaje transgresor como palabras inapropiadas, fuera de lugar o un vocabulario familiar y grosero. Bakhtin llamó a este lenguaje "realismo grotesco." Analicen cualquier lenguaje grotesco, soez, "pornográfico": maldiciones, palabrotas o chascarrillos populares. La función de estos lenguajes provenientes del pueblo es problematizar y subvertir la palabra, oponiendo el lenguaje popular al lenguaje de la clase hegemónica.

–Presten atención a una posible polifonía del texto (incorporación de variedad de registros), por ejemplo, el cotilleo o las insinuaciones procaces.

–Contrasten el lenguaje culto y rimbombante de la clase hegemónica, que suelen tener una connotación autoritaria, con el lenguaje directo de los personajes populares.

–Observen como, en general, la habilidad de la polifonía o el poder dialogístico se asocia con los personajes positivos, sean de la clase social que sean. Estos personajes suelen elegir un discurso claro en vez de adornado con retórica manipuladora.

–No pasen por alto el registro de la ascendente clase media de los comerciantes.

–Analicen la variación de registros según la situación.

–Vean los discursos flexibles de algunos personajes (discurso "persuasivo," según Bakhtin). Estos discursos transforman sus registros hasta acomodarlos a la persona a la cual se dirigen. Esta acomodación requiere gran variedad de modismos ajenos a su habla normal. Vean el contraste entre este discurso persuasivo con los otros discursos incapaces de adaptarse a las diferentes situaciones.

–Determinen los registros monológicos. Estos registros suelen estar aislados de otros discursos. Normalmente los personajes de estos discursos se obstinan en mantener su discurso monológico a pesar de las advertencias de otros personajes.

—Observen si uno de los personajes sufre algún tipo de crisis. Relacionen esta crisis con la crisis del lenguaje. Por ejemplo, cuando sobreviene la crisis de la locura, el lenguaje pierde su lógica, deja de relacionarse con lo que el personaje representa.

—Vean la relación entre el lenguaje y el contexto social donde se produce. Por ejemplo, un lenguaje imperativo (monológico) suele estar anclado en un orden basado en una autoridad rígida e intolerante. Por el contrario, un lenguaje espontáneo y creativo (dialógico) se suele situar en una sociedad abierta e inclusiva.

Intertextualidades

—Rastreen posibles intertextualidades ya que suele ser un importante elemento paródico del discurso dialógico. La "enunciación" de otros textos dentro del texto muestra, según Bakhtin, que la historia humana consiste en un solo diálogo sin fin, en el que ninguno tiene la última palabra, la palabra oficial. La vida de los humanos y su historia es un diálogo abierto y democrático que se hace y rehace constantemente a base de enunciados previos.

VII. Glosario

Dialéctica: Una idea provoca inevitablemente su opuesta. Por ejemplo, la idea de "ser" (tesis) implica la idea de "no ser" (antítesis). Estos dos opuestos, la tesis y su antítesis, se combinan para formar la síntesis. Esta síntesis pasa a ser una nueva tesis, que a su vez produce su propia antítesis, y así sucesivamente hasta llegar a una verdad. (Ver Capítulo XI sobre marxismo.)

Ironía: Burla disimulada. Dar a entender lo contrario de lo que se dice.

Parodia: Imitación burlesca de personas o cosas serias.

Sátira: Composición que censura y pone en ridículo a personas o cosas.

Bibliografía

Bakhtin, Mikhail. *The Dialogic Imagination: Four Essays*. Ed. Michael Holquist. Tr. C. Emerson y M. Holquist. Austin: University of Texas Press, 1981.

_____. *Problems of Dostoevsky's Poetics*. Tr. and ed. Carly Emerson. Manchester: Manchester University Press, 1984.

_____. *Rabelais and His World*. Tr. Helene Iswolsky. Bloomington: Indiana University Press, 1984.

Capítulo III

Teorías estructuralistas

I. En este capítulo veremos

Ferdinand de Saussure: el signo lingüístico / Vladimir Propp: la analogía entre la sintaxis lingüística y la sintaxis narrativa / las oposiciones binarias / Tzvetan Todorov: las proposiciones, la secuencias, el texto / Gérard Genette: los problemas entre la narración y la descripción / Jonathan Culler: la competencia literaria

II. Conceptos clave

Sistema / lengua y habla / significante y significado / la diferencia / el eje sintagmático y el eje paradigmático / la diacronía y la sincronía / sintaxis narrativa / funciones / oposiciones binarias / proposiciones, secuencias, texto /competencia literaria

III. Introducción al estructuralismo

Algunos lectores todavía creen que el poeta en su poema expresa de forma verídica lo más íntimo de su ser. Que las novelas y las obras de teatro son una muestra real del mundo que nos envuelve. Que un libro es un buen libro solamente cuando transmite verdades que nos atañe a todos los seres humanos. El estructuralismo rompió con todas estas presunciones y se interesó más por descubrir los códigos, reglas y sistemas implícitos en la literatura, siempre desde el rigor y la objetividad científica.

Podríamos utilizar el término "antihumanista"(ver "Humanismo" en el glosario) para describir el espíritu del estructuralismo.

Este término, extensamente utilizado por los estructuralistas, describe perfectamente un proyecto de fuerte oposición a todas las maneras de hacer crítica literaria que sitúan al autor como el origen de la significación literaria. De hecho, el estructuralismo "mató" al autor según la metáfora creada por Roland Barthes, como veremos más adelante.

IV. *Ferdinand de Saussure (1857–1913): El signo lingüístico*

Origen del estructuralismo. Antes de la teoría del signo de Ferdinand de Saussure, los estudios lingüísticos sobre el lenguaje se centraban más en su aspecto histórico (o diacrónico) que explicaban cómo se establecían los significados a través de las etimologías (origen de las palabras) y su evolución a lo largo del tiempo.

La lingüística moderna nace con Saussure, cuyas teorías, transmitidas en sus clases en la universidad de Ginebra, sentaron las bases del estructuralismo. Su obra *Cours de linguistique générale* (*Curso de lingüística general*) es una recopilación hecha por sus estudiantes y colegas después de su muerte en 1913.

Lengua / Habla. Saussure empezó haciendo una distinción entre *lengua* y *habla*. Definió a la lengua como el sistema compartido por una comunidad al que (de modo inconsciente) recurren todos sus hablantes en los actos de comunicación. El habla fue caracterizada como la totalidad de los enunciados individuales que se sostienen y son posibles gracias al sistema de la lengua.

Cuando una persona habla en su lengua nativa, lo hace porque ha interiorizado un conjunto de reglas (sistema). Estas reglas se manifiestan según su competencia lingüística (habilidad del hablante a la hora de utilizar el sistema de la lengua). Para Saussure el verdadero objeto de estudio de la lingüística es el sistema de reglas de una lengua, no los enunciados individuales o *habla*.

El signo lingüístico. Otra de las distinciones que hizo Saussure fue la de *significante* (la marca escrita u oral) y *significado* (la imagen mental o el concepto). Según Saussure las palabras no son símbolos (*) que se corresponden con sus referentes, sino *signos* (*) formados por dos lados (como las dos caras de una moneda):

III. Teorías estructuralistas

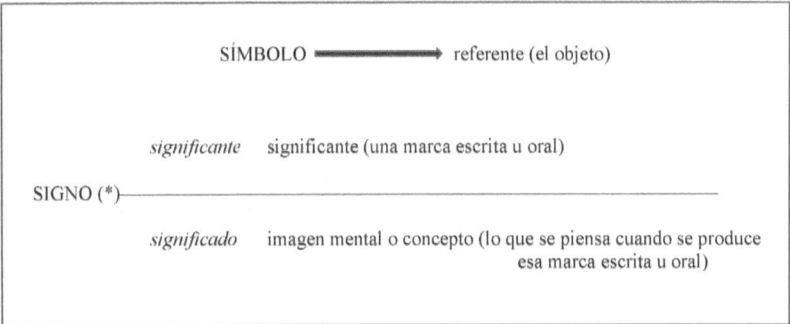

Los símbolos. La relación entre el símbolo y su referente es arbitraria, producto de una convención. No hay ningún parecido entre el vocablo "árbol" y la cosa que con él designamos. Lo prueba el hecho de que esa misma cosa recibe nombres distintos en las diversas lenguas (francés *arbre*, alemán *baum*, inglés *tree*).

El signo: relación entre significante y significado. La relación entre significante y significado es completamente arbitraria: no existe ninguna conexión natural entre el significante y el significado. El signo solamente adquiere su significado en el interior de un sistema de relaciones con los otros signos de la lengua. Para poder entender cómo el signo únicamente adquiere su significado en el interior del sistema pensemos en el sistema de tráfico.

```
Sistema: rojo-ámbar-verde

              significante   (rojo)
SIGNO─────────────────────────────────
              significado    (parar)

"rojo" = parar
"verde" = continuar
"ámbar" = reducir la velocidad, se va a efectuar el cambio del rojo al verde
```

Esta relación entre el significante "rojo" y el significado "parar" es completamente arbitraria (independientemente de lo natural que pueda parecernos) ya que no existe ninguna conexión natural entre el color "rojo" y la idea de "parar".

La diferencia. En el sistema de tráfico cada color cobra su sentido, no afirmando un significado positivo e unívoco, sino por la *diferencia* con los otros colores del sistema. El color rojo no tiene sentido por sí mismo (significado positivo), el significado le viene dado por la diferencia con los otros colores del sistema (significado negativo): la luz verde es la luz que no es ámbar ni roja; la luz ámbar es la luz que no es verde ni roja, y la luz roja es la luz que no es verde ni ámbar.

Oposiciones binarias (*). Al igual que el sistema de tráfico, los componentes de las diferentes lenguas también funcionan como un sistema de *diferencias* donde cada uno de los términos tiene sentido en virtud de su diferencia con los otros elementos del sistema. Pensemos por ejemplo en los fonemas. El fonema (unidad más pequeña de la lengua) es un sonido que el hablante reconoce porque es diferente a otros sonidos. Podemos apreciar el sentido de estas palabras solamente por la diferencia de un fonema: las consonantes iniciales de "pozo" y "gozo"; las interiores de "cala" y "cara"; las finales de "par" y "paz"; las vocales de "tan" y "ten," "sal" y "sol" etc. Lo esencial de esta cuestión es que bajo nuestro uso del lenguaje existe un sistema de diferencias, un modelo de pares opuestos: de *oposiciones binarias* que en el nivel de fonemas, incluye: nasal-no nasal, sonora-sorda, tensa-relajada etc.

Categorización de los fenómenos. En el nivel de significado, la naturaleza arbitraria de los componentes del signo tiene implicaciones sociales, como por ejemplo, la categorización del mundo de los fenómenos. En nuestras sociedades occidentales tenemos la imagen mental de los siete colores que se han clasificado siguiendo este orden: rojo, naranja, amarillo, verde, azul, añil y violeta, según la división del espectro que hizo Isaac Newton. Sin embargo, en otras sociedades se han construido diferentes clasificaciones sobre los colores y por lo tanto los componentes de estas sociedades tienen una imagen mental diferente a la que tenemos nosotros. Hay sociedades que sólo tienen dos: el claro y el oscuro. Esta diferencia en la categorización hace que la percepción de lo que rodea a los seres humanos sea diferente, dependiendo de la sociedad en la que vivan. De la misma forma en que no hay nada "natural" en como dividimos y clasificamos los colores, tampoco hay nada natural en la forma en que dividimos y articulamos los conceptos de nuestro mundo. Sin embargo, estamos tan acostumbrados a nuestros conceptos construidos por nuestro sistema lingüístico que nuestras ideas de lo que debe ser o lo que no debe ser nos parecen las correctas, sin considerar otras.

El eje sintagmático y el eje paradigmático. Otra de las distinciones que hizo Saussure fue la de los ejes sintagmático / paradigmático. El eje sintagmático (también llamado de contigüidad o combinación) es el eje horizontal que denomina la forma en la que se combinan los elementos individuales, como el sintagma nominal (sujeto), el sintagma verbal (verbo) y el sintagma predicativo (objeto directo, indirecto y

III. Teorías estructuralistas

circunstancial), en forma de cadenas contiguas para formar frases con sentido. Este tipo de actividad mental es lineal, puesto que los signos están ordenados en secuencias, por ejemplo, "yo como manzanas."

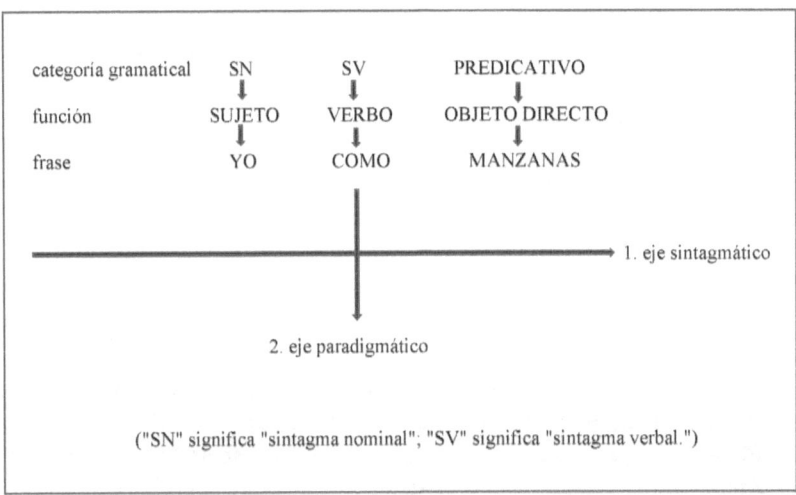

El eje paradigmático (también llamado de sustitución o asociación) es el eje vertical. Tiene que ver con la posible sustitución de términos admisibles que se pueden sustituir en cualquier parte del eje sintagmático o frase. Saussure se refirió a este eje como una especie de almacén mental que cada hablante posee.

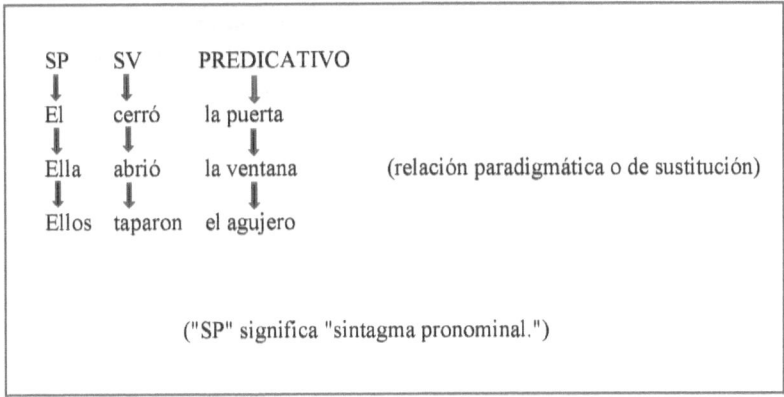

En literatura los ejes sintagmáticos (combinación) y paradigmáticos (sustitución) son responsables del uso imaginario o simbólico del lenguaje.

Es decir, de la posibilidad de ficciones significativas. En el siguiente ejemplo tenemos un ejemplo de sinécdoque, metáfora y metonimia.

| 50 quillas | surcaron | la espuma |
| sinécdoque | metáfora | metonimia |

Sinécdoque. Nombrar la parte por el todo ("quillas" por "barcos"). La quilla es una pieza de hierro, que va de popa a proa por la parte inferior del barco y en que asienta toda su armazón.

Metáfora. Es una especie de descripción que no es verdadera en el sentido literal. En este ejemplo, "surcaron" es una metáfora porque va referido a la tierra y no al mar. La acepción literal sería "navegaron."

Metonimia. Mencionar el atributo en lugar de la cosa en sí. En este ejemplo "espuma" es el atributo, "mar" la cosa en sí.

En su obra *The Modes of Modern Writing* (*Las formas de escritura moderna*, 1977), David Lodge relacionó esta teoría a la literatura moderna, argumentando que el modernismo y el simbolismo (especialmente la poesía) eran esencialmente metafóricos, mientras el realismo (la novela realista) era metonímico.

La diacronía y la sincronía. Otros de los famosos ejes saussureanos son el diacrónico y el sincrónico. El eje diacrónico es aquel que contempla la significación del signo a través de la historia de la lengua. Es decir, los cambios en su significante (forma) y significado (concepto) a través del tiempo. En el eje sincrónico se sitúa el sistema o estructura de la lengua en un momento dado de su existencia histórica.

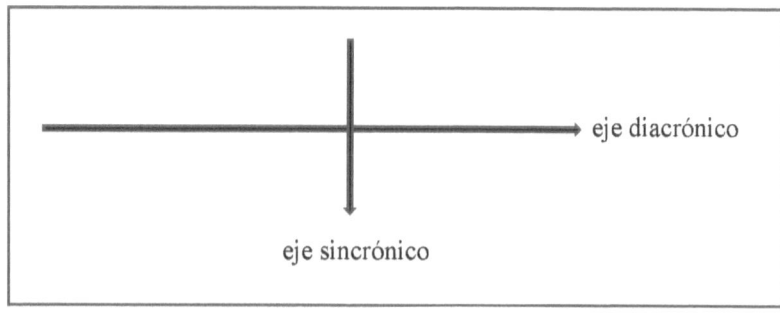

V. Algunos teóricos estructuralistas

Vladimir Propp (1895-1970)

En su obra *Морфология сказки* (*Morfología del cuento*, 1928), Vladimir Propp estudió los cuentos folklóricos rusos partiendo de los ejes sintagmático y paradigmático. El eje sintagmático le ayudó a desarrollar una analogía entre la estructura de la frase (sintaxis lingüística) y la estructura de la narración (sintaxis narrativa). Su planteamiento consistía en comparar el sujeto de una frase con un personaje típico de los cuentos como caballero y el predicado con los acontecimientos típicos de estos cuentos.

En el eje paradigmático, Propp quiso remarcar que, aunque sustituyamos "el caballero" por el nombre de un caballero como "Lancelot," el verbo "mató" por "descuartizó," o el de "dragón" por "león," la estructura esencial permanecía intacta.

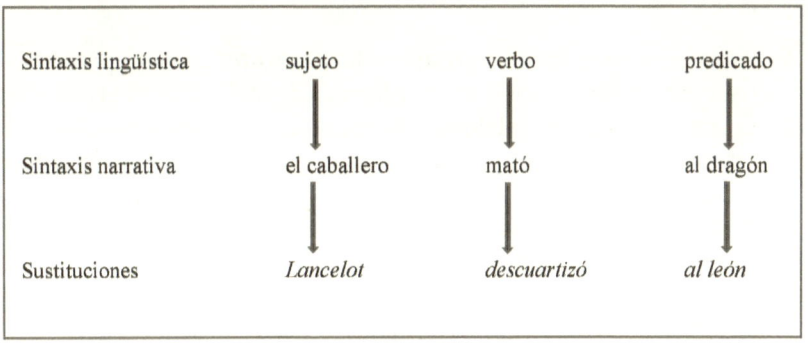

Sintaxis narrativas o funciones. Propp se dio cuenta que la morfología de todos los cuentos de hadas se asentaban en un grupo de treinta y una "sintaxis narrativas" o "funciones de los personajes." También observó que, aunque cada una de estas "funciones" contenían gran variedad de detalles, en general, todas participaban siempre del mismo esquema. Cada función se refiere a una acción. Todas las funciones son secuencialmente lógicas (las acciones siguen una secuencia lógica), siendo las más significativas las que llegan a conformar la narración. He aquí un ejemplo de las funciones propuestas por Propp:

XXV. Se propone al héroe una tarea difícil.
XXVI. La tarea es realizada.
XXVII. El héroe es reconocido.

XXVIII. El falso héroe o el agresor, el malvado, queda desenmascarado.
XXIX. El héroe recibe una nueva apariencia (ahora es muy apuesto).
XXX. El falso héroe o el agresor es castigado.
XXXI. El héroe se casa y asciende al trono.

Pronto algunos teóricos del estructuralismo se dieron cuenta que este esquema de las funciones de los personajes, además de darse en los cuentos folklóricos rusos, también se daba en los cuentos folklóricos de otros países. Asimismo, intentaron crear esquemas de funciones similares para el estudio de las epopeyas, las novelas de caballerías y las narraciones en general.

Reparto de las funciones entre los personajes. Además de esta perspectiva sintagmática de las funciones de los personajes, Propp ofreció una perspectiva paradigmática en la que sugiere agrupar las treinta y una acciones en siete *esferas* de acción. He aquí las siete *esferas de acción*:

1. La esfera de acción del agresor (o del *malvado*) que comprende: la traición, la persecución u otras formas de lucha contra el héroe.
2. La esfera de acción del donante (o *proveedor*), que incluye: la transmisión del objeto mágico que pone a disposición del héroe.
3. La esfera de acción del auxiliar, que incluye: la ayuda en el desplazamiento del héroe en el espacio, la ayuda a reparar la traición, el socorro durante la persecución.
4. La esfera de acción de la princesa (*personaje buscado*) y de su padre, que incluye: la petición de realizar tareas difíciles, el descubrimiento del falso héroe, el reconocimiento del héroe verdadero, el castigo del agresor, el matrimonio.
5. La esfera de acción del mandatario, que sólo incluye el envío del héroe.
6. La esfera del héroe, que incluye: la partida para efectuar la búsqueda, la reacción ante las recomendaciones del donante, el matrimonio.
7. La esfera de acción del falso héroe, que comprende: la partida para efectuar la búsqueda, la reacción, siempre negativa, ante las recomendaciones del donante.

Tzvetan Todorov (1939–2017)

En sus estudios de narratología estructuralista, Todorov hablaba de proposiciones, secuencias y de texto:

–La proposición era considerada como la unidad narrativa, por ejemplo equilibrio (paz).
–La secuencia estaba formada por un grupo de cinco proposiciones.
–El texto se componía de una sucesión de secuencias.

Secuencia
↓
Proposición 1. Equilibrio (paz)
Proposición 2. Fuerza (invasión enemiga)
Proposición 3. Desequilibrio (guerra)
Proposición 4. Fuerza (derrota del enemigo)
Proposición 5. Equilibrio (paz sobre nuevos términos)
↓
Texto

Gérard Genette (1930–2018)

En 1966, Gérard Genette publicó el ensayo "Fronteras del relato," en el que analiza algunos de los problemas concernientes a la narración. En su análisis Genette describe tres tipos de oposiciones binarias (*): la primera, "diégesis y mímesis," concerniente a los problemas entre la narración (novela) y la representación (teatro); la segunda, "narración y descripción," hablando sobre la esencialidad o accesoriedad de una y otra; y la tercera, insistiendo en algunas consideraciones establecidas entre "la narración y el discurso." En su análisis sobre la segunda oposición binaria, "narración y descripción," dice Genette que tradicionalmente la narración se ha relacionado con los acontecimientos y las acciones. La narración se ha considerado como esencial por ser la que dispone de los contenidos de temporalidad, de espacio y de desarrollo de la acción dramática. La descripción, por el contrario, se ha relacionado con personajes y objetos, por lo que aparece como accesoria, como simple decoración ambiental. La conclusión de Genette es que existe una tendencia a privilegiar la narración y devaluar la descripción. Para mostrar la problemática de esta distinción (esencial / accesoria), parte con el ejemplo de esta frase narrativa: "El hombre fue hacia la mesa y cogió un cuchillo." Genette propone primero sustituir (eje paradigmático) "hombre" por "niño," "mesa" por "escritorio," "cogió" por "empuñó." El objetivo de esta proposición paradigmática era mostrar que, efectivamente, aun siendo narrativa, la frase también es descriptiva. Pensemos en el desarrollo de la acción que, como sabemos, es una prerrogativa de la narración. Las acciones de los agentes que la realizan un "hombre" y un "niño" corresponderían a acciones bastante diferenciadas entre sí. No es lo mismo un hombre en el acto de coger un cuchillo que el mismo acto realizado por un niño. Quizás lo podremos entender mejor si aludimos al campo semántico de los términos "hombre" y "niño," ya que cada uno posee una caracterización específica y, por lo tanto, la acción del hombre es muy distinta a la acción del niño. El mismo principio se podría aplicar a los verbos y los nombres. Finalmente, concluye que toda narración implica descripción. Con este simple ejercicio Genette logra disolver el presupuesto de narración como esencial y descripción como accesoria.

Pero además, si nos preguntamos sobre la jerarquización entre narración esencial y descripción accesoria, vemos que al igual que ha hecho Genette, podríamos invertir los términos y decir que, después de todo, la descripción es esencial porque toda narración lleva consigo la descripción. De este modo, no hacemos otra cosa que empezar a desmontar el insistente argumento de considerar la narración como la esencia de todo discurso literario. Este proceso de "deconstrucción" que empezó con los estructuralistas constituye uno de las principales postulados de los postestructuralistas, como veremos más adelante con Jacques Derrida.

Jonathan Culler (1944–)

En su libro *Structuralist Poetics* (*La poética estructuralista*, 1975), Jonathan Culler tomó el concepto de "competencia lingüística" (*) acuñado por Noam Chomsky e hizo un paralelismo entre ésta y su argumento sobre la "competencia" literaria. Según Culler el sujeto con competencia literaria que se enfrenta a la interpretación de un texto podrá ver cuáles son los posibles procedimientos antes de empezar su interpretación (los inscritas dentro de los parámetros de la tradición literaria) y cuáles no. Culler sabía que los profesores de literatura podrían ofrecer una gran variedad de procedimientos aceptables, puesto que tenían la "competencia" literaria que les había adjudicado su titulación. Así pues, Culler dio los siguientes tres versos a cuatro de sus colegas para que buscaran una posible unidad que les ayudara a su interpretación.

> En general, suelo andar por la noche;
> Era la mejor hora, era la peor hora;
> En lo que refiere al año, no hace falta ser precisos.

Antes de llegar a su interpretación, uno de los colegas eligió el procedimiento del *eslabón temático* de "noche," "hora" y "año." Otro se centró en el *esquema formal*: un tiempo verbal pasado rodeado por dos presentes. Un tercero se centró en tres *posiciones* diferentes del *sujeto* poético respecto del momento: específica, contradictoria, y no específica. El último, con competencia en novela inglesa del siglo XIX, pudo descubrir que el segundo verso provenía del principio de *Historia de dos ciudades* de Charles Dickens, y creyó que era una cita con una función dentro del poema. Culler tuvo que decirle que los otros dos versos también provenían de principios de novelas de Dickens. Lo importante, desde el punto de vista de Culler, no era que los lectores pudieran identificar los versos, sino que fueran capaces de seguir *procedimientos* reconocibles (pues tenían la competencia) para poder interpretar el texto. Y aunque los lectores difieran sobre el proceso antes de la interpretación, deben empezar por recurrir a ciertas convenciones interpretativas, buscando una unidad en el poema que les llevará finalmente a su interpretación. Dentro de las convenciones interpretativas podemos incorporar, en nuestra "competencia" literaria, estos cuatro posibles procesos. Ahora bien, esto no quiere decir que sean las únicas posibilidades procesales. Diferentes lectores pueden descubrir diferentes procesos (siempre dentro de las convenciones interpretativas) para encontrar una unidad que les permita analizar el texto. Los escritores, ya sean de poesía, novela, teatro u ensayo, escriben apoyándose en su competencia. Ustedes estudiantes de literatura necesitan poseer, sino la misma, al menos una mínima "competencia literaria" que irán adquiriendo a lo largo de sus cursos de literatura.

VI. *Reflexión final sobre el estructuralismo*

Con la llegada del estructuralismo, el autor como centro o punto de origen fue sustituido por la estructura del texto. Las experiencias del autor dejaron de ser esenciales y el reflejo de la realidad en el texto dejó de considerarse como parte de estas experiencias. Los procedimientos en los que se asientan los diferentes niveles estructurales del lenguaje pasaron a considerarse como parte esencial del análisis literario. El sentido del texto no venía determinado por el autor sino por el sistema lingüístico aprehendido por él. Una de las consecuencias de esta aproximación estructural del texto fue la "desmitificación" de la literatura que hasta entonces se había considerado como una de las principales fuentes del conocimiento. El rigor y la objetividad empírica que prometía la metodología estructuralista atrajo no sólo a estudiosos de la literatura sino que se extendió al estudio de otras prácticas humanas, como las ciencias sociales y culturales. Sin embargo, a pesar de esta objetividad se ha criticado al estructuralismo de haber subordinado el habla a la lengua y consecuentemente de haber omitido la especifidad del texto. Otra de las acusaciones que se la hecho al estructuralismo ha sido su "ahistoricidad" en el tratamiento de los textos. Al enfocarse solamente en el sistema, el estructuralismo anuló todo vestigio histórico en el que se desarrollaron los textos. Con la desaparición del contexto histórico desapareció toda información relacionada con la producción del texto, su recepción, su lugar dentro de la tradición literaria y las interpretaciones generadas por la crítica.

VII. Cuestionario

Respondan a las siguientes preguntas:

1. ¿Cuáles son los orígenes del estructuralismo?
2. ¿Cuáles son las diferencias entre *lengua* y *habla*?
3. ¿Cuáles son los dos lados del signo lingüístico?
4. ¿Cuál es la relación entre significante y significado?
5. ¿Qué quiso decir Saussure con "significado positivo" y "significado negativo"?
6. ¿Como construyó Vladimir Propp la analogía entre la sintaxis lingüística y la sintaxis de la narración?
7. ¿Cuál es la tesis de Gérard Genette sobre la esencialidad de la narración y la accesoriedad de la descripción?
8. ¿Cuáles fueron los cuatro procedimientos elegidos por los cuatro profesores antes de sus interpretaciones?

VIII. Sugerencias para una interpretación estructuralista

Argumento y tema

–Determinen el argumento y el tema o idea central entendido como el mensaje fundamental que el autor quiere transmitirnos.

Tramas

–Constaten la estructura de la obra. Por ejemplo, establezcan si el texto tiene una trama o doble trama. Si tuviera doble trama consideren si las dos tramas transcurren de forma paralela y si las dos tienen una estructura idéntica.

–Establezcan desde dónde y hacia dónde se desplaza(n) la(s) trama(s). Por ejemplo, supongamos que el personaje principal representa la función del poder que termina con una derrota, con su muerte y con una nueva restauración del poder. A partir de aquí diríamos que la trama se desplaza desde una posición de poder hacia una posición de derrota, para finalizar con su muerte la restauración de un nuevo poder.

Si hubiera una segunda trama que empezara con un personaje que funcionalmente representara la falta de poder, que sufre una derrota, pero que finalmente asciende a una posición de poder, podríamos decir que esta trama se desplaza desde una posición de carencia de poder hacia la derrota, la restauración final y su ascenso a una situación de poder.

–Observen si en algún momento las tramas se unen. Explicar cuándo, de qué manera y cuál es la función de esta unión.

Acciones y diálogos de los personajes

–Vean en todo el texto las acciones y los diálogos de los personajes que están en la(s) diferente(s) trama(s). Identifiquen cada personaje de esta(s) trama(s) con las categorías representacionales (ver Propp).

–Cada personaje tendrá diferentes características. Establezcan las características de cada personaje para detectar qué roles representan en la obra. Agrúpen los personajes según su categoría y los roles que tienen en el texto. Sus atributos, no sus características personales, serán los signos de las instituciones que representan. Por ejemplo, el atributo del rey representaría la monarquía.

–Establezcan oposiciones binarias entre los personajes. Determinen si existen paralelismos entre ellos. Por ejemplo, si hay dos personajes que son padres, si los dos son traicionados.

–Observen si hay funciones equivalentes o equivalencias estructurales entre distintos personajes.

IX. Glosario

Competencia lingüística: Tratándose de un hablante nativo, es la capacidad que tiene este hablante de entender y emitir la lengua de su comunidad lingüística. Esta capacidad es asimilada de forma natural del sistema que conforma dicha lengua.

Humanismo: Fue un movimiento cultural, artístico y filosófico.

Empezó en Italia durante el Renacimiento en el siglo XV. Entre los humanistas más destacados se encuentran Dante Alighieri, Francesco Petrarca y Giovanni Boccacio. El humanismo difundió en Europa el estudio de las culturas clásicas de Grecia y Roma, retomando el antiguo humanismo griego. Más tarde, el humanismo renacentista sufrió diversas transformaciones a causa de los cambios religiosos propiciados por la Reforma luterana difundida desde Alemania y la respuesta a ésta con la Contrarreforma católica generada en España. Ya en el siglo XVIII, le siguieron la Ilustración y la Revolución Francesa. El humanismo consideraba no a Dios sino al hombre como centro, anteponiendo a toda consideración los intereses, los valores y la dignidad de cada individuo. Prefiere el pensamiento crítico (racionalismo, empirismo) a doctrinas establecidas por la fe. Es decir, el secularismo al dogma religioso. El humanismo está relacionado con la libertad y el progreso del ser humano.

Oposiciones binarias: Para el estructuralismo, las culturas occidentales explican el mundo distinguiendo entre conceptos fundacionales que son opuestos, por ejemplo, vida / muerte, bien / mal, libertad / represión, etc. En estas oposiciones binarias uno de los términos a menudo tiene una connotación positiva y el otro una negativa.

Signo: Objeto que representa o sustituye a otro objeto.

Símbolo: Representación de una cosa.

Bibliografía

Culler, Jonathan. *Structuralist Poetics: Structuralism, Linguistics, and the Study of Literature*. Ithaca, NY: Cornell, 1975.

Genette, Gérard. *Figures of Literary Discourse*. Tr. A. Sheridan. Oxford: Basil Blackwell, 1982.

_____. "Fronteras del relato." Tr. Beatriz Dorriots. *Análisis estructural del relato*. Roland Barthes et al. Tlahuapan, Mexico: Premiá, 1986. 196–220.

_____. *Narrative Discourse*. Tr. A. Sheridan. Oxford: Basil Blackwell, 1982.

Greimas, A.J. *Sémantique Structurale*. Tr. D. McDowell, R. Schleifer and A. Velie. Lincoln: University of Nebraska Press, 1983.

Lodge, David. *The Modes of Modern Writing*. London: Bloomsbury, 2015.

Propp, Vladimir. *Morfología del cuento*. Tr. Lourdes Ortiz. Madrid: Fundamentos, 2000.

Saussure, Ferdinand de. *Course in General Linguistics*. Tr. W. Baskin. London: Fontana/Collins, 1974.

Todorov, Tzvetan. "Las categorías del relato literario." Tr. Beatriz Dorriots. *Análisis estructural del relato*. Roland Barthes et al. Tlahuapan, Mexico: Premiá, 1986. 159–195.

_____. *The Fantastic: A Structural Approach to a Literary Genre*. Tr. R. Howard. Ithaca: Cornell University Press, 1975.

_____. *The Poetics of Prose*. Tr. R. Howard. Ithaca: Cornell University Press, 1977.

_____. "Temática." Tr. Ana María Nethol. *Teoria de la literatura de los formalistas rusos*. Comp. Tzvetan Todorov. Madrid: Siglo XXI, 2002. 271–314.

Wellek, René, and Austin Warren. *Teoría Literaria*. Tr. José María Gimeno. Madrid: Gredos, 1966.

Capítulo IV

Teorías postestructuralistas

I. En este capítulo veremos

Friedrich Nietzsche, algunas de las ideas de este filósofo que más influyeron en el postestructuralismo / la inestabilidad del signo lingüístico / la comunicación como proceso subjetivo: Mikhail Bakhtin / la literatura como proceso subjetivo: Gérard Genette

II. Conceptos clave

Friedrich Nietzsche / racionalismo / postestructuralismo / aplazamiento de sentido

III. Friedrich Nietzsche (1844–1900)

De gran influencia para el postestructuralismo fue el trabajo del filósofo alemán Friedrich Nietzsche (*) que manifestó su desacuerdo con los supuestos dominantes de la filosofía occidental y la cultura basada en el cristianismo. Nietzsche cuestionó el racionalismo (*), que consideraba que la realidad es un terreno estable de objetos que pueden ser conocidos por un instrumento neutral llamado "razón." Criticó la creencia de que el bien moral consiste en la supresión de nuestra naturaleza material. Nietzsche afirma que la vida material debería ser celebrada y no negada y que ha sido la moral cristiana la que ha entrenado a la gente para estar avergonzada de sus cuerpos y del mundo de la materia en general. Nuestro deseo de permanecer por encima de la materia, de ser únicos, hace que sintamos que nuestras vidas cobren significado sólo cuando le damos un sentido espiritual. Según Nietzsche deberíamos concebir el mundo como un proceso material que incluye la razón humana, como una continua repetición de lo mismo—la vida repitiéndose una y otra vez, eternamente—un mundo sin teología ni finalidad, al contrario de un mundo que se sustenta en un más allá espiritual, en definitiva, como materia sin significación. Finalmente, Nietzsche argumenta que todos los ideales de la sociedad burguesa occidental, desde el concepto de belleza estética hasta la legalidad de la justicia, no son otra cosa que una voluntad de dominio de la clase hegemónica.

IV. *El postestructuralismo*

El postestructuralismo apareció en la década de los 1970s como respuesta a los principios propagados por el estructuralismo. Recordemos que, en su intento por descubrir los códigos, reglas y sistemas implícitos en la literatura y en todas las prácticas humanas sociales y culturales, el estructuralismo se propuso trabajar desde el rigor y la objetividad científica. El postestructuralismo cuestionó estas pretensiones empíricas estructuralistas, negándose a considerar con seriedad su objetivo de descubrir todas las posibles estructuras que conforman el sistema narrativo. El deseo estructuralista de "ver todas las narraciones del mundo" en el interior de una estructura dio paso al postestructuralismo que veía esta idea como una imposibilidad. El argumento postestructuralista es que cada texto posee una "diferencia," reflejada en la naturaleza inestable del signo lingüístico, que suele generar significados múltiples y una falta de objetividad en la literatura. En el terreno de lo social, a la idea de que el conocimiento, hecho en nombre de la ciencia, responde única y exclusivamente al bienestar de los ciudadanos, pasó a ser percibido como un instrumento de dominio, disciplina y control social. En el campo de la mente humana, la idea de un *yo* estable, de un individuo concebido como un agente libre capaz de determinar su destino, se pasó a la idea de un *yo* radicalmente dividido. En el ámbito filosófico, al concepto de "verdad" en su forma de conceptos puros (conceptos que preexisten antes de ser nombrados por el significante), se pasó a la percepción que tras estos presupuestos se esconde un sistema de jerarquías y juicios de valor que privilegia a un grupo de términos y subordina otros. Todos estos cambios de paradigma cristalizaron en una alerta del peligro que supone asumir incuestionablemente la manera en que se nos ha enseñado a pensar, cómo desde nuestra cultura racionalista hemos aprendido a dar nuestro asentimiento a nuestras instituciones que nos aseguran que lo "normal" está esencialmente, y no accidentalmente, relacionado con el patriarcado. Que la normalidad sexual es la heterosexualidad y no las desviaciones *queer*, y que el mejor estado socio-político es el capitalismo.

V. Tres ejemplos del discurso postestructuralista

La inestabilidad del signo lingüístico. Una de las primeras observaciones de los postestructuralistas fue la inestabilidad del signo lingüístico y de la significación. La "estabilidad" del signo proviene de una tendencia general de los hablantes a creer que los signos forman una unicidad de sentido entre los significantes y los significados. Es decir, el hablante asume que, cuando en un acto de habla emite un significante, el significado (el concepto o la imagen mental que corresponde a ese significante) forma una unidad única y unívoca. En inglés, por ejemplo, el significante "sheep" solo tiene un significado, el concepto de oveja, mientras que el significante "mutton" tiene su significado referido al concepto de la carne de la oveja. Sin embargo, las palabras que llenan nuestros diccionarios muestran lo contrario. Cuando buscamos el sentido de una palabra, lo que encontramos es un continuo *aplazamiento de sentido*. Primero encontramos varios significados para cada significante. Por ejemplo, el significante "vela" puede significar tres conceptos: bujía, vigilancia del centinela y pieza de lona para impulsar los barcos. Pero, además, el diccionario seguirá dando más significados a cada uno de estos significantes. Tomemos, por ejemplo, el primer significado *bujía* que, además de una vela, puede ser una unidad de intensidad de luz, un dispositivo utilizado en los motores de explosión, o un instrumento de cirugía. Este proceso podría prolongarse de modo interminable, a medida que los significantes van adaptándose en cada nuevo contexto.[1] El estructuralismo de Saussure ya avanzaba esta "inestabilidad" del signo lingüístico cuando decía que, a veces, una lengua tiene una sola palabra (significante) para dos conceptos (significados). En francés, por ejemplo, sólo existe un significante, "mouton," que asume los dos significados (oveja y carne).

La comunicación como proceso subjetivo. Como recordaremos, los formalistas se centraron en el estudio de una lingüística abstracta donde el lenguaje, objeto de su investigación, era considerado estático y neutral. Se limitaron a estudiar los recursos literarios al margen de sus usuarios. Las pronunciaciones de un sujeto pertenecen al reino del habla, que nunca fue considerada como verdadero objeto de análisis

---

1. Este ejemplo proviene de Selden, et al. 2010, 186–187 (ver Bibliografía: General).

de los estructuralistas, ya que su centro de atención fue la lengua que gobierna el habla.

El habla, para los estructuralistas, era considerada como parte de una situación comunicativa en la cual un emisor enviaba un mensaje a un receptor y éste lo decodificaba. Esta visión sistemática de la comunicación excluía todos los procesos subjetivos mediante los cuales interaccionamos unos con otros.

Contraria a estas consideraciones formalistas y estructuralistas, que veían el lenguaje como un sistema estático, objetivo e impersonal, el postestructuralismo consideraba el lenguaje como un sistema enlazado con otros sistemas, especialmente con aquellos que hablan desde la subjetividad. A esta concepción del lenguaje relacionado con la subjetividad se le ha llamado "discurso." El primer teórico en considerar el lenguaje articulado con el subjetivismo fue Mikhail Bakhtin, que insistió en que el lenguaje tenía que ser estudiado en el contexto social donde se ha generado. Según Bakhtin, la ideología no puede separarse de su medio, el lenguaje. Las palabras son signos sociales y por lo tanto todo signo es ideológico. Ahora bien, hay que tener en cuenta que Bakhtin no hizo hincapié en el modo en que los textos reflejan los intereses sociales o de clase como lo hacían las teorías marxistas, sino en el modo en que la ideologización del lenguaje incide en todo proceso de comunicación. Es cierto que la significación se produce sólo cuando existe una interacción verbal entre dos voces: la voz de un receptor responde a la voz de un emisor. Pero, según Bakhtin, la comunicación no es un juego de codificación y descodificación por turnos. Por ello se propuso estudiar la lengua no como un código inanimado, como lo hacía Saussure, sino como diálogo vivo, enmarcado en un contexto social. Según Bakhtin, en todo acto de comunicación intervienen varios factores extralingüísticos como, por ejemplo, el punto de vista, las diferencias de valores y la naturaleza dialogante de los actores.

Punto de vista. El enunciado siempre se expresa desde un determinado punto de vista. Cuando el hablante se sirve de las palabras, el mensaje construido es un mensaje con un estilo y una forma determinada, es decir, incorpora en el mensaje su subjetividad, una actitud evaluadora y emocional que se pone de manifiesto en ciertas marcas textuales (pausas, entonación y recursos expresivos).

Diferencias de valores. En todo acto de comunicación los enunciados entre el emisor y el receptor establecen diferencias de valores según sea la expresividad o entonación de los enunciados. Dependiendo del tipo de entonación emitido en diferentes tipos de contextos, las mismas palabras pueden llegar a tener diferentes significados.

La naturaleza dialogante entre emisor y receptor. Desde la primera palabra, el emisor y el receptor empiezan a reaccionar de algún modo (con gestos e interrupciones), y esa reacción condiciona absolutamente lo que el emisor va a seguir diciendo, además de que éste habla siempre previniendo la reacción del receptor.

La literatura como proceso subjetivo. Los postestructuralistas afirmaban que la narrativa nunca puede escapar del nivel discursivo o subjetivo. Aunque a Gérard Genette se le considera dentro del período estructuralista, muchas de sus teorías ya prefiguraban la crítica postestructuralista. Por ejemplo, en la tercera oposición binaria del ensayo "Fronteras del relato," Genette distinguía entre narración y discurso. La narración es definida como un simple relato en el que "nadie habla." Con esta expresión, Genette se está refiriendo a un relato narrado de manera objetiva. La segunda distinción, el discurso, es un relato en el que los lectores somos conscientes de la persona que está hablando, es decir, un relato subjetivo. Genette "deconstruye" esta oposición mostrándonos que no existe ninguna narración desprovista de coloración "subjetiva." Aunque una narración nos pueda parecer poco mediatizada por la subjetividad, sólo en muy contadas ocasiones están ausentes los juicios de valor del narrador. En este sentido, todas las narraciones son subjetivas, es decir, el elemento discursivo puede penetrar, o bien por vía de la voz del narrador o por la voz de un personaje-narrador. Tomemos por ejemplo un segmento sobre la edad del protagonista Fred Murdock que Jorge Luis Borges hace en su cuento "El etnógrafo": "era suya esa edad en la que el hombre no sabe aún quién es." Si consideramos sólamente la primera parte de la locución, "era suya esa edad," vemos que, a nivel de narración, se nos dice que Fred poseía cierta edad. La frase impersonal parece provenir de un narrador que "no habla," por lo que parece conferirle objetividad a la edad de Fred. Sin embargo, la locución "el hombre aún no sabe quien es" introduce inmediatamente un nivel discursivo. En primer lugar, el narrador establece una relación entre dos sujetos, el sujeto yo (narrador) y el sujeto tú (lector). En segundo lugar, el narrador apela a la suposición de que el lector reconozca y confirme la edad de Fred (el código cultural, diría Roland Barthes).

VI. Cuestionario

Respondan a las siguientes preguntas:

1. Friedrich Nietzsche: ¿En qué no estaba de acuerdo? ¿qué cuestionó? ¿qué criticó?
2. ¿Qué cuestionó el postestructuralismo?

3. ¿Qué quisieron decir los postestructuralistas con "aplazamiento de sentido"?
4. ¿Qué quisieron decir los postestructuralistas con "el lenguaje es un sistema enlazado con otros sistemas que hablan desde la subjetividad"?
5. ¿Qué quiere decir la afirmación de los postestructuralistas que la narrativa nunca puede escapar del nivel discursivo o subjetivo?

VII. Sugerencias para una interpretación postestructuralista

–Para detectar *la inestabilidad del signo lingüístico*, busquen en el diccionario el sentido de una palabra, y componer un esquema con el continuo *aplazamiento de sentido*, según vayan encontrando varios significados para cada significante. Vean el ejemplo de "vela."

–Para comprobar el proceso de *comunicación como proceso subjetivo*, describan una conversación o una interacción verbal en un texto dramático donde se puedan observar algunos factores extralingüísticos en los enunciados, como por ejemplo el punto de vista de los hablantes. Vean de qué palabras se sirven, el estilo con el que forman sus mensajes, las marcas textuales que denotan subjetividad, sus actitudes evaluadoras y emocionales como pausas, entonación, recursos expresivos. Vean la naturaleza dialogante de los interlocutores donde la expresividad o entonación de sus enunciados establezcan diferencias de valores. Recuerden que las mismas palabras pueden cambiar su significado dependiendo de la entonación y el contexto donde se emiten. Y por último vean la naturaleza dialogante de los actores. Analicen desde el principio de la conversación las reacciones (gestos, interrupciones) de los interlocutores. Sigan analizando si algunos de estos factores condicionan lo que el emisor va a seguir diciendo. Vean también si el emisor, de alguna forma, previene la reacción del receptor.

–Para apreciar la idea de que *la literatura es un proceso subjetivo*, busquen algún texto donde haya alguna frase impersonal y analícenla tal y como hemos visto en el ejemplo del cuento "El etnógrafo" de Jorge Luis Borges.

VIII. Glosario

Friedrich Nietzsche: Filósofo alemán conocido principalmente por su obra *Así habló Zaratustra* (1883). En esta obra ataca directamente a toda la cultura occidental: la religión, la moral tradicional y la filosofía metafísica y dice que los conceptos metafísicos son engaños gramaticales o del lenguaje, de los que no ha salido nada real. Uno de los mensajes de Zaratustra es "la voluntad del poder" o la voluntad de superarse constantemente. En cuanto a los valores morales, Zaratustra habla de una voluntad de aniquilar los valores tradicionales y crear nuevos. Nietzsche afirma que no hay más mundo que éste, por lo que niega el "otro mundo" del cristianismo. Según Nietzsche, el ser humano le ha dado valor a todo aquello que va en contra de la vida, siendo la moral judeo-cristiana la gran promotora de la cultura de la muerte y no de la vida. Por esta razón, dice Nietzsche, debemos invertir esta valorización de muerte y vida y afirmarnos en la segunda : la vida. Se ha acusado a Nietzsche de racista por su idea del superhombre. Esta idea no se refiere al superhombre como resultado de una evolución biológica, sino al hombre que posee la inocencia de un niño, que es capaz de recuperar la inocencia primitiva, que está más allá del bien y del mal, es el "primer hombre" que posee el poder de crear valores. Nietzsche define el término "nihilismo" en función de la voluntad de poder. Cuando esa voluntad (que es la esencia de la vida) disminuye o se agota, da lugar al nihilismo.

Racionalismo: El racionalismo se opone al empirismo (ver Glosario, cap. I). El máximo representante racionalista fue el filósofo Emmanuel Kant (1724–1804). En su filosofía Kant afirmaba que sólo se puede llegar al conocimiento por medio de la razón y que ésta ha de considerarse independiente de las facultades intuitivas o sensitivas del hombre.

Bibliografía

Fuery, Patrick. *Theories of Desire*. Melbourne, Australia: Melbourne University Press, 1995.
Hatari, Josué V., ed. *Textual Strategies: Perspectives in Post-Structuralist Criticism*. Ithaca: Cornell University Press, 1979.
Nietzsche, Friedrich. *Así habló Zaratustra*. Mexico City: Època, 2010.
Sarup, Madan. *An Introductory Guide to Post-Structuralism and Post-Modernism*. Hemel Hempstead, UK: Harvester Wheatsheaf, 1988.
Sturrock, J., ed. *Structuralism and Since: From Lévi-Straus to Derrida*. Oxford: Oxford University Press, 1979.
Young, Robert, ed. *Untying the Text: A Post-Structuralist Reader*. Boston: Routledge, 1981.

Capítulo V

Roland Barthes (1915–1980)

I. En este capítulo veremos

En el libro *Mythologies* (*Mitologías*), la desmitificación del mito moderno / en *Système de la mode* (*El sistema de la moda*), la analogía entre sistema lingüístico y el sistema del vestir o el sistema del "menú" de un restaurante / en *Éléments de semiologie* (*Elementos de semiología*), el cuestionamiento de la autoridad de los textos científicos / en el artículo "La mort de l'auteur" ("La muerte del autor"), el rechazo del autor como creador del texto, origen de su sentido y autoridad en su interpretación / en *Le plaisir du texte* (*El placer del texto*), la distinción entre el placer general de un texto y el texto de "goce" / en *S/Z*, la idea de que cada texto contiene su propia "diferencia," en oposición a la idea estructuralista que todos los textos comparten una estructura semejante

II. Conceptos clave

El mito / la semiología / el metalenguaje / "la muerte del autor" / la intertextualidad / el texto de "goce" / el texto *lisible* y el texto *scriptible* / lexias / el código hermenéutico / el código de los semas / el código simbólico / el código prohairético / el código cultural

III. Roland Barthes

Mitologías (1957)

La obra *Mitologías* es una antología de ensayos que Roland Barthes publicó en diferentes revistas francesas durante la década de los 1950s.

Los ensayos son una especie de teorización sobre la cultura popular donde se analizan los signos que muestran, por ejemplo, en cómo representa Hollywood a los "romanos en el cine," o "El bistec y las patatas fritas," donde el bistec se describe como un "bien francés" y las patatas como "el signo alimentario de la 'francesidad.'" En la edición de 1970, Barthes añadió el ensayo "El mito hoy," donde expone cómo desmitificar los mitos modernos de ideología burguesa, ocultos en la lengua y en las imágenes que forman parte de nuestra vida cotidiana.

Las definiciones del mito suelen apelar a las historias orales que las antiguas civilizaciones creaban para poder entender el mundo que les rodeaba. En Barthes, el mito moderno también apela a historias, pero ahora son o bien historias escritas, o bien historias contadas a través de la fotografía, del cine, del documental, del espectáculo o de cualquier anuncio publicitario. El mito moderno, dice Barthes, es un mensaje ideológico que la burguesía incorpora, de forma solapada, en nuestras vidas con el fin de defender sus intereses. Por medio del mito, la burguesía ha conseguido mantener el control de los medios de producción, el enaltecimiento de los valores del consumismo y la explotación del proletariado. Para explicar la estructura del mito, Barthes recurre al concepto saussureano del signo lingüístico y se refiere al mito como una especie de lenguaje de "segundo orden." Para Barthes el signo saussureano, compuesto de significante y significado, es un sistema de primer orden. Este sistema de primer orden funciona como el significante del sistema de segundo orden. Mientras que el significado de este segundo orden sería la carga ideológica o el mito. Para ejemplificar el mito como sistema de segundo orden, Barthes utiliza un ejemplo de una portada de revista donde aparece un joven negro con uniforme militar y en posición de saludo mirando hacia el cielo. Aunque no aparece en la foto, se supone que el soldado dirige su mirada hacia la bandera francesa. El sistema de primer orden sería el reconocimiento del saludo de un soldado. Este sistema de primer orden se refiere al significante (la foto en la portada de la revista) y al significado (el reconocimiento de un soldado negro que saluda la bandera francesa). Este signo del sistema de primer orden pasa a ser en el sistema de segundo orden un significante cuyo significado o mito nos dice que "Francia es un gran imperio, que todos sus hijos, independientemente del color de su piel, sirven lealmente a la bandera y que no hay mejor respuesta a los detractores del supuesto colonialismo que el entusiasmo que muestra este negro sirviendo a sus supuestos opresores" (Walton, 89; ver Bibliografía, cap. XIV). Este significado de segundo orden es un mensaje ideológico (colonialismo francés implícito en el saludo del soldado negro) que podría expresarse, según Barthes, con diferentes significantes, "como por ejemplo el de un general francés que le coloca una medalla a un soldado senegalés o a una monja francesa ofreciéndole un té a un árabe postrado en una cama" (*ibíd.*, 91).

La naturalización del mito. En sus análisis sobre los productos creados por la cultura de masas, Barthes explica cómo los mitos modernos han logrado "naturalizar" la cultura burguesa. Algunos de los mitos naturalizados han sido, según Barthes, el colonialismo sometedor de otros pueblos, el sistema patriarcal represor del género femenino, los gobiernos paternalistas opresores de las clases sociales menos favorecidas, o el sistema homofóbico que castiga lo que considera como "desviación" de la norma. Todos estos mitos se muestran como parte integrante de la naturaleza de las cosas, como parte inseparable de nuestras vidas y lo hace de una manera obvia. La ideología de la foto del soldado negro, por ejemplo, lejos de ocultar el imperialismo francés lo reafirma. Ahora bien, para que nuestras conciencias permanezcan tranquilas, lo presenta como sin un trasfondo político, vacío de historia, como algo incuestionable, es decir, como algo "natural" y por lo tanto aceptable. A veces es difícil ver esa naturalización en el mito moderno ya que la burguesía ha adoptado varias estrategias para insensibilizarnos de él. Por ejemplo, en una guerra donde se matan civiles, la burguesía, según Barthes, ha inventado la palabra "colateral." El objetivo de esta "colateralidad" es el de ocultar la muerte de los civiles como un daño inevitable en aras de un bien mayor: la necesidad de estas muertes para evitar muchas más. La brutalidad del ejército, la falsa imparcialidad de la iglesia católica y naturalmente las prácticas sucias como el "lawfare" del estado suelen defenderse por medio de los mitos proyectados, no sólo con palabras, sino también en medios tan poderosos (por su alcance en la población) como el cine, la literatura y la publicidad.

La tautología. Barthes la analiza la tautología como uno de los mecanismos naturalizadores del mito. La tautología consiste en la repetición de un mismo pensamiento, pero de forma diferente. Supongamos que alguien que está pensando sobre la vida se pregunta ¿qué es la vida? La respuesta tautológica consistiría en una repetición inútil del pensamiento inicial, "la vida es la vida" o "así es la vida." Otras expresiones utilizadas actualmente con parecido significado son "las cosas son como son," "que le vamos a hacer," o "es lo que hay." Esta estrategia apunta a la racionalidad, pero al mismo tiempo la niega. La tautología hace que cualquier expresión de voluntad humana se supedite a una especie de voluntad divina asumiendo que las cosas tienen una naturaleza compleja y que debido a esta complejidad no se pueden expresar y menos aún comprender.

La identificación. Otra de las técnicas utilizadas por la burguesía para naturalizar su ideología a través del mito es lo que Barthes llama la "identificación" o incapacidad de la burguesía de identificarse con el "Otro." Dice Barthes que cuando la burguesía se encuentra con el "Otro" lo transforma según su ideología con el fin de que sea rechazado socialmente. Pongamos el ejemplo del hombre homosexual, cuya identidad representa todo lo contrario de la ideología heterosexual burguesa. La naturaleza burguesa es la norma, el homosexual es la desviación y como tal es representado en el cine, la literatura y las noticias televisivas. Sirviéndose de estos y otros medios de comunicación, la burguesía transforma al hombre homosexual en un "desviado" inaceptable en la mayoría de nuestras sociedades. Ser conscientes de estos procesos de naturalización del mito requiere conciencia social y práctica en la lectura del mito. Cuando no podemos ver la naturalización nos convertimos en consumidores de mitos y, con su consumo, estamos contribuyendo a reforzar las imágenes que ayudan a mantener el "status quo" en nuestras sociedades.

El sistema de la moda (1967)

Tomando como punto de partida la teoría del signo lingüístico de Saussure, Barthes desarrolló una analogía entre los sistemas de significación lingüísticos con los sistemas de elección en el vestir y de elección en el "menú" de un restaurante. El acto de elección que a diario hacemos con las prendas de vestir no es considerado por Barthes como un acto de expresión personal o de estilo individual. Por el contrario, para Barthes, la elección de un tipo de ropa sobre otro es percibido como un sistema del vestir que funciona de la misma forma en que funciona el sistema de la lengua saussureano. Como sabemos, para cualquier acto de habla nosotros recurrimos al sistema común o lengua en tanto hablantes. Lo mismo podemos decir del acto de vestir ya que nosotros recurrimos al sistema común de las prendas de vestir (lengua) en tanto conocedores de la variedad de prendas. Por ejemplo, la lengua en un acto de comunicación estaría compuesta por las posibles variantes entre los nombres, los verbos, los adjetivos etc. En el acto de vestir, la lengua estaría compuesta por las siguientes variantes de prendas de vestir:

- gorra, sombrero, capucha
- camisa, camiseta, "tanktop"
- pantalón, "shorts," sudadera
- chaqueta, cazadora, abrigo
- "sneakers," "loafers," "wing-tips"

Sabemos por Saussure, que el habla o los enunciados individuales se sostienen y son posibles gracias al sistema de la lengua. En el acto de vestir, el habla (sintagma, para Barthes) es posible gracias al sistema de las prendas de vestir. Y al igual que una frase pronunciada en el habla, el acto de vestir se construye con la yuxtaposición de diferentes prendas elegidas del "lenguaje de las prendas de vestir," como sombrero, camiseta, pantalón, chaqueta, y "sneakers." Este acto de significación en el acto de vestir, dice Barthes, es el "conjunto de elementos particulares o detalles que no pueden llevarse al mismo tiempo en la misma parte del cuerpo y cuya variación corresponde a un cambio en el significado del vestir" (citado en Selden et al., 92; ver Bibliografía, General). Igual que todo acto de comunicación, nosotros no podemos hablar con todas las posibles variantes de una frase. En un acto de comunicación, nuestra mente elige aquellos elementos del sistema de la lengua que cree convenientes, cada uno de los cuales podría ser reemplazado por otros del sistema de la lengua. La competencia de la persona en un acto de vestir radica en la utilización del sistema. En su elección, todas las prendas que viste están coordinadas entre sí; es una especie de enunciado que muestra a las otras personas un significado o un estilo individual.

El sistema del "menú" de un restaurante. El segundo ejemplo analizado por Barthes se refiere a la elección que hacemos del "menú" cuando vamos a un restaurante. Al igual que con las prendas de vestir, Barthes dice que el sistema (lengua) se refiere al "conjunto de alimentos con afinidades o diferencias en el interior del cual se elige un plato con vistas a cierto significado: tipos de" entrantes, carnes o postres (citado en Selden et al., 93).

- *Entrantes*: ensalada verde, ensalada caprese, crema de tomate
- *Carnes*: entrecot, pollo asado, bistec al roquefort
- *Postres*: fruta del tiempo, flan, helados variados

Mientras que el *sintagma* (habla) es la secuencia de platos elegidos por el cliente.

- *Entrantes*: ensalada caprese
- *Carnes*: entrecot
- *Postre*: flan

Elementos de semiología (1967)

En su libro *Elementos de semiología* (*), Barthes, dentro del contexto del espíritu crítico sobre las aspiraciones científicas del estructuralismo, cuestionó la autoridad de los textos científicos. Para ello trazó un detallado análisis sobre la problematización de la autoridad de estos textos. En su argumento, Barthes se remite a los estructuralistas que afirmaban que su método podía estudiar todos los sistemas de signos de la cultura humana y llegar a una verdad concluyente. Para desmantelar esta afirmación, Barthes incluye una segunda propuesta en la que afirma que el mismo discurso estructuralista puede convertirse en tema de estudio. Según Barthes, el investigador semiótico (*) considera el lenguaje científico de su propio ensayo como discurso de "segundo orden" (llamado "metalenguaje"), que opera sobre el lenguaje objeto de "primer orden." Barthes asegura que cualquier metalenguaje puede convertirse en lenguaje de primer orden. Consideremos como ejemplo una tesis doctoral (lenguaje de segundo orden) sobre una novela ("lenguaje de primer orden.") Un semiólogo podría escribir otra tesis, no sobre el lenguaje de primer orden (la novela), sino sobre el lenguaje de segundo orden (la tesis), por lo que esta segunda tesis se convertiría en lenguaje de primer orden, y así sucesivamente hasta el infinito. El semiólogo, según Barthes, nunca podrá llegar a un texto cuyo lenguaje sea definitivo (que contenga la verdad última, o la Verdad con mayúscula). Ante esta situación, dice Barthes, se crea un estado de incertidumbre y duda acerca del objetivo último de la ciencia, en este caso del cientificismo estructuralista, que afirmaba poder llegar a esta Verdad por medio de su metodología. Barthes concluye que todos los discursos, incluyendo las interpretaciones críticas, son igualmente *ficticios*, por lo que ninguno puede ocupar el lugar de la Verdad.

"La muerte del autor" (1968)

En este ensayo, Barthes alude a la muerte simbólica del autor en el sentido de que éste ha dejado de ser autor del texto, el origen de la significación y una autoridad en la interpretación de esta significación. Podríamos resumir el artículo en cuatro segmentos: el autor, la intertextualidad, el lector y el sentido del texto.

El autor. Barthes nos advierte que la figura del autor es un fenómeno moderno que tiene su origen durante la Edad Media (en las sociedades premodernas no existía el concepto de autoría). Fue durante la llegada del capitalismo cuando se empezó a dar importancia al autor como creador del texto, punto de referencia para poder establecer la significación del texto. Barthes desestima esta idea del autor como creador y sugiere que, una vez que el texto está escrito, el autor está muerto en el sentido de que éste deja de ser la fuente de sentido, y la única autoridad en la interpretación del texto.

La intertextualidad. Tradicionalmente entendemos por intertextualidad la incorporación de partes de un texto de un autor determinado en el texto de otro autor. Barthes modifica este concepto de intertextualidad alegando que la intertextualidad es "un tejido de citas sacadas de innumerables centros de cultura" (Walton, 139). Estas "citas" a las que se refiere Barthes son aquellas que posee el autor cuando produce su texto. Es decir, el autor no es percibido por Barthes como el productor de un texto original y único, sino como una especie de centro que, cuando produce su texto, se vale del infinito inventario de "citas": palabras contenidas en su lengua, frases ya utilizadas por otros autores, citas (en el sentido literal) reconocidas en otros textos, referencias a su cultura o a otras culturas, dichos repetidos por el pueblo, proverbios portadores de sabiduría, características de movimientos literarios que ya han ocupado su lugar en la historia, textos literarios específicos, textos históricos y filosóficos. Todos estos elementos son para el autor las "citas" que va extrayendo de diferentes "centros de cultura," entendidos aquí como una especie de diccionario mental donde están almacenadas las "citas" que utiliza una y otra vez durante su vida literaria.

El lector. El texto es un tejido de intertextos susceptibles a ser interpretados por el lector que se guía por los signos que el autor, con cierta "intencionalidad," ha usado en su composición. Barthes sugiere que el lector haga caso omiso de la "intención" del autor y que sea él quien decida el sentido del texto. Siguiendo la sugerencia barthiana, el lector será libre de abrir y cerrar el proceso de significación del texto sin tener en cuenta la insistente unidireccionalidad del significante. El lector podrá conectar el texto libremente con otros sistemas de sentido. Al ser capaz de crear sus propios sentidos, el lector "mata" al autor, metáfora creada por Barthes para decirnos que el lector no sigue la "intencionalidad" de sentido del autor, sino la suya propia. Finalmente, dice Barthes, la "muerte" del *autor* provoca el "nacimiento" del lector. Otra metáfora para decirnos que, al no seguir la "intencionalidad" interpretativa del autor, el lector, con su propia interpretación, se convierte en el "creador" de un nuevo texto. (Ver "Texto lisible, texto scriptible" [*] en el Glosario.)

El sentido del texto. En este segmento del artículo, Barthes habla de la inestabilidad de la significación de los *textos*. Con los permanentes cambios en el tiempo y en el espacio, los textos siempre están abiertos a todo tipo de interpretaciones. Piensen en el *Quijote*, que pasó de ser una parodia de los libros de caballería provocador de la risa a ser un libro de ética filosófica incitador de la reflexión. La consecuente desestabilización de los significados nos lleva a pensar que ningún texto ni interpretación puede ocupar el lugar de la Verdad, como ya afirmaba Barthes en *Elementos de semiología*.

El placer del texto (1973)

En este libro, Barthes hace una clara distinción entre dos tipos de "placer." El primero lo percibe como el placer general que el lector percibe al leer un texto. Este tipo de placer va más allá del sentido literal. Sería el texto cuyo placer nos es dado por el "tejido de citas" que Barthes ya apuntaba en "La muerte del autor." Al inventario de palabras conocidas por el autor, las frases de otros autores, las conexiones con otros textos, las referencias culturales, los dichos y proverbios, podríamos añadir la recreación sintáctica y las sucesivas alteraciones del flujo literal entre otras muchas "citas" que el autor ha recopilado desde "innumerables centros de cultura" y que llegan a producir un "placer" general cuando el lector las reconoce. El segundo tipo de placer Barthes lo define como el placer que encontramos en un texto de "goce" o en un texto cuya lectura es capaz de producir un placer en grado sumo. Barthes sigue afirmando que este "goce" es tal que llega a desmontar "los supuestos psicológicos, culturales, históricos del lector ... [y que] produce una crisis en su relación con el lenguaje" (citado en Selden et al., 194). Volviendo al primer tipo de placer, vimos que éste se producía en el reconocimiento por parte del lector del "tejido de citas" ofrecidos en el texto. En el texto de "goce" el reconocimiento de "citas" continúa, pero estas "citas" se alejan de todas las posibles expectativas. Cuando el lector se enfrenta al texto de "goce" podrá o bien experimentar ese "goce," o bien desesperarse ante la no conformidad del texto con las expectativas organizadas desde su competencia literaria. El texto de "goce" llega a desmantelar todos los presupuestos competenciales del lector y crea una situación de dificultad en su entendimiento que Barthes llama "crisis de relación con el lenguaje."

S/Z (1970)

La tesis del libro *S/Z* es un desmantelamiento de las ambiciones de los teóricos estructuralistas que intentan "ver todas las narraciones del mundo ... en el interior de una simple estructura" (citado en Selden et al., 194–95). Para Barthes, este intento de descubrir la estructura uniformadora es inútil, ya que cada texto posee, según él, una "diferencia" que es el resultado de la "literariedad" de la que ya hablaban los estructuralistas.

El título del libro *S/Z* se inspira en los dos personajes centrales (Sarrasine y La Zambinella) del relato breve de Honoré de Balzac *Sarrasine*. He aquí el argumento: el joven escultor francés Ernest-Jean Sarrasine, durante una visita a Roma en 1758, se enamora de una cantante llamada La Zambinella (favorita del Cardenal Cicognara). La belleza de La Zambinella inspira tanto a Sarrasine que esculpe su estatua. Después de una fiesta tumultuosa, Sarrasine rapta a La Zambinella, sólo para descubrir que la cantante no es una mujer, sino un castrato. El Cardenal manda asesinar a Sarrasine. La historia de Sarrasine, La Zambinella y el Cardenal Cicognara es contada por un narrador anónimo como un suceso del pasado, en una fiesta en la residencia del conde y la condesa de Lanty.

Barthes divide el relato en 561 unidades de lectura o lexias que se leen a través de cinco códigos: hermenéutico, sémico, simbólico, prohairético y cultural.

El código hermenéutico. Este código hace referencia a los enigmas. En *Sarrasine*, el enigma se plantea al comenzar el relato y está relacionado con la identidad de La Zambinella. Antes de descubrir quién es realmente, el texto utiliza técnicas de prolongación como la inclusión de preguntas que demoran la verdad acerca de la identidad de La Zambinella. A cada pregunta Barthes conceptualiza la respuesta. Por ejemplo, cuando se responde que "es una mujer," Barthes dice que esta respuesta responde al código hermenéutico del concepto "apariencia engañosa"; cuando la respuesta clasifica a La Zambinella como "una criatura extraordinaria," Barthes dice que responde al código de la ambigüedad; y cuando se dice que "nadie lo sabe," al código de la respuesta confusa. Al final el lector llega a descubrir que La Zambinella es un eunuco disfrazado de mujer.

El código sémico. Se vincula con los conceptos que caracterizan a los personajes. Por ejemplo, al principio del cuento se caracteriza a La Zambinella con los conceptos o "semas" de "feminidad," "riqueza" e "irrealidad."

El código simbólico. Este código pone de relieve los esquemas de las relaciones de parentesco y psicológicas establecidas por los personajes. Se nos dice de Sarrasine, por ejemplo, que "era el único hijo de un procurador." Esta relación de parentesco no encierra ninguna dificultad, literalmente es la relación sanguínea de hijo y padre. Las relaciones psicológicas suelen causarnos dificultades ya que debemos especular con nuestras competencias psicológicas. Por ejemplo, cuando contrastamos la profesión del padre (procurador) y la del hijo (escultor, además de hijo único), podemos anticipar los posibles problemas derivados de diferentes cosmovisiones; el mundo de la burocracia y el mundo del arte son dos visiones antitéticas de difícil convivencia. Y esto es lo que sucede, ya que en el momento en que Sarrasine toma la decisión de ser artista la relación entra padre e hijo pasa a ser de total rechazo. La ausencia de la madre (nunca se menciona) juega un papel importante en el desarrollo del código simbólico. Cuando Sarrasine es rechazado por su padre, el escultor Bouchardon toma el lugar de la madre, que tradicionalmente suele funcionar como símbolo reconciliatorio entre padres e hijos. Finalmente, Sarrasine y su padre logran reconciliar el antagonismo de sus dos visiones del mundo gracias a la intervención de Bouchardon.

El código prohairético. Es el código referido a las acciones y comportamientos de los personajes. Barthes sugiere que, en cada acto de lectura el lector acciona este código de forma inconsciente percibiendo cada lexia como "natural" o "realista." Para entender el concepto de "lexias" en Barthes diremos que tienen su equivalente en las "secuencias" de Todorov, cada una de las cuales, como recordaremos, constaba de cinco proposiciones. Veamos a modo de ejemplo la lexia que va desde las lexias 154 a 166. En ella encontramos las siguientes proposiciones. La primera proposición iría de las lexias 154 a 159 donde se presenta la infancia del joven Sarrasine como la "de un hombre de talento" que "se rebelaba a menudo." La segunda proposición iría de las lexias 160 a 163. En ella se describe las composiciones artísticas que Sarrasine construye en vez de atender a las enseñanzas de los maestros. Dice el narrador que "en lugar de aprender los rudimentos del griego, dibujaba al reverendo padre que les explicaba un pasaje de Tucídides." La tercera proposición iría de las lexias 164 a 165. En ellas se narra el efecto de las composiciones artísticas de Sarrasine entre los sacerdotes: "dejaba ... groseros esbozos cuyo carácter licencioso despertaba a los padres más jóvenes y hacía sonreír a los viejos jesuitas." La cuarta proposición, dentro de la lexia 165, es aquella en la que Sarrasine es expulsado del colegio. Finalmente, la quinta proposición estaría en la lexia 166. Aquí se nos informa sobre la causa de la expulsión. Barthes diría que esta secuencia está formada por las cinco etapas de la acción codificadas por "la rebelión," "las composiciones artísticas," "el efecto de estas composiciones artísticas," "la expulsión," "la causa de la expulsión."

El código cultural. Incluye todas aquellas alusiones al conocimiento (artístico, literario, histórico y psicológico) compartido por todos los miembros de una sociedad. Por ejemplo, en las lexias 154, 155 y 156 se nos dice que Sarrasine, "confiado desde muy temprano a los jesuitas, dio muestras de una turbulencia poco común. Tuvo la infancia de un hombre de talento." El primer código cultural sería la referencia al código de las edades, "confiado desde muy temprano." Aunque no sabemos con exactitud la edad, los términos "confiado" y "temprano" nos sugieren a nosotros, ciudadanos de una sociedad occidental, que Sarrasine era un niño cuando empezó su educación. El segundo código se alude la orden de los Jesuitas, código (educacional) que hace referencia a un tipo de enseñanza. Nosotros compartimos el hecho de que la religión católica tendrá un papel fundamental en la formación de Sarrasine.

El tercer código se refiere al carácter poco común del niño Sarrasine (código de identidad). Y por último el cuarto código hace una referencia a la extrema inteligencia de Sarrasine (código de niño prodigio).

Sarrasine ha sido considerado por la crítica como un cuento realista. Sin embargo, al leerlo detenidamente, se tiene la impresión de que algunos de los principios del postestructuralismo ya se encuentran en el texto. Por ejemplo, el argumento no sigue una secuencia lógica y líneal sino con una fragmentación del discurso. Tradicionalmente el sentido en una obra realista suele asentar claramente una unidad de sentido. En *Sarrasine*, notamos una falta de unidad en favor de una dispersión de sentido. En un texto realista los personajes suelen caracterizarse física y psicológicamente como una unidad que suele ir evolucionando a medida que van pasando los capítulos. En *Sarrasine*, la mayoría de los personajes son caracterizados de forma ambivalente. Eso hace que la unidad caracterizadora se descomponga con la consiguiente inquietud del lector. Por último, algunos de los temas de *Sarrasine*, como el de la castración y la confusión de los roles sexuales, suelen ser temas relacionados, no ya con el postestructuralismo, sino con el posmodernismo del siglo XXI.

IV. Cuestionario

Respondan a las siguientes preguntas:

1. ¿Cómo define Barthes el mito?
2. ¿Cúales son los dos mecanismos por los que se ha logrado "naturalizar" el mito?
3. ¿Cómo establece Barthes la analogía entre los sistemas de significación lingüísticos y los sistemas de elección en el vestir?
4. ¿Cuáles son las conclusiones de *Elementos de semiología*?
5. ¿Qué quiso decir Barthes con "la muerte del autor"?
6. ¿Cuál es la diferencia entre el placer general en la lectura de un texto y el "goce"?
7. ¿Cuáles son algunos de los principios del postestructuralismo reflejados en el relato *Sarrasine*?

V. Sugerencias para una interpretación basada en el mito

–Analicen alguna fotografía representativa de nuestra cultura popular que les pueda sugerir algún mito de la ideología burguesa de nuestros días. En muchos de los anuncios publicitarios podrían reconocer un sistema de primer orden donde el significante sería la foto y su significado el reconocimiento de la imagen que proyecta la foto. A partir de aquí pasen al significante de segundo orden cuyo significado sería la interpretación ideológica del mito. Recuerden que deben recurrir a su conciencia social para reconocer la naturalización del mito.

–Busquen algunos de los anuncios publicitarios de la marca italiana de ropa Benetton y vean cómo Benetton suele apropiarse del periodismo fotográfico y lo transforma en publicidad. Analicen cómo Benetton, con la mercantilización del reporte gráfico (la noticia en imágenes), consigue vender su producto. Expliquen cómo consigue que percibamos estas imágenes publicitarias como "naturales."

–Busquen el anuncio de Benetton donde aparece la imagen de un mercenario africano que sostiene un fémur humano. En su análisis empiecen a hablar de una imagen fuera de su contexto y de su historia. Vean qué representa ese momento en que fue tomada la imagen. Hagan una pequeña investigación sobre los acontecimientos que han llevado al mercenario a este instante. Hablen de la voz o falta de voz del africano. Construyan una hipótesis sobre la concentración de tiempos (pasado, presente y futuro) en la imagen. Vean posibles evocaciones de los elementos históricos, futuristas y apocalípticos en el contexto de la raza. Hablen de la mercantilización de la "diferencia" en una imagen donde los africanos son percibidos como una raza aparte.

–Busquen otros posibles ejemplos analizables del mito como algunas imágenes que podrían simbolizar los valores del capitalismo. Por ejemplo, alguna foto donde un ejecutivo de una corporación entrega un cheque a una asociación de beneficencia y expliquen la narrativa que no está representada en la foto (las corporaciones no suelen ser altruistas).

–Busquen un representante de una compañía petrolera frente a un panel solar (en la foto estas compañías se representan como inversoras en energía renovable, pero al mismo tiempo son las que más contaminan).

VI. Sugerencias para una interpretación basada en la intertextualidad[1]

–Analicen sus propios hábitos de lectura y escritura, partiendo de la idea de Barthes sobre la intertextualidad. Para ello, escriban en su

---

1. La fuente principal de la sección VI es Walton 2018 (ver Bibliografía: Capítulo XIV).

propio estilo, sin pensar demasiado, un correo electrónico, un mensaje de texto en el móvil, una redacción, un relato, o una entrada de blog. Reflexionen sobre las palabras que hayan escogido, la manera en que se han expresado; vean si han utilizado alguna imagen; comprueben si han utilizado alguna referencia cultural, de dónde provienen algunas de las frases utilizadas, si hay alguna cita cultural, alguna referencia (directa o no) a otros escritos. Los compañeros/as de clase podrían hablar de la imagen que se han formado del escritor/a a partir de los textos presentados. Finalmente, pueden escribir varios textos para crear diferentes perfiles o tipos de voz narrativa; a continuación, reflexionen cómo lo han hecho.

–Analicen este "email":

Dear Neus,

Por aquí como siempre, confitados en casa, sólo salimos para lo imprescindible y al atardecer una vuelta por "Balboa Park." Sigo la situación política entre Catalunya y españa que, por lo que veo, se les está quedando como el "ecce mono" de Borja. Nosaltres els catalans seguim sense presses però sense pauses, com sempre "haciendo camino al andar."

Looking forward to hearing from you

juanM.

VII. Glosario

Semiótica* o *semiología: Ciencia que estudia los signos y los símbolos en su sentido amplio. A diferencia de la semántica, que busca los significados de signos lingüísticos específicos y lógicos, la semiótica (semiología) se refiere a signos y símbolos mucho más generalizados, como, por ejemplo, los síntomas de las enfermedades. Podría decirse que la semiótica estudia la totalidad de los sistemas de signos que las personas emplean en el proceso de comunicación, por ejemplo la literatura, la música, la vestimenta y la comida.

Texto "lisible," texto "scriptible": Una idea similar del lector como "creador" la encontramos en su obra *S/Z*, aunque allí el centro de atención eran los dos tipos de texto a los que el lector deberá enfrentarse. El primer tipo de texto, *lisible*, es aquel en que el autor establece el sentido, mientras que el lector solamente lo sigue. Barthes pone como ejemplo la novela realista, que se caracteriza por tener un sentido "cerrado" por el autor. Ante este tipo de novela el lector se deberá atenerse a los sentidos específicamente determinados, por lo que le impedirá cualquier conexión entre el texto que está leyendo y lo "ya escrito" o "tejido de citas." El segundo tipo de texto, *scriptible*, es aquel que invita al lector a

V. Roland Barthes (1915–1980)

desobedecer el sentido asignado por el autor, animándolo a producir los suyos propios, desafiando los disciplinados requisitos del significante, y a seguir la pista de la insistente actividad cambiante de éste. La producción individual de sentido, haciendo caso omiso del autor, viene avalado por el argumento de que el "yo" que lee es ya en sí mismo una multiplicidad de textos, y por lo tanto capaz de "producir" su propio texto. Barthes recomienda leer textos producidos durante las vanguardias ya que la propia naturaleza temático-estructural de estos textos ofrecen al lector mayor libertad para producir sus propios sentidos.

Bibliografía

Barthes, Roland. "The Death of the Author." Tr. S. Heath. *Image-Music-Text*. Roland Barthes. New York: Hill & Wang, 1977. 142–148.
———. *Elements of Semiology*. Tr. A. Lavers and C. Smith. London: Jonathan Cape, 1967.
———. *Ensayos críticos*. Tr. Carlos Pujol. Barcelona: Seix Barral, 1983.
———. *The Fashion System*. Tr. Matthew Ward and Richard Howard. Berkeley: University of California Press, 1990.
———. *El grado cero de la escritura*. Tr. Nicolás Rosa. Madrid: Siglo XXI, 1985.
———. "Introducción al análisis estructural de los relatos." Tr. Beatriz Dorriots. *Análisis estructural del relato*. Roland Barthes et al. Tlahuapan, Mexico: Premiá, 1986. 7–38.
———. *Mitologías*. Tr. Héctor Schmucler. Madrid: Siglo XXI, 1980.
———. *El placer del texto*. Tr. José Miguel Marinas. Madrid: Siglo XXI, 2007.
———. *S/Z*. Tr. Nicolás Rosa. Madrid: Siglo XXI, 1980.
Rylance, Rick. *Roland Barthes*. Hemel Hempstead, UK: Harvester Wheatsheaf, 1993.

Capítulo VI

Michel Foucault (1926-1984)

I. En este capítulo veremos

L'archéologie du savoir (*La arqueología del saber*, 1969) / *Surveiller et punir: Naissance de la prison* (*Vigilar y castigar: nacimiento de la prisión*, 1975) / *Histoire de la sexualité* (*Historia de la sexualidad*, 1976)

II. Conceptos clave

El discurso / la genealogía en la historia / la episteme / la reglamentación / la exclusión / la rarificación / la verdad, la razón y el poder / el darwinismo social / la genealogía del cuerpo / la metafísica del poder / la genealogía del cuerpo / la genealogía del castigo / la sociedad disciplinaria y disciplinada / el Panóptico de Bentham / la anatomopolítica / la biopolítica

III. Michael Foucault

La arqueología del saber (1969)

La arqueología es la ciencia que estudia todo lo que se refiere a las artes y los monumentos del pasado remoto. Foucault adoptó este término para "desenterrar," al igual que el arqueólogo desentierra los tesoros artísticos de épocas remotas, los sistemas de legitimaciones y exclusiones organizados por los discursos científicos en una época determinada.

El discurso. Cuando Foucault habla del *discurso* se está refiriendo no sólo a los textos lingüísticos, sino a sistemas que producen formas

VI. Michel Foucault (1926-1984)

de conocimiento como la economía, la medicina, la psiquiatría, la psicología, el sistema judicial, el sistema educacional y otras formas de conocimiento que se materializan en las prácticas de cada una de las instituciones correspondientes. Los conocimientos de cada institución suelen apoyarse en otros conocimientos generados por otras instituciones. Pongamos como ejemplo un caso psicológico en el que un asesino múltiple mata porque escucha voces en su cabeza. Esta persona podría ser considerada un asesino que mata a sangre fría o un demente que mata por su condición psicológica. Según se le considere, esta persona podría ser condenada o exculpada de sus actos. Para ello se necesitan gran cantidad de expertos pertenecientes a diferentes instituciones que, debido al conocimiento que su institución le confiere, podrían determinar uno u otro veredicto final de inocencia o culpabilidad. Para llegar al veredicto final, además del conocimiento de la psicología ha sido necesario apoyarse en otros tipos de conocimientos como el policial, el médico, el perteneciente al de los trabajadores sociales, los profesionales del ámbito legal, los expertos en el sistema penal, y los criminólogos. Todas estas formas de conocimiento, generadas por profesionales y aportadas al caso del asesino múltiple, son las que Foucault llama discursos.

Los discursos se producen no sólo en el ámbito científico, político o judicial, sino también en todos los ámbitos sociales como la familia, el colegio, la comunidad religiosa, el hospital, la prisión, el lugar de trabajo etc. Con el tiempo, todos estos discursos se irán desarrollando de acuerdo con los discursos o normas sociales y culturales de su tiempo, asimilándose como parte de los procedimientos cotidianos.

La genealogía (*) de la historia. Foucault no estudió los discursos producidos a través de la historia en el sentido tradicional de una línea histórica de los discursos, una cronología de discursos enmarcado por periodizaciones, un pasado discursivo narrado con aseveraciones y legitimado por la objetividad y la verdad. Por el contrario, Foucault adoptó el método "genealógico" en el sentido de "inicio de algo," en el caso de Foucault, el inicio, en un momento histórico, de diferentes discursos, la interacción entre ellos y sus prácticas discursivas. Con esta práctica genealógica, Foucault, en sus observaciones sobre la incidencia de los discursos científicos, descubrió que todos estos discursos apuntaban hacia una "voluntad de poder" que determinaba lo legítimo y lo excluido en y a través de la historia.

La episteme. Foucault llama *episteme* al sistema de discursos posibles que llegan a ser dominantes en una época histórica dada. La *episteme*, según Foucault, es un especie de filtro que estructura el pensamiento en un período histórico concreto pero, al mismo tiempo, excluye otros posibles tipos de pensamiento. De esta forma, la *episteme* marcaría el ámbito de un conocimiento, los límites de su experiencia y su legitimidad como verdad. Por ejemplo, la *episteme* del Renacimiento (siglo XVI), se basaba en el concepto de semejanzas y correspondencias. Foucault ilustra esta *episteme* describiendo la "teoría de las signaturas," según la cual Dios indicaba las afinidades entre las cosas por medio de semejanzas (signaturas o señales). Por ejemplo, la semejanza entre la raíz bulbosa de la orquídea y los testículos indicaba a la comunidad médica renacentista que ésta podía ser utilizada para tratar las enfermedades venéreas. Por la misma razón, la celidonia de flor amarilla era buena para curar la ictericia. Esta *episteme* renacentista dejó paso a la *episteme* de la Ilustración (siglo XVIII). Regida por la razón, en esta *episteme* el pensamiento se concentró en la clasificación estructurada por la experimentación científica que incluía la observación y el análisis. Pero esta *episteme* tuvo un efecto colateral de dominio y opresión tal y como veremos en el apartado sobre "la verdad, la razón y el poder."

Los procedimientos institucionales. Todos los discursos producidos a lo largo de la historia han estado sujetos a normativas de regularización por la misma institución que los produce. Son las instituciones las que, en última instancia, establecen aquello que consideran como conocimiento, cuáles son sus límites y quiénes pueden producirlo. Pero para que esto suceda, las diferentes instituciones seleccionan, organizan y redistribuyen sus discursos, con la autoridad que les da el conocimiento de su campo, de acuerdo con cierto número de procedimientos. He aquí tres de ellos.

La reglamentación. Se refiere al conjunto de reglas de una disciplina específica. Cada reglamentación implica ciertas reglas que se aplican para el buen funcionamiento de las instituciones, como, por ejemplo, los códigos en el entrenamiento de los iniciados o los estatutos sobre la transmisión del conocimiento. Ahora bien, Foucault nos alerta de la hipocresía política camuflada en las reglamentaciones, diciendo que, detrás de cada una de ellas, se encuentra el ser humano y su "voluntad de poder." Esta expresión proveniente de Nietzsche expresa la idea de que el ser humano primero decide lo que quiere y luego dirige sus actos para conseguir su objetivo. Por lo tanto, la reglamentación es un instrumento que les sirve a las instituciones como control del conocimiento.

La exclusión. En este procedimiento, el concepto de "razón" ocupa un papel primordial. Como ya hemos señalado, los discursos generados por las instituciones son legitimados por ellas mismas por el poder que les confiere su conocimiento. Ahora bien, la legitimación debe estar basada en la razón. Y es esta razón la que da a las instituciones la

VI. Michel Foucault (1926-1984)

autoridad necesaria para aceptar o silenciar aquello que excluyen. La razón institucional es la que decide cuáles son los discursos posibles y cuáles no, cuáles son los criterios de "verdad" y de falsedad, a quién se le permite hablar con autoridad y a quién se le prohíbe y dónde pueden o no emitir el discurso. Tomemos por ejemplo el discurso del sistema pedagógico. Las prácticas discursivas de este sistema crean una serie de restricciones y definen lo que es racionalmente adecuado para que un estudiante en un programa de Master's pueda graduarse. Por ejemplo, si un estudiante quiere tener un diploma en un M.A. en literatura o lingüística en español, tendrá que estudiar en una institución legitimada. Además, solamente los profesores reconocidos por la institución tendrán permiso para implementar el currículum académico, así como la emisión de éste entre el alumnado.

La rarificación. Consiste en reducir el contenido de cada práctica discursiva en términos de "autor" y "disciplina." A menudo, asociamos la visión que tenemos sobre el conocimiento a nombres individuales. Si pensamos en filosofía, el idealismo lo asociamos con Platón, el empirismo con Hume y el racionalismo con Descartes. Foucault dice que el conjunto de las reglas estructurales que inspiran los diferentes campos del conocimiento va más allá de cualquier conciencia individual. Los individuos que trabajan en el interior de prácticas discursivas concretas deben pensar y hablar obedeciendo el archivo "no hablado" de reglas y restricciones. Dice Foucault que no basta con decir la verdad, hay que "estar en la verdad" (archivo de reglas y restricciones); de otro modo, se corre el riesgo de ser condenado al silencio o a la locura. Una teoría científica no se reconocerá en su época si no "está en la verdad," si no se adapta a las reglas consensuadas por las instituciones y órganos científicos oficiales. Las teorías genéticas de Gregor Mendel, por ejemplo, no obtuvieron ningún eco en 1869; tuvieron que esperar hasta el siglo XX para ser aceptadas por las instituciones científicas.

La verdad, la razón y el poder. Para Foucault, el conocimiento se asocia con los regímenes de verdad. La verdad, dice éste, es producida por los diferentes discursos generados en instituciones oficialmente reconocidas, aceptadas y legitimadas. En los escritos de Foucault, esta "verdad" racional no está separada de las múltiples redes del poder, en el sentido que el poder no se puede ejercer sin tener en cuenta la "verdad" del conocimiento institucional. En las sociedades occidentales contemporáneas, la razón es el único camino válido para llegar a la "verdad." Esta verdad siempre está controlada por el poder que la construye a través de los discursos. En la política, en el sistema judicial, en el arte o en la ciencia, el poder sólo se consigue por medio de los discursos de verdad racional transmitidos desde las instituciones. Este concepto de verdad en los discursos institucionales es cuestionado por Foucault cuando dice que no existen discursos absolutamente "verdaderos," sólo discursos construidos para obtener el poder. Y añade que estos discursos de "verdad" que luchan por la obtención del poder suelen disfrazarse de objetividad científica para poder alcanzar sus objetivos. Foucault sigue diciendo que a lo largo de la historia de la humanidad se han fabricado innumerables discursos, que, bajo el denominador de "verdad," han sido utilizados para la opresión, el dominio y la exterminación de los seres humanos. Foucault llega a preguntarse ¿cómo es posible que desde la práctica de un discurso racional se pueda llegar a una verdad completamente irracional? para poder ejercer la violencia contra otros seres humanos. Foucault pone como ejemplo de discurso racional el "darwinismo social" o discurso de las ideas evolutivas de Darwin sobre la adaptación y supervivencia del más apto. Estas ideas provenientes de un discurso racional fueron adaptadas al discurso social y político europeo de los siglos XIX y XX con claras intenciones racistas y de dominio. Las naciones europeas, debido a sus progresos científicos, se consideraron superiores a otras naciones del mundo. El discurso racional que justificaba su superioridad estaba basado en su mayor y mejor capacidad intelectual gracias al proceso de adaptación. Este razonamiento de superioridad intelectual les llevó a pensar que si las otras naciones eran inferiores, las europeas tenían el derecho "moral" de "civilizarlas," de someterlas (aunque fuera por la fuerza) en aras de su propio bien.

Por extensión, la justificación del sometimiento de una nación sobre otra se amplió a la justificación del sometimiento de clase, de género y de todas aquellas minorías que no conformaban la agenda ideológica de aquellos que se consideraban intelectualmente superiores. Este darwinismo social que utilizó argumentos basados en discursos científicos de "verdad" ha sido utilizado por el poder para imponer su versión de "verdad" sobre la colonización de naciones, así como para justificar todo tipo de dominación, desde la esclavitud hasta el racismo, el sexismo y la homofobia actual. Esta "verdad" ha llegado incluso a justificar uno de los mayores genocidios conocidos de la historia como fue el intento de exterminación del pueblo judío.

Vigilar y castigar: nacimiento de la prisión (1975)

Las conferencias de Foucault de 1972–73 que dio en Francia y Brasil hacían un detallado análisis de la sociedad punitiva y el poder judicial. En 1975 estas conferencias fueron publicadas en su libro *Vigilar y castigar: nacimiento de la prisión*.

La genealogía del cuerpo. El libro es una "genealogía" del cuerpo.

En primer lugar, Foucault describe el inicio del discurso del cuerpo en diferentes ámbitos sociales como la prisión, la fábrica y el hospital, así como en instituciones educativas políticas, judiciales y científicas. En segundo lugar, Foucault analiza la interacción del discurso del cuerpo dentro de estos discursos institucionalizados. A este inicio e interacción del discurso corporal, Foucault los llama *metafísica del poder*. Foucault centra su análisis en dos de estos discursos que conforman esta *metafísica del poder*: el castigo y el autocontrol de los cuerpos. Sus conclusiones llegan a mostrar cómo, a través de estos discursos, se manipula de una forma sutil a los individuos de un estado moderno. Dice Foucault que "las relaciones de poder operan sobre ... [el cuerpo] una presa inmediata; lo cercan, lo marcan, lo doman, lo someten a suplicio, lo fuerzan a unos trabajos, lo obligan a unas ceremonias, exigen de él unos signos" (Foucault 2009, 32).

La genealogía del castigo. En su análsis sobre la *metafísica del poder*, en relación al castigo corporal, Foucault observa cómo este castigo se ha ido transformando desde el espectáculo de la tortura pública (Edad Media), hasta la regulación exagerada y obsesiva en las prisiones del siglo XVIII. La tortura como espectáculo público es ilustrada por Foucault con el caso de un regicida que en 1757 asesinó a su rey. Primero infligieron al reo quemaduras con azufre, luego le arrancaron la carne con tenazas y le echaron líquido hirviendo en las heridas, finalmente le ataron sus miembros a cuatro caballos hasta que lograron desmembrarlos. Lo que quedó del cuerpo fue quemado en una hoguera. Las conclusiones de Foucault sobre la tortura es que éste era un espectáculo cuidadosamente dirigido, que tenía el propósito de mostrar al gentío la fuerza del poder de las instituciones. A finales del siglo XVIII, la organización del aparato policial, la información estadística sobre la población, el crecimiento de la riqueza y el valor moral impuesto en las relaciones de propiedad hicieron posible ciertas reformas. El objetivo de estas reformas no era castigar menos, sino castigar mejor. El cuerpo como objetivo principal de tortura desapareció y las ejecuciones públicas dieron paso al juicio y la sentencia. El *conocimiento* discursivo sobre el delincuente, el delito y la ley eran tres de los pilares que hacían posible juzgar conforme a la *verdad*. El tribunal tenía capacidad de confinar al delincuente y así poder supervisar su comportamiento y posible tratamiento y corrección. El antiguo sistema punitivo dejaba paso a un sistema coercitivo. Así nació el sistema carcelario, y con él la sociedad *disciplinada* y *disciplinaria*. Una vez confinado, parte del tratamiento del delincuente era su incorporación al trabajo (actividad moralmente estimable, pero también mano de obra barata) y a un régimen de limpieza y oración (se trataba de una reformación moral del reo). Pronto fue evidente que la "reforma" que incluía la prisión y sus programas correctivos no reducía la delincuencia. Los gobiernos concluyeron que o bien tenían que castigar con más severidad o bien tenían que reformarlos mejor.

Una de las conclusiones más novedosas de Foucault es que, a pesar del fracaso del sistema penitenciario, el sistema sociopolítico de nuestras sociedades necesita a los delincuentes porque son importantes para las industrias del conocimiento y del poder. La sociedad carcelaria y sus ciencias, como la criminología, la psiquiatría, la psicología e incluso la sociología constituyen uno de los armazones del saber/poder que han hecho posibles las ciencias humanas. La segunda conclusión es que las regulaciones disciplinarias creadas exclusivamente para el sistema carcelario se extendieron en todos los ámbitos sociales. Los ejércitos entrenaron a los soldados para desfilar. Dice Foucault que a los obreros de las fábricas se les dotó de cualificaciones y horarios. Los alumnos de los centros educativos tenían que sentarse de forma que la pierna izquierda debía estar algo más adelantada que la derecha, además de escribir con corrección. La insolencia, la impuntualidad, la holgazanería, la suciedad y la impureza se castigaba en todos los ámbitos escolares. Las disciplinas se impusieron por doquier y el cuerpo pasó a ser dócil, perfectible y utilizable, convirtiéndose así en un mecanismo de control y poder.

El Panóptico de Bentham. Como acabamos de ver, con el nacimiento del sistema carcelario, a finales del siglo XVIII, los mecanismos sociales de castigo se desplazaron desde el espectáculo público de la tortura del cuerpo hacia lo que Foucault llama el castigo "del alma." El cuerpo dejó de considerarse como el principal objeto de castigo y se pasó a otros mecanismos más sutiles dirigidos, no al cuerpo, sino a la psique del prisionero. La *metafísica del poder* decidió que en un estado moderno que quisiera asegurarse el poder, la "autoeducación" del propio cuerpo produciría sujetos disciplinados, no por procedimientos de violencia y tortura, sino por la autorregulación por parte del sujeto a través de la internalización de una vigilancia constante. Para ilustrar el estado de autorregulación de los sujetos, Foucault propone como ejemplo el "Panóptico," un sistema de prisiones diseñado por el filósofo utilitario británico Jeremy Bentham (1748–1832). El diseño de Bentham proponía construir las cárceles (incomunicadas entre sí) alrededor de una torre central de manera que los guardias pudieran tener constantemente vigilados a los prisioneros sin que éstos los vieran. No importaba si los guardias estaban ahí o no, sino que los prisioneros pensaran que los guardias estaban (o que podrían estar ahí). El objetivo del Panóptico consistía en inducir en el prisionero un estado de autovigilancia constante. De esta manera, el simple encarcelamiento dejaba de ser el principal medio de

VI. Michel Foucault (1926-1984)

control; con el sistema del Panóptico los prisioneros se regulaban a sí mismos, convirtiéndose, en gran medida, en sus propios guardianes. El método aseguraba de forma automática, eficiente y económica el funcionamiento del poder.

Bentham concibió este sistema para que se utilizara no sólo en las cárceles sino en otros lugares donde fuera necesario asegurar la autorregulación y el control. Foucault ve en nuestras sociedades un gran Panóptico, productor de sujetos que con su propia autorregulación facilitan el funcionamiento del poder. Estas tendencias autorreguladoras constituyen lo que Foucault denominó "la sociedad disciplinaria." La autodisciplina, dice Foucault, no sólo funciona en las instituciones carcelarias sino en otras instituciones como los hospitales, los psiquiátricos, la escuela y la fábrica. En la cárcel, dice Foucault, la autorregulación de los prisioneros podría evitar nuevos crímenes dentro de la prisión, los peligros de una conspiración contra los guardianes o los intentos de fuga. En los hospitales se podría evitar el riesgo de contagio entre los pacientes. En los psiquiátricos se podrán evitar actos violentos entre los enfermos de tendencia agresiva. En las escuelas los niños dejarían de copiar en los exámenes, de perder el tiempo o de alborotar. En las fábricas no habrían más robos, desórdenes o distracciones que pudieran retrasar el ritmo del trabajo.

Historia de la sexualidad (1976)

Esta obra supuso un intento de comprender la experiencia de la sexualidad en la cultura occidental moderna. El proyecto requirió una investigación "genealógica" de la sexualidad desde la antigüedad y el cristianismo, hasta llegar a la modernidad. En el primero de los tres volúmenes, *La voluntad del saber*, Foucault argumenta que durante la antigüedad la cultura occidental desarrolló una *scientia sexualis* orientada al control del individuo. Foucault argumenta que esta "ciencia de la sexualidad" originó nuevas y poderosas técnicas que provocaron en el sujeto la internalización de normas sociales relacionadas con la moral y en particular, con el comportamiento sexual. Por el contrario, en Oriente se creó una *ars erótica* sofisticada e impersonal orientada única y exclusivamente al placer sexual. En el siglo XVIII se originó lo que Foucault denomina *Anatomopolítica* (*) o "política del cuerpo." Dice Foucault que bajo esta política los demógrafos y administradores empezaron a estudiar la población y la propagación de las enfermedades a través de un repertorio heterogéneo de discursos (demografía, biología, medicina, psiquiatría, psicología, ética, pedagogía, propuestas filantrópicas, instituciones, leyes y enunciados científicos). Con todos los datos recogidos de los diferentes discursos, se empezó la planificación de la salud de la población, que Foucault llama *Biopolítica*. La planificación de la salud de la población hizo que se generara una administración sobre la sexualidad en la que el cuerpo y la sexualidad quedaron sujetos a diversos programas educacionales. El sexo se convirtió en una ciencia médica y la conducta sexual pasó a ser un problema económico y político. Los niños, por ejemplo, pasaron a tener una sexualidad, que se organizó, controló y vigiló mediante la estructura de la escuela (separación por sexos), la disposición de los dormitorios y la introducción de una educación física y espiritual para mantener sus mentes lejos del sexo.

En el siglo XIX, se iniciaron diferentes discursos sobre lo que se consideraba una sexualidad "normal" y otra patológica. Los discursos sobre sexualidades "normales" fueron relegadas a un segundo plano a favor de estudios más exhaustivos sobre las sexualidades patológicas. El régimen médico-sexual en la familia burguesa incorporó como sexualidades patológicas o "aberraciones" a la mujer histérica, la pareja que desertaba en su función reproductora, la desviación sexual o sodomía (el adulto perverso) y la perversión de los menores (masturbación de los niños). Aunque se hicieron grandes esfuerzos por erradicar esta perversión en los menores en realidad nunca se buscó suprimirla. La razón, dice Foucault, es que, aunque la masturbación se veía como un vicio necesario de eliminar, también era una ayuda beneficiosa para las tecnologías de control social. De esta forma, los discursos que condenaban y buscaban erradicar en los niños el inevitable y floreciente deseo sexual tuvieron el efecto de crear un poder de control cada vez mayor sobre el cuerpo y la mente de éstos.

IV. *Cuestionario*

Respondan a las siguientes preguntas:

1. ¿A qué se refiere Foucault cuando habla de "discurso"?
2. ¿Qué método adoptó Foucault en el estudio de los discursos producidos a través de la historia?
3. ¿Cuál es la definición de "episteme"?
4. ¿Quién decide cuáles son los discursos posibles y cuáles no, cuáles son los criterios de "verdad" y de falsedad?
5. ¿En qué consiste la rarificación?
6. ¿Qué dice Foucault sobre cómo se llega a una verdad irracional desde un discurso racional?
7. ¿Qué es la metafísica del poder?
8. ¿Qué es el Panóptico de Bentham?

9. ¿Qué diferencias hay entre la *scientia sexualis* y el *ars erótica*?
10. ¿Qué quiere decir Foucault con los términos *anatomopolítica* y *biopolítica*?

V. Sugerencias para una interpretación basada en Foucault

Los discursos

—Analicen en algún texto literario los posibles discursos (científicos o sociales), su relación con el poder y la interacción entre ellos. Determinen sus prácticas discursivas y sus procedimientos.

El castigo y la disciplina

Un análisis desde un punto de vista de Foucault sobre el castigo describiría la obra como la representación de una evolución de las formas tradicionales de control social hacia una variedad más moderna de disciplina.
—Determinen cuándo y cómo el castigo deja de ser un acto de violencia pública, dirigido al cuerpo del transgresor, y se convierte en un proceso de disciplina y autodisciplina. Por ejemplo, observen si durante la trama existe algún tipo de castigo corporal, propio del antiguo régimen de castigo y termina con la aparición de una forma nueva de disciplina, como podría ser el destierro.
—Analicen la transición del castigo en algunas de nuestras instituciones, por ejemplo la universidad, desde la disciplina (sin necesidad de castigo) hasta la autodisciplina (mente adiestrada que hace que el propio ciudadano se imponga las reglas).
—Determinen sistemas de prácticas generadas en nuestras sociedades para conseguir la autodisciplina del ciudadano.
—Sigan de cerca al personaje que llega a rebelarse contra el orden establecido. Vean si al final de la obra este agente que representaba la subversión y la rebelión en contra del poder del antiguo régimen disciplinario adopta una forma nueva de disciplina. Analicen cómo este personaje se ha convertido en un agente de la expansión de este nuevo orden de disciplina.

El Panóptico de Benham

—Hagan una interpretación basada en la sociedad vigilada en general o en una microsociedad como *La casa de Bernarda Alba* de Federico

García Lorca o cualquier otro texto literario apto para este tipo de análisis.

–Analicen cómo las poblaciones están influenciadas por la autorregulación de las cámaras de vigilancia y su constante y creciente presencia en todo tipo de lugares, centros comerciales, estaciones, bancos y otros lugares públicos, con objeto de prevenir la actividad criminal.

–Analicen las escuelas, oficinas y otros lugares de trabajo, diseñados como espacios abiertos, que están sometidos a este tipo de prácticas autorreguladoras.

–Analicen la película de David Monzón, *Celda 211* (2009), desde el punto de vista de la apropiación de los mecanismos de los sistemas de vigilancia, de la misma gente a la que se tiene controlada.

–Consideren un análisis sobre la autorregulación en el texto literario. Las cámaras de vigilancia dispuestas para prevenir actividades criminales podrían ser sustituidas por los ojos de los personajes que vigilarían para prevenir, no actividades criminales, sino actos que se apartan de la heterodoxia normativa, actos opuestos a la moral imperante en el contexto de la narración. Por ejemplo, busquen algún tipo de eufemismo, imagen o metáfora que expliquen estos actos heterodoxos "sin explicarlos."

–Apliquen el concepto del Panóptico de Bentham en la autorregulación en el mundo cristiano. La idea de un Dios omnisciente, consciente de toda acción, motivación y pensamiento humanos, siempre ha existido en la institución de la iglesia.

VI. Glosario

Anatomopolítica: Episteme sobre la política del cuerpo iniciada en el siglo XVIII.

Genealogía: Literalmente el término "genealogía" se refiere al estudio de la serie de progenitores y ascendientes de cada persona o animal. El sentido del término "genealogía" utilizado por Foucault proviene de Nietzsche, que puso en cuestionamiento la idea de que la historia podía reducirse a narrativas más o menos objetivas.

Verdad: Una de las observaciones de Foucault fue la relatividad de la verdad. Dice Foucault, si nuestra manera de pensar está siempre enmarcada dentro de una *episteme*, ¿cómo podemos probar que la verdad de una de ellas es mejor que otra? De ahí se deduce que toda verdad es relativa, que la verdad depende del punto de vista desde el que se observa, por lo que parece que nunca alcanzaremos la "verdad absoluta."

VI. Michel Foucault (1926–1984)

Bibliografía

Deleuze, Gilles. *Foucault*. Tr. José Vázquez Pérez. Barcelona: Ediciones Paidos, 1987.
Eribon, Didier. *Michel Foucault*. Tr. Thomas Kauf. Barcelona: Anagrama, 2004.
Foucault, Michel. *Historia de la sexualidad*. Tr. Ulises Guiñazú. Madrid: Siglo XXI, 1989.
_____. *El orden del discurso*. Tr. Alberto González Troyano. Barcelona: Tusquets, 2010.
_____. *Las redes del poder*. Tr. Fernando Crespo. Buenos Aires: Prometeo, 2014.
_____. *Vigilar y castigar, nacimiento de la prisión*. Tr. Aurelio Garzón del Camino. Madrid: Siglo XXI, 2009.
Gros, Frédéric, comp. *Foucault: El coraje de la verdad*. Tr. Antonio Sánchez. Madrid: Arena, 2002.
Macey, David. *Las vidas de Michel Foucault*. Tr. Carmen Martínez Gimeno. Madrid: Cátedra, 1993.
McHould, Alec, and Wendy Grace. *A Foucault Primer: Discourse, Power and the Subject*. New York: New York University Press, 2002.
Rabinow, Paul, ed. *Michel Foucault: The Foucault Reader*. New York: Random House, 2010.
Revel, Judith. *El vocabulario de Foucault*. Tr. Víctor Goldstein. Buenos Aires: Atuel, 2008.
Veyne, Paul. *Foucault, pensamiento y vida*. Tr. María José Furió Sancho. Barcelona: Paidós, 2008.

Capítulo VII

Jacques Lacan (1901–1981)

I. En este capítulo veremos

La diferencia respecto al *yo* de Sigmund Freud y al *yo* de Jacques Lacan / la estructura del sujeto: lo Real, lo Imaginario y lo Simbólico / la estructuración del inconsciente como un lenguaje

II. Conceptos clave

El inconsciente / el consciente / el *yo* / el *súper-yo* / el *ello* / el psicoanálisis / lo Real (necesidad) / lo Imaginario o fase del espejo (demanda) / el Nombre-del-Padre / el Falo / Edipo / lo Simbólico (deseo)

III. Sigmund Freud y Jacques Lacan[1]

Sigmund Freud (1856–1939)

Una de las premisas básicas del humanismo es que hay un *yo* estable que dota al sujeto de libre voluntad y autodeterminación. Con la llegada de Freud y su teoría sobre el inconsciente, este ideal humanista del *yo* empezó a desestabilizarse. Contraria a la idea de un *yo* estable, Freud introdujo la idea de un *yo* radicalmente dividido entre el inconsciente (*) y el consciente (*). Pensamos que las operaciones del *yo* están dirigidas por el consciente, cuya característica principal es la racionalidad. Sin embargo, según Freud, la racionalidad del *yo* está determinada, toman

---

[1]. La fuente principal de las secciones III–V es Bolívar Botía 1985 (ver Bibliografía: Capítulo VII).

forma, gracias al inconsciente, sus instintos, deseos y recuerdos. Por medio del psicoanálisis (*), Freud tenía la esperanza de que llevando los contenidos del inconsciente al consciente se podría minimizar la presión que la represión de estos ejerce sobre nosotros. El objetivo de Freud era fortalecer la racionalidad del *yo* de modo que el consciente pudiera ser más poderoso que el inconsciente.

Jacques Lacan

Para Lacan, este proyecto es imposible. El *yo*, dice, nunca podrá ser más poderoso que el inconsciente, nunca podrá controlarlo. El *yo* es tan sólo una ilusión producida por el inconsciente. Es más, según Lacan, la estructura del inconsciente, infiltrada en el consciente, gobierna todas las circunstancias de la existencia humana. Es la base de la existencia.

Mientras que Freud estaba interesado en investigar cómo la perversidad polimórfica del infante formaba un inconsciente y un *súper-yo* (*) y se convertía en un adulto con una conciencia consolidada, Lacan se interesaba por el proceso en el cual el infante, antes de llegar a ser un adulto, va formándose en la ilusión de un *yo*. Este proceso lo desarrolla Lacan en su ensayo sobre la "fase del espejo," donde muestra la falsa percepción del infante de una conciencia unificada de sí mismo. Pero cómo ese *yo* es solamente una ilusión.

IV. La estructura del sujeto (*)

Freud habla acerca de las tres fases de la perversidad polimórfica en el infante, la oral, la anal y la fálica, siendo los complejos de Edipo y la amenaza de castración los que acaban con esta perversidad polimórfica y crean seres "adultos." Lacan creó diferentes categorías para explicar una trayectoria similar que convertía al infante en "adulto." Según él, tres son las fases en las que se desarrolla la psique de los seres humano: lo Real, lo Imaginario y lo Simbólico, que a grandes rasgos se corresponden con los conceptos de "necesidad" (*), "demanda" y "deseo."

Lo Real (*) (necesidad). Esta fase se gestiona desde el nacimiento del infante hasta los seis meses. El concepto de lo Real es para Lacan un lugar (psíquico, no físico) donde el infante se percibe como inseparable de su madre, formando una unidad original como algo completo y unificado. Por ejemplo, el pecho de la madre que satisface su hambre es percibido como parte de él. Es una fase donde el infante no tiene conciencia de ausencia ni pérdida de la madre, ya que ella está siempre ahí para satisfacer todas las necesidades que el infante pueda tener, como en el ejemplo del hambre. En esta fase, no hay lenguaje, porque todas sus necesidades pueden satisfacerse sin necesidad del lenguaje. Este estado psíquico del infante en lo Real es el estado de la "naturaleza," que ha de ser roto. El infante tendrá que separarse de su madre y formar una identidad separada para poder entrar en el orden Simbólico (el mundo de la cultura, la civilización). Cuando el infante se separa y percibe la diferencia entre él y su madre, empieza a convertirse en un ser individualizado, un individuo distinto al otro. Pero al mismo tiempo, y éste es el elemento de tragedia dentro de la teoría psicoanalítica lacaniana, la separación siempre conlleva la profunda pérdida de la unidad y seguridad que originalmente tenía.

Lo Imaginario (*) (demanda). También llamado "etapa del espejo" (*), esta fase psíquica sucede entre los seis y los dieciocho meses. Dice Lacan que el infante empieza a tomar conciencia de la falta de unidad con la madre. Su cuerpo deja de ser algo completo y lo empieza a percibir como algo fragmentado.

Sin embargo, todavía puede imaginarse a sí mismo como un ser completo ya que puede reconocer la totalidad de su propia imagen en el espejo. Cuando el infante ve su imagen la confunde consigo mismo, piensa "esa imagen soy yo." Esta identificación entre infante e imagen es internalizada hasta el punto de que el infante construye su sentido del *yo* (identidad) en la imagen. Esta identificación errónea crea una "armadura" en el sujeto que le protege de la perturbadora desunión con la madre. Es decir, el reflejo ilusorio de un *yo* unificado le sirve al infante como paliativo compensatorio por la pérdida de la unidad original con la madre. El *yo* a partir de aquí será siempre una instancia inauténtica ya que se identifica con una imagen externa y no un sentido interno de entidad completa. Lacan dice que el autoconcepto del infante nunca alcanzará su propio ser. El infante, por el resto de su vida, se reconocerá erróneamente con la imagen en el espejo que proporciona la ilusión del *yo*. Esta ilusión del sujeto completo y unificado se convertirá en parte permanente de la psique.

La toma de conciencia de la falta de unidad con la madre crea en el infante un sentimiento de pérdida que intentará detener demandando que la idea de *otro* (la madre) desaparezca y así poder regresar al sentido de unidad original y plenitud que tenía con la madre en lo Real. Pero la unión con la madre es imposible ya que el infante conoce (y este conocimiento, recordemos, está sucediendo completamente a un nivel inconsciente) que ya es un ser individualizado, un *yo* separado de la madre o el *otro*.

Lacan habla de una idea de Freud sobre la ausencia de la madre con el siguiente ejemplo: El sobrino de Freud, de dieciocho meses de edad, que estaba jugando con un carrete atado a un hilo. El pequeño arrojó lejos el carrete, y dijo "se fue." Tiró del hilo y acercó el carrete, diciendo "aquí." Freud insiste sobre el aspecto simbólico que este juego conlleva; para el niño, el juego representa una manera de confrontar la ansiedad que siente ante la ausencia de la madre. Cuando lanza el carrete y dice "se fue," repite la experiencia de pérdida de un objeto querido; cuando lo retoma y dice "aquí," obtiene el placer por la restauración del objeto. Lacan retoma este ejemplo, pero prestándo más atención al aspecto del lenguaje. Lacan interpreta el juego del sobrino de Freud como la entrada del infante en el orden Simbólico, es decir, en las estructuras simbólicas del lenguaje.

Pero antes de la entrada en el orden Simbólico el infante deberá resolver el conflicto edípico (*). El infante no ha abandonado el deseo de que la separación *yo / otro* sea borrada. Siente que esta separación podrá desaparecer si completa el deseo de la madre que consiste en que el *yo* de ésta deje de ser una instancia inauténtica para ser un sujeto con sentido interno de entidad completa. Es en este momento donde acontece la resolución edípica. El infante se enfrenta con lo que Lacan llama el "Nombre-del-Padre" (*). Según Lacan, el Nombre-del-Padre consiste en un significante cuyo significado es la función paterna que adoctrina al infante y que pude estar encarnada en su padre o en otra persona. Esta función le impone al infante lo que Lacan llama la "Ley-del-Padre" (*), que consiste en una serie de reglas morales y religiosas, que hacen posible la entrada de éste en el orden simbólico. El Nombre-del-Padre con su Ley impone al infante reprimir la pulsión de satisfacer el deseo de la madre. El Nombre-del-Padre, también llamado "Falo" (*), amenazará al infante con la "castración." Desde el punto de vista psicológico, la castración tiene el sentido simbólico de privación de subjetividad (de no poder finalizar la formación de identidad). Desde el punto de vista estructural (lo veremos en la sección sobre "lo simbólico"), la castración es una metáfora para la idea de pérdida del sujeto como concepto en la estructura del orden Simbólico.

Si el infante no acepta la Ley-del-Padre, la amenaza se convierte en realidad y será "castrado." Por el contrario, la aceptación le permitirá la entrada en el orden Simbólico y con ella la promesa de alcanzar el Falo con el que podrá finalizar la formación de su identidad y actuar como concepto estructural.

Lo Simbólico (*) (deseo). El término "simbólico" hace referencia a una sociedad estructurada por el símbolo, o lo que es lo mismo una sociedad estructurada por el lenguaje. La posición de sujeto con un *yo* estable sólo será posible mediante el poder estructurador del lenguaje y la representación.

Recordemos que el lenguaje, según Saussure, está formado por signos formados por significantes y significados y que la relación entre ellos es completamente arbitraria, producto de una convención. La significación del signo viene dada por su actuación en el sistema relacional y la *diferencia* y contrastes entre él y los otros signos del sistema. En su ejemplo sobre las luces del sistema de tráfico, Saussure decía que la significación entre el significante "rojo" y el significado "parar" es el producto de una convención. Igualmente, la significación del signo rojo / parar, le viene dada por su actuación en el sistema relacional de las luces que regula el tráfico y por la *diferencia* entre él y las significaciones de los otros signos del sistema: signo verde / avanzar, signo ámbar / reducir la velocidad.

Siguiendo estas teorías saussureanas, Lacan establece un paralelismo entre el signo lingüístico y el sujeto. Imaginemos al sujeto Juan como si fuera un signo. Las palabras que lo nombran (el significante "Juan") le confieren una identidad (el significado hombre, masculino, heterosexual etc.).

El lenguaje, existente dentro del sistema familiar, empieza a representar a Juan antes de su nacimiento. Sus padres le han elegido un nombre, "Juan," y le trazan un futuro. Durante su desarrollo, Juan aprenderá a ser quien es porque otros se lo dicen. Las palabras que lo nombran le irán proporcionando una singularidad que lo diferenciará de los demás. Esta diferenciación le irán dando una posición como sujeto con un *yo* estable en el interior del sistema relacional y de *diferencias*. El problema es que, como en el signo lingüístico, no existe ninguna conexión natural entre las palabras que nombran al sujeto (significante: "Juan") y su identidad (significado: hombre, masculino, heterosexual). Los significados hombre, masculino, heterosexual (su identidad) no tienen una significación positiva y unívoca (no tienen conexión con las palabras que lo nombran), porque su identidad es fruto de la convención establecida con el nombre. Las palabras lo representan, pero no lo significan, no le brindan un sentido interno de entidad completa (todo símbolo presupone la ausencia del sujeto al que está simbolizando). Consecuentemente, el significante "Juan" aparecerá como un significante vacío, sin "presencia plena," por lo que la sensación de pérdida continuará en el sujeto Juan. Como resultado, Juan seguirá siendo una instancia inauténtica, sin sentido interno de entidad completa. Los factores sociales y culturales, tales como los estereotipos sexuales, podrán acentuar o disminuir el impacto de esta "carencia" inconsciente, pero la carencia que prometía suplir el Falo no podrá ser llenada nunca.

El deseo que empezó en lo Real y continuó en la fase del espejo sigue vigente en el sujeto lacaniano. Ahora bien, no se trata del deseo de poseer algo, sino el deseo de acabar con la separación del *yo / otro*, deseo de regresar al sentido de plenitud, de ser un *yo* de "presencia plena." El problema es que ese deseo de "presencia plena" se halla en un inconsciente que impide que salga a la superficie, por lo tanto el deseo de "presencia plena" nunca será satisfecho. Ante el "encarcelamiento" del deseo de un *yo* pleno, el niño suele orientarse en la vida construyendo su imagen, identificándose en las actuaciones de sus héroes favoritos o de otras idealizaciones cuando es adulto. Sin embargo, estos sustitutos nunca podrán suplirle la unidad perdida que le llevará a una continua sensación de vacío y frecuente frustración. Por ello, el *yo* acaba convirtiéndose en una ilusión, un *yo* alejado de un *yo* con "presencia plena."

V. La estructuración del inconsciente como un lenguaje

Según Lacan el inconsciente no existe de manera misteriosa antes de la inmersión en la cultura, sino que es producto de ésta. Es decir, comienza a existir con la entrada del ser en el orden simbólico. Se trata de una estructura subyacente producto de la adaptación de las fuerzas culturales represivas. Por nuestra salud mental, los individuos nos protegemos de los deseos edípicos con la represión de estos deseos que quedan almacenados en el inconsciente.

Considerando las teorías sobre el signo lingüístico saussureano, dice Lacan que el inconsciente está estructurado como un lenguaje. Los elementos en el inconsciente (deseos, pulsiones o instintos y recuerdos) todos forman significantes, pero a diferencia del signo lingüístico de Saussure, no hay elementos a los que se hagan referencia estos significantes, no hay significado detrás, carecen de un anclaje que los sostengan. Si existiera un anclaje, los significados serían relativamente estables, y la relación entre los significados con sus significantes aseguraría algún tipo de sentido. La falta de anclaje estabilizador del signo hace que éste carezca de un sentido concluyente; la consecuencia es que tampoco existe ninguna estabilidad en el sistema. El inconsciente, dice Lacan, es como una cadena formada por significantes que circulan deslizándose y cambiando continuamente pero sin significados. No hay forma de detener el deslizamiento de la cadena, ninguna forma de decir que este significante significa ésto y tomarlo como definitivo, ya que, al margen de cualquier intervención del sujeto consciente, el significante es reprimido y reemplazado por otro. Un significante sólo lleva a otro significante, y nunca a un significado.

VI. Cuestionario

Respondan a las siguientes preguntas:
1. ¿Qué esperaba Freud con el psicoanálisis?
2. ¿Qué opina Lacan del proyecto freudiano?
3. ¿Cuáles son las tres categorías creadas por Lacan para explicar la trayectoria de la estructura del sujeto?
4. Según Lacan ¿cuál es el concepto de lo Real?
5. ¿De qué toma conciencia el infante en la fase del espejo?
6. El Nombre-del-Padre, también llamado "Falo," amenaza al infante con la castración. ¿Qué quiere decir desde un punto de vista psicológico? y ¿desde un punto de vista estructural?
7. ¿A qué hace referencia el término "simbólico"?
8. ¿Qué quiere decir Lacan con "el inconsciente está estructurado como un lenguaje"?

VII. Sugerencias para una interpretación psicoanalítica

–Piensen en las diferencias entre una interpretación freudiana y lacaniana, aunque en sus interpretaciones se podrían mezclar las dos.

–Examinen en algún personaje su estructura como sujeto, según Lacan.

–Analicen el sueño de cualquier personaje y vean cómo (siguiendo a Lacan) su inconsciente está estructurado como un lenguaje.

–Observen que algunos de los posibles temas como el de la locura suele ofrecer abundante material para un estudio psicoanalítico. Desde un punto de vista más lacaniano, el tema de la estructura del sujeto o el del inconsciente estructurado como un lenguaje ofrecen muchas posibilidades.

–Presten atención a los textos donde existen profesionales como el psiquiatra, o instituciones como hospitales psiquiátricos.

–Sigan detenidamente la identidad de los personajes, cómo se han construido y si van modificando o perdiendo algunas de sus características, o todas, hasta convertirlos en personajes completamente diferentes.

–Presten atención a los pensamientos, recuerdos, fantasía y sueños. Vean los desplazamientos metafóricos y metonímicos (ver Freud).

–Vean los diferentes tipos de psicología de los personajes que se caracterizan por la incapacidad para separar una clase de emoción de

VII. Jacques Lacan (1901-1981)

las otras. Normalmente esta falta de separación no permite a estos personajes experimentar la relación entre su *yo* y el mundo de una manera estable y coherente.

—Fíjense en los ideales (deseos) de los personajes, si alguno de ellos enmascara su verdadera identidad y sentimientos para lograr el objeto deseado.

—Consideren a los personajes que subliman sus impulsos sexuales en ideales religiosos. Generalmente luchan por el control de estos impulsos.

—Observen a los personajes con alguna patología psíquica como la esquizofrenia o paranoia.

—Vean el nivel de responsabilidad e irresponsabilidad sobre las acciones de los personajes.

—Busquen si existe alguna relación entre un trauma personal y las condiciones sociales en las que vive el personaje. Los traumas sociales pueden generar patologías, como el alcoholismo.

—A veces los dramas familiares suelen determinar las relaciones de los personajes con los padres. Vean si los papeles que deben jugar los padres están ausentes. Si están presentes seguir todas sus acciones en relación con los hijos/as.

—Observen que, a menudo, los personajes que se representan como víctimas suelen ser producto de la indiferencia de los padres.

—Presten atención a las emociones y los impulsos de los personajes, el control y el descontrol de éstos. Observen la inestabilidad emocional de los personajes, así como la ansiedad y la autoestima.

—Vean la irracionalidad de la locura del personaje contrastada con la racionalidad del entorno. Las relaciones entre los personajes cuerdos son tan importantes como la de los locos.

—Consideren los momentos en los que alguno de los personajes analiza sus deseos por algo no necesariamente sexual. Podría ser especialmente importante que el objeto de deseo represente el acceso a las pasiones sexuales que a veces los personajes son incapaces de experimentar por sí mismos. De este modo, el objeto representaría un sustituto de la sexualidad. Pregúntense ¿qué representa el objeto desde la perspectiva del inconsciente que hace necesario disfrazar el deseo que se siente por ellos? Observar el deseo y el bloqueo de este deseo. Ver si éste bloqueo produce algún tipo de energía destructiva.

—Vean si existe alguna referencia directa a la sexualidad. Puede que exista algún eufemismo, símbolo, metáfora, juego de palabras o chistes referidos a la sexualidad

—Tengan en cuenta el papel de cualquier insinuación sexual en la historia.

—Deténganse en la forma en que se representa la sexualidad de la mujer.

—Vean las caracterizaciones de personajes masculinos y lo que pueden representar con respecto a la sexualidad femenina.

—Fíjense si en algún momento la madre se describe en términos exclusivamente sexuales.

VIII. Glosario

***Consciente o el* yo (ego)**: Recibe las informaciones procedentes del mundo exterior como las sensaciones (tanto de placer como de displacer), recuerdos y vivencias. No es innato, sino que se forma (según Freud) entre el sexto mes y los tres años del niño. En su relación con las pulsiones (deseos) del mundo, el *yo* se protege mediante los mecanismos de defensa.

Edipo: El oráculo advierte al rey Layo y a la reina Yocasta de Tebas que, cuando crezca su hijo, matará a su padre y se casará con la madre. Cuando nació el niño le ataron los pies ("Edipo" quiere decir "pies hinchados") y lo dejaron solo en el monte para que muriera. Fue recogido por unos pastores y llevado a otro reino donde se crio como un príncipe. El oráculo comunicó la misma advertencia y Edipo decidió marcharse. En el camino, Edipo se encontró con un extranjero (el rey Layo), lucharon y Edipo lo mató. Cuando Edipo llegó a Tebas, la ciudad estaba amenazada por la esfinge que devoraba a quienes no podían responder a su enigma, ¿cuál es el animal que va a cuatro patas por la mañana, en dos al mediodía y en tres al atardecer? Edipo le respondió correctamente y la esfinge se arrojó al mar. Edipo fue coronado rey de Tebas y se casó con Yocasta. El rey Edipo gobernó en paz, hasta que estalló una plaga y volvió a consultar al oráculo. Sólo se pondrá fin a la plaga si se descubre al asesino de Layo. Cuando Edipo descubrió su crimen "inconsciente," se quitó los ojos. Yocasta se suicidó.

¿Por qué le resultó a Freud tan fascinante la historia de Edipo? Porque Edipo, dice Freud, ejecuta un deseo que todos hemos tenido en nuestra infancia. Freud llamó "complejo de Edipo" a la fantasía del incesto: el hecho de enamorarse de la madre y tener celos del padre. La ceguera simboliza el horror que provoca la revelación de ideas o deseos reprimidos.

La función de Edipo en el psicoanálisis es explicada por Freud de la siguiente manera. Durante las primeras etapas de la infancia, los impulsos de la libido (deseo sexual) no tienen un objeto sexual definido y giran en torno a varias zonas erógenas del cuerpo (sexualidad oral, anal, fálica). Con anterioridad al establecimiento del género o la identidad, todo se rige por el "principio del placer" (*).

En el complejo de Edipo del niño interviene el padre, la madre y el hijo. Consiste en amar al progenitor del sexo contrario y desear la desaparición (simbólicamente la muerte) del progenitor del propio sexo, considerado como rival para poseer en exclusiva el amor y la atención del progenitor del sexo contrario.

La amenaza del castigo de la "castración" si el deseo edípico del hijo por la madre no es reprimido lleva a éste a aceptar el principio de realidad (*). El niño imagina que si la niña no tiene pene es porque ha sido castrada. Teme que a él le suceda lo mismo, y piensa que como castigo por sus deseos incestuosos el padre trate de castrarlo.

La superación del complejo de Edipo del niño se produce cuando, ante la amenaza de la castración como castigo, éste decide ajustarse al principio de realidad y reprimir sus deseos incestuosos. Acepta entonces la autoridad del padre, se identifica con él, y con un rol masculino, lo ve como lo que llegará a ser él mismo en el futuro: un patriarca. Accediendo a la amenaza del padre, el infante supera su complejo de Edipo, entra en el principio de realidad y asume la posición de la masculinidad. En esta fase, los sistemas legales, morales y religiosos impuestos por el padre inducen al infante a desarrollar su *súper-yo*. Aún así, los deseos reprimidos nunca desaparecen, siempre permanecen en el inconsciente, por lo que el sujeto se percibirá a sí mismo, a lo largo de su vida, como radicalmente fragmentado.

El recorrido edípico de las niñas es menos claro. Si el niño siente la angustia de la castración, la niña, por su parte, siente su supuesta castración como una desventaja que intentará negar o compensar de algún modo. La compensación es lo que conocemos como la envidia del pene, que conlleva el deseo de poseer uno, ya sea de forma literal para igualarse al niño o de forma psíquica con el deseo de tener un hijo. El concepto de "envidia del pene" ha sido combatido (sobre todo en los discursos feministas) que se encuentra en la teoría de Freud sobre el desarrollo psicosexual, según el cual las niñas al descubrir que no tienen pene sienten envidia de él y de lo que representa en relación con el poder y la autoridad. Este hallazgo conlleva auto-odio y rechazo de la madre.

Fase del espejo: Los seres humanos nacemos prematuramente. Lo más probable es que moriríamos si no nos cuidaran. Al nacer, no podemos caminar ni hablar, tenemos un dominio apenas parcial de nuestras funciones motoras y somos incompletos a nivel biológico. ¿Cómo llegamos a dominar la relación con nuestro cuerpo? ¿Cómo reaccionamos frente a nuestro carácter prematuro? Estas y otras preguntas las responde Lacan en su teoría sobre la fase del espejo. A Lacan le llamó la atención una curiosidad etológica, conocida como "mimetismo." La teoría del "mimetismo" dice que ciertos animales tienen el hábito de adoptar las figuras y colores de su entorno. La explicación obvia es que lo hacen para protegerse de los predadores. Sin embargo, se ha comprobado que aquellos animales que adoptan formas o colores similares a su entorno tienen la misma probabilidad de ser atrapados que la de otros que no utilizan ningún tipo de camuflaje. Si la función del camuflaje no es la de proteger a estos animales de los predadores, entonces se pregunta Lacan, ¿cuál es? Siguiendo las observaciones de Roger Callois (los organismos son apresados por su ambiente), Lacan desarrolló sus ideas sobe la fase del espejo, argumentando que había una forma parecida de apresamiento del infante por una imagen externa. Lacan lo explica así: el infante percibe su cuerpo como algo fragmentado; no puede verse como un todo completo y cree que eso le impide el dominio de las funciones motrices corporales; en algún momento, el infante es apresado por (se identifica con) su propia imagen en el espejo o simplemente por otros seres que tiene delante, como otro infante o la madre. La visión de su propia imagen o la visión de otros le da al infante una aparente sensación de un ser completo que puede dominar las funciones motrices corporales. Este apresamiento, la identificación con su imagen o con los otros, dice Lacan, es un fundamento esencial del desarrollo psíquico del infante. El infante, con la identificación imaginaria, cree que podrá hacer cosas que antes no podía.

Falo: Si bien tiene su origen en las nociones patriarcales del poder masculino, Freud lo describe como los órganos genitales masculino. En Lacan pierde el sentido biológico y adquiere un sentido simbólico de plenitud del ser al que ambos sexos pueden aspirar.

Imaginario: Se refiere a cómo los sujetos construyen y se confunden con una imagen de sí mismos (y cómo se identifican con otros) mediante imágenes que dan la ilusión de una identidad unificada. Desde este punto de vista, el sujeto se estructura a partir de una serie de ilusiones; sin embargo, lo Imaginario también establece coordenadas básicas del sujeto, permitiéndole su funcionamiento en el mundo.

Inconsciente o el **ello** *(id)*: Está constituido por el instinto o lo que Freud denomina "impulsos" o "pulsiones innatas," los deseos y recuerdos. El inconsciente está entregado al juego de los instintos que trata de satisfacer (búsqueda del placer). Estos instintos intentan volver a la conciencia, pero la censura, por medio de la represión, se lo impide ya que pueden tener algún efecto perjudicial para el sujeto. La censura funciona por medio de la deformación de los instintos, recuerdos y deseos, para que éstos puedan pasar al ámbito de lo consciente sólo cuando están deformados.

VII. Jacques Lacan (1901-1981)

Necesidad: En el psicoanálisis lacaniano, el origen de la necesidad orgánica se encuentra en lo Real pero la expresión de la necesidad en el orden Simbólico (como deseo) conduce al continuo diferimiento, frustración y necesidad. Esto se debe a que la satisfacción de la necesidad queda diferida de forma permanente en su transmisión por medio de significantes.

Nombre-del-Padre y Ley-del-Padre: El Nombre-del-Padre es un concepto de Lacan elaborado sobre la base de la idea freudiana del padre. Para Freud, el padre es un ser de carne y hueso que amenaza al infante con la castración si no abandona sus intenciones sexuales con la madre. Pero, para Lacan, es un significante cuyo significado es la función paterna que impone su ley al infante. Esta ley, la Ley-del-Padre, es un conjunto de leyes simbólicas que rigen las culturas, que proporcionan la estructura del orden Simbólico necesaria para estabilizar la psique del sujeto y, con ello, la plenitud del ser. La Ley-del-Padre es el principio estructurador del orden Simbólico.

***Preconsciente o el* súper-yo (*superego*)**: Es una especie de instancia moral interiorizada cuya función se parece a la de un juez del *yo*. El preconsciente funciona como la conciencia moral, la facultad de autoobservación y el poder de formar ideales que se constituyen por la interiorización de la ideología familiar con sus censuras, imposiciones y prohibiciones. En su origen, proviene de una identificación del niño con los padres a los que idealiza. Más tarde, puede que el niño se identifique con otros ideales.

Freud sostiene que la censura del *súper-yo* actúa siempre transformando los deseos inconscientes en símbolos de difícil interpretación. Los sueños, por ejemplo, pasan a ser entonces textos simbólicos a veces considerablemente oscuros. El inconsciente condensa de forma metafórica (la metáfora condensa y une significados) varias significaciones en una sola imagen, o bien desplaza de forma metonímica (la metonimia traslada significados) el significado de una imagen a otra para que queden de algún modo asociados. Condensación y desplazamiento son, según Freud, los dos grandes mecanismos desfiguradores del sueño: ambos procesos convierten un contenido latente, inconsciente y censurado en contenido manifiesto aceptable para el *yo*. Mediante estos procesos de condensación y desplazamiento, el deseo reprimido emerge en el consciente, aunque escondido tras una máscara que el psicoanalista debera "desenmascarar." Supongamos que en el inconsciente tenemos un significante en forma de recuerdo doloroso. En el discurso consciente emergerá como un significante en forma de metáfora que suplantará al significante del recuerdo. De esta forma, este significante en forma de metáfora se convierte en el significado del significante metáfora del recuerdo.

El deseo inconsciente es el significado que se transforma (desplaza) en un significante (a nivel del habla consciente) que no guarda relación directa con el anterior (por ejemplo, a nivel consciente, en un sueño de Freud, aparece el deseo de escribir un libro, a nivel inconsciente significa el deseo de unirse sexualmente). Directamente no es posible, porque el inconsciente básico es inaccesible. Sólo podemos conocerlo por representantes de lo reprimido en la conciencia, es decir, sólo serían traducibles los significantes situados en la esfera intermedia llamada "preconsciente." En el discurso consciente, a veces, afloran ciertos puntos nodales particularmente densos (síntomas, significantes enigmáticos) o que reflejan lagunas (por ejemplo, en las formaciones del inconsciente: lapsus o actos fallidos, olvido y confusión de nombres, sueños, chistes o agudezas). Aún así, sólo por medio de una interpretación el psicoanalista lacaniano puede reconstruir el texto del inconsciente. Se podría establecer una analogía entre el psicoanalista y el crítico literario que trata de extraer el significado del poema después de que el poeta haya estado manipulando los sentidos de las palabras (significantes) por medio de la metáfora y la metonimia.

Freud veía al inconsciente como un reino caótico de impulsos y deseos constantemente cambiantes. Su proyecto psicoanalítico consistió en transferir impulsos y deseos desde el inconsciente al consciente de modo que estos pudieran estabilizarse y así tener algún sentido.

Principio de placer: Es el principio fundamental del funcionamiento de la psique cuya finalidad es procurar lo placentero y evitar la ausencia del placer.

Principio de realidad: Es otro principio fundamental del funcionamiento de la psique que a menudo se opone al principio de placer y lo modifica, pues hace que la búsqueda de satisfacción por parte del sujeto no se lleve a término por el camino más corto, sino ajustándose a las condiciones impuestas por el mundo exterior o la realidad.

Psicoanálisis: El psicoanálisis se interesa por los procesos inconscientes de la conducta humana y estudia las raíces últimas de los instintos, deseos y recuerdos. En la base de todas las tendencias psicoanalíticas se encuentran los escritos de Sigmund Freud. En sus estudios sobre la personalidad, Freud afirmaba que el aparato psíquico funciona mediante una serie de sistemas relacionados entre sí. Según Freud, los componentes del aparato psíquico son el *yo*, el *ello*, el *súper-yo*.

Real: Puede entenderse como lo que define el ser de un infante antes de su identificación en lo Imaginario y su simbolización y estratificación en el orden Simbólico. No debemos confundir lo Real con lo que comunmente llamamos "realidad." La realidad sería una mezcla entre lo Imaginario y lo Simbólico. Es imaginario ya que el sujeto, aunque se encuentre en el Simbólico, siempre lleva consigo una subjetividad imaginaria; y es simbólico en la medida en que su subjetividad transita por el mundo del lenguage.

Simbólico: En el psicoanálisis lacaniano, este concepto se refiere al lenguaje, la cultura o cualquier otro sistema a través del cual se producen los significados. Una vez inmersos en el orden Simbólico, tiene lugar el nacimiento del sujeto y ruptura efectiva con lo Real, ya que desde ese momento el sujeto estará mediado por significantes y sometido a significación.

Sujeto: Lacan se opone a la idea de que el ser es algo coherente, estable y unificado que gobierna la razón. Para Lacan, el ser está dividido por fuerzas conscientes e inconscientes donde la razón está totalmente socavada por el deseo. Lacan utiliza la palabra "sujeto" en vez de "ser" porque cuestiona la idea de que el ser-sujeto es anterior al orden simbólico y las redes culturales. El ser-sujeto es un producto del lenguaje y es a través de éste que los seres humanos se constituyen como sujetos, forman su subjetividad.

Bibliografía

Bolívar Botía, Antonio. *El estructuralismo de Levi-Strauss a Derrida*. Madrid: Cincel, 1985.

Clancier, Anne. *Psicoanálisis, Literatura, Crítica*. Tr. María José Arias. Madrid: Cátedra, 1979.

D'Angelo, Rinty, Eduardo Carbajal and Alberto Marcilli. *Una introducción a Lacan*. Buenos Aires: Lugar, 1992.

Dor, Joël. *La estructura del sujeto*. Tr. Graciela Klein. Vol. 1 of *Introducción a la lectura de Lacan*. Barcelona: Gedisa, 1994.

_____. *El inconsciente estructurado como lenguaje*. Tr. Graciela Klein. Vol. 1 of *Introducción a la lectura de Lacan*. Barcelona: Gedisa, 1994.

Freud, Sigmund. *Autobiografía*. Tr. Luis López Ballesteros y de Torres. Madrid, Alianza, 1990.

_____. *Esquema del psicoanálisis y otros escritos de la doctrina psicoanalítica*. Tr. Luis López Ballesteros y de Torres and Ramón Rey Ardid. Madrid: Alianza, 1990.

_____. *La interpretación de los sueños*. Tr. Luis López Ballesteros y de Torres. Madrid: Alianza, 1974.

_____. *Tres ensayos sobre teoría sexual*. Tr. Luis López- Ballesteros y de Torres. Madrid: Alianza, 2008.

_____. *El yo y el ello*. Tr. Luis López Ballesteros y de Torres and Ramón Rey Ardid. Madrid: Alianza, 1992.

Lacan, Jacques. *Écrits: A Selection*. Tr. A. Sheridan. London: Tavistock, 1986.

Le Galliot, Jean. *Psicoanálisis y lenguajes literarios, teoría y práctica*. Tr. Sara Vassallo and Eduardo Villamil. Buenos Aires: Hachette, 1977.

Madan, Sarup. *Lacan*. Hemel Hempstead, UK: Harvester Wheatsheaf, 1992.

Vázquez Fernández, Antonio. *Freud y Jung: Exploradores del inconsciente*. Madrid: Ediciones Pedagógicas, 1987.

Capítulo VIII

Jacques Derrida (*)
(1930–2004)

I. En este capítulo veremos

Platón / la filosofía metafísica / el logocentrismo / el fonocentrismo / la deconstrucción

II. Conceptos clave

Los conceptos puros o Ideas / la "verdad" filosófica / "mundo inteligible" / "mundo visible" / trascendencia / esencia / Logos / la noción de centro / la metafísica de la presencia y de la ausencia / la *différance* / el fonocentrismo / la deconstrucción / grafocentrismo / autodestrucción del significado unívoco

III. Platón (aprox. 428–348 a.C.)

Los conceptos puros o Ideas. Desde su padre fundador Platón (*) pasando por Aristóteles, Plotino, Aquino, hasta Kant y Hegel, la filosofía metafísica ha estado sustentada por la razón (*) como el vehículo para llegar a la "verdad" filosófica. Esta "verdad" toma su forma en "conceptos puros" que durante siglos de filosofía han sido denominados como: el ser, la esencia, la razón, el *yo*, Dios, etc. Se les llama puros porque nuestra tradición filosófica los ha relacionado con la teoría sobre el mundo ideal de Platón, es decir con la "Idea," que podría resumirse de la siguiente manera:

Platón sugiere que existe una duplicación del mundo, o dos mundos completamente separados: el "mundo inteligible" (*) de las "Ideas" y el "mundo visible" de las cosas particulares. El mundo inteligible es el mundo verdaderamente real donde "existen" las Ideas que son, a su vez, entidades que poseen existencia independiente de la materia: cada Idea es una esencia, algo que existe en-sí, es única, inmutable y trascendente. En contraste con las cosas del "mundo visible," que son múltiples, mutables e inmanentes. Por ejemplo, la Idea de la belleza es la Belleza en-sí y "aquello-por-lo-que" las cosas en el "mundo visible" son bellas. Así, sólo existe una Belleza: "la" Belleza eterna y siempre la misma. Las Ideas no son realidades corpóreas, tampoco son realidades sensibles, sino únicamente inteligibles, es decir, sólo conocibles por la inteligencia. El "mundo visible" está constituido por cosas que pueden cambiar en el tiempo: las cosas bellas se transforman en feas; los niños crecen hasta convertirse en adultos; la naturaleza se descompone y vuelve a renacer. Nada es permanente. Todas las cosas acaban convirtiéndose en otras cosas. Debido a que las cosas en el "mundo visible" son inestables, Platón dice que su existencia es sólo aparente, que no son reales. El mundo real, el mundo estable, es el mundo de las Ideas. Platón llama la relación entre las cosas del "mundo visible" y las Ideas "imitación" o "participación." Una estatua bella, por ejemplo, es bella porque imita o participa de la Idea de la Belleza. Dicho en otras palabras, las Ideas son esencias o modelos de las cosas.

IV. La filosofía metafísica

La física es una ciencia en cuanto intenta llegar a verdades por medio de métodos empíricos. Su objetivo es el de encontrar teorías que nos ayuden a entender el "mundo visible." La metafísica trata de las cosas que trascienden (*) la naturaleza (en griego "metafísica" significa "después de las cosas de la naturaleza"), que existen separadas de la naturaleza y tienen una realidad y un valor más intrínseco (esencial) (*) que las cosas de la naturaleza. En este sentido, la física estaría relacionada con el "mundo visible" mientras que la metafísica lo estaría con "el mundo inteligible." Cuando la metafísica habla de las cosas que trascienden la naturaleza, que están separadas de la naturaleza, que tienen una realidad y un valor más intrínseco que las cosas de la naturaleza se está refiriendo a la "verdad" filosófica que toma su forma en "conceptos puros." Para llegar a esta "verdad" filosófica, la metafísica parte de razonamientos especulativos que no se pueden comprobar empíricamente, ya que esta "verdad" metafísica está más allá del conocimiento empírico.

Derrida afirma que, aunque la filosofía metafísica asegura hablar desde la "verdad," lo que está haciendo en realidad es construir un sistema de jerarquías y juicios de valor que, sin justificación alguna, privilegia a un grupo de conceptos y devalúa otros. Es decir, amparándose en la certeza de la razón y la verdad, la filosofía metafísica se sostiene mediante la inclusión del "uno," lo aceptable y la exclusión del "Otro," lo no aceptable (lo diferente, de lo que es incierto, de lo que no encaja en el sistema). Por ello no es extraño que Derrida critique la arrogancia totalitaria implícita en las pretensiones de la razón metafísica, recordándonos la vergonzosa historia de atrocidades cometidas por las culturas racionalistas occidentales: la "racionalidad" sistemática del exterminio masivo en campos nazis, el racionalismo científico de la bomba atómica y la razón de estado que llevó a la destrucción de Hiroshima y Nagasaki, por poner tres ejemplos.

V. *El logocentrismo*

Logocentrismo. El término "logocentrismo" tiene su raíz en la palabra griega "logos," que puede significar la lógica, la razón, la palabra y Dios. De "logos" se ha formado el morfema "logia" que en la mayoría de las ciencias significa el estudio o la verdad acerca del morfema que le antecede. Por ejemplo, en el caso de la biología, del morfema "bio" unido al morfema "logía" se obtiene la palabra "biología," que quiere decir la verdad acerca de la vida. Lo mismo sucede con otras ciencias como "psico," que unido a "logía" quiere decir la verdad acerca de la mente, o "teo," que unido a "logía" quiere decir la verdad sobre Dios.

La filosofía metafísica siempre le atribuye la "verdad" al "logos." Derrida invierte los morfemas y construye el neologismo "logocentro" (no centrología). Con el término "logos" se está refiriendo literalmente al "logos" en su sentido griego (la lógica, la razón, la palabra y Dios), sin olvidar su naturaleza de "verdad metafísica." El término "centro" significaría la unidad que rige la estructura fundacional de la metafísica. Todo junto da el término "logocentrismo," que sugiere la presencia del logos como el que rige la estructura de todos los supuestos metafísicos.

La noción de "centro." Cuando pensamos en una estructura, siempre pensamos en la noción de un centro de sentido de alguna clase. Recordemos que Culler proponía como posibles centros (Culler los llama "unidad") para una posible interpretación de tres versos. Recordemos también que los profesores llegaron a la conclusión que la estructura de los versos estaba regida por cuatro centros: un eslabón temático, un esquema formal, tres posiciones de sujeto y una cita con una función en el poema.

VIII. Jacques Derrida (1930-2004)

Según Derrida la filosofía metafísica ha dado siempre por sentado la existencia de una noción de "centro" rector de su estructura (*). Por su carácter trascendental, el "centro" metafísico nunca está sujeto de análisis estructural. Crear este centro ha sido para la metafísica una necesidad tranquilizadora, porque tener un centro significa tener la certeza de algo. En este sentido, la historia de la filosofía vendría a ser la historia de cómo los filósofos han ido planteando la posibilidad de distintos centros en nuestro sistema de pensamiento: el ser, como presencia plena en Platón; la esencia, lo permanente o invariable en las cosas; la razón, como centro de toda lógica; el *yo*, como centro de una identidad estable; o el concepto de Dios, como centro del universo. Derrida dice que no sólo ha sido la filosofía metafísica la que se ha estructurado alrededor de un centro, sino que también lo ha hecho todo el pensamiento occidental como el idealismo (mundo de las ideas), el empirismo (los sentidos del sujeto como la fuente de todo conocimiento) o el psicoanálisis (intento de estabilizar el *yo*).

La metafísica de la "presencia" y de la "ausencia." Según Derrida, el término "Logos" en el contexto del Nuevo Testamento es el que produce la mayor concentración de "presencia." Para el desarrollo de su argumento Derrida recurre a *San Juan* 1:1, que dice: "al principio era la Palabra." Como podemos observar, la Palabra es el principio de todas las cosas. Según Derrida la Palabra es la causa original y todo el universo es efecto de la Palabra, por ello la Palabra garantizaría la "presencia plena" del universo. Lo importante de todo esto es que Derrida toma esta cita para introducir los conceptos de "presencia plena" y "ausencia" y para decirnos que en la metafísica el "Logos" es el que produce mayor concentración de "presencia plena."

A lo largo de la historia, la filosofía metafísica ha basado todo el sistema del pensamiento occidental en forma de oposiciones binarias. Este sistema corresponde a una necesidad de que todo tenga límites muy estrictos, muy marcados para, de esta forma, poder distinguir lo aceptable de lo no aceptable. De ahí que se haya fijado el "Logos" como el primer término de la oposición binaria. Según Derrida la mayor concentración de presencia plena le confiere al "Logos" una naturaleza más cercana a la verdad. El segundo término de la oposición se le considera en términos de "ausencia," y se le define por su alejamiento de la "verdad." Este sistema de oposiciones binarias, de "presencia" y "ausencia," ha determinado nuestra forma de pensar a lo largo de la historia. Veamos algunos ejemplos de oposiciones en términos de "presencia" y "ausencia." En la oposición hombre / mujer, el primer concepto sería portador de presencia plena ya que representa el mundo de la trascendencia más cercano a la verdad. Por el contrario, el segundo es un concepto de ausencia porque su condición inmanente (*) le aleja de la verdad. Un segundo ejemplo podría ser el de heterosexualidad / homosexualidad. El primero es lo aceptable, la norma, el segundo es lo no aceptable, la desviación. Un tercer ejemplo podría ser el de Norteamérica / Latinoamérica. El primero representa a paises desarrollados, mientras que el segundo correspondería a diversos países en vías de desarrollo. En todos los ejemplos, el primer término de la oposición es el privilegiado porque es portador de "presencia plena." Por el contrario, el segundo término es el devaluado porque se la considera en términos de "ausencia."

Procedimiento de la filosofía metafísica. La filosofía metafísica procede de la siguiente manera:

1. Establece un sistema binario entre el "Logos" con su opuesto. Si el "Logos" es *ser*, se establece el *no ser*; si el "Logos" es la *esencia*, el opuesto es lo *accidental*; si el "Logos" es la *razón* se introduce la *sin razón*; si *Dios*, *hombre*, y así sucesivamente.
2. Privilegia el primer término de "presencia plena" (positivo, estable, aceptable, perfecto, completo, puro).
3. Devalúa el segundo término, contemplado como el término de "ausencia" (negativo, inestable, no aceptable, deficiente, incompleto, corrupto).

La *différance*. Partiendo de la idea saussureana según la cual en el sistema de la lengua los signos no tienen sentido por sí mismos sino que el sentido les viene dado por las diferencias con los otros signos del sistema, Derrida creó el concepto de *différance* (en francés no hay diferencia fónica entre *différence* y *différance*) para demostrar cómo la metafísica, a pesar de la naturaleza dividida del signo lingüístico, solamente considera significados estables y a partir de ellos explica todos los demás. De *différence* se deriva *différer* que significa "diferir." Según Derrida "diferir" puede tener dos significados dependiendo del contexto: en el caso de "diferir" como concepto espacial (*diferenciarse*), se hace alusión al significado cuyo sentido le viene dado la diferencia con los otros significados del sistema. En el caso de "diferir" como concepto temporal (*aplazar*), los significados imponen un aplazamiento sin fin de la significación.

El pensamiento fonocéntrico no tiene en cuenta la *différance* e insiste en la autopresencia de los conceptos metafísicos. Es decir, siempre parte de significados absolutamente estables (sin aplazamiento ni necesidad de la diferencia para tener sentido) con los que poder explicar todos los demás. Derrida contradice esta posición de la metafísica y advierte que los signos parecen apuntar a un significado único y unívoco, pero están atrapados en la *différance* de manera que no hay ninguna unidad fundamental, ningún significado trascendental que tenga sentido en sí mismo, ningún significado que esté fuera del sistema lingüístico que escape a la eterna interacción que se da entre la *diferencia* y el *aplazamiento* lingüístico. Para "deconstruir" esta noción metafísica de significados únicos y unívocos, Derrida recurre al concepto de la "repetición." Dice Derrida que todo signo, para funcionar como tal, necesita ser reconocido, y eso implica haber sido repetido, usado varias veces y en contextos distintos de forma diferente. La repetición del signo en contextos distintos con significaciones distintas desliga al signo de todo centro de anclaje absoluto; es un significante que no tiene por qué estar vinculado siempre a un mismo significado. Puede ser repetido en contextos diferentes y adquirir un sentido distinto en cada uno de ellos. De modo que no puede hablarse ya de un significado estable para el significante, sino de un significado siempre *diferido*. Por ejemplo, si un niño pide que se le defina la palabra "libertad" y se la define como "el estado de ser libre," y el niño vuelve a pedir que se le defina "el estado de ser libre," nos veríamos abocados a definir la expresión recurriendo a más significantes y por lo tanto a más significados. Esta situación podría alargarse hasta el infinito porque no se puede llegar a un punto donde se pueda ponerse fin a este proceso interminable de definir un significante con más y más significados. Por lo tanto, el significado queda *diferido*, queda pospuesto de manera indefinida. Derrida concluye diciendo que si el lenguaje está estructurado con significados sujetos a la *diferencia* y al *aplazamiento* el sentido nunca podrá tener una significación estable y por lo tanto una verdad única.

VI. *El fonocentrismo (*)*

El habla y la escritura. Como hemos visto, la metafísica actúa privilegiando unos conceptos y devaluando otros. Derrida sostiene que la metafísica, para poder expresar la "verdad," ha privilegiado el habla, a la que considera "presencia plena," devaluando el lenguaje escrito, al que considera como "ausencia." El pensamiento filosófico ha privilegiado el habla por considerarla más cercana a la idea. A este privilegio, Derrida lo llama *fonocentrismo*.

Pensemos las diferencias entre en un acto de comunicación verbal y un acto de comunicación por medio de la escritura. En el primero siempre tenemos un emisor que habla y un receptor que escucha el mensaje. En el segundo también tenemos un emisor y un receptor; la diferencia está en que el mensaje no es hablado sino escrito. Según la metafísica, en un acto de comunicación verbal se produce mayor concentración de "presencia plena" ya que las palabras del hablante están más cercanas a sus pensamientos, se producen directamente desde éste a su voz. La palabra hablada sería la representación directa en estado puro del pensamiento, como un velo transparente, a través del cual podemos "ver" la conciencia del emisor, su alma, la "verdad" de su ser. No hay espacio que separe las palabras entre el emisor y el receptor. Cuando se emite el pensamiento los dos están en el mismo lugar. Cuando las palabras son pronunciadas, tampoco hay ningún lapso temporal entre el pensamiento y el habla. Un ejemplo del habla sin intermedio espacial ni temporal sería los parlamentos de un gran orador o político. Los sonidos producidos por el hablante (a menos que se graben) se deshacen en el aire y no dejan huella, son únicos e irrepetibles como una obra de arte, como la verdad única que es irrepetible y cargada de "presencia," porque el pensamiento original se transmite de forma directa sin intermediarios.

Por el contrario, la escritura, desde el punto de vista metafísico, es devaluada en términos de "ausencia," porque es considerada como una mera copia, un derivativo, una representación, una imitación, una sustitución, una repetición del habla. La idea escrita, representada en los significantes, sí contiene un lapso temporal que va desde el momento en que el sujeto formula un pensamiento, pasa por la representación de los significantes en la hoja de papel, hasta que, finalmente, llegar al receptor. Durante este tiempo se pueden organizar los significantes de forma ambigua o con demasiada retórica, y esto hace que el pensamiento se pueda alejar de la verdad inicial. El texto escrito puede repetirse (imprimirse y reimprimirse) y esta repetición invita a la interpretación y a la reinterpretación del lector, por lo que, de nuevo, nos encontramos con un alejamiento de la verdad. Por su materialidad los signos que componen el lenguaje escrito carecen de la pureza del habla, entendiendo por pureza como el signo que está exento de mezcla (ambigüedad o retórica), o que no incluye ninguna restricción ni plazo. La escritura, dice la metafísica, amenaza con contaminar el discurso hablado porque impone su propio sistema de marcas físicas.

Derrida nos ilustra este privilegiar y devaluar a los dos tipos de lenguajes citando en la obra *Fedro* de Platón, en el que Sócrates y Fedro conversan sobre los méritos comparativos del habla y de la escritura. Sócrates (que nunca escribió nada) convence a Fedro que el habla es superior a la escritura. Para ello le cuenta la siguiente fábula:

> En Egipto el dios Theuth inventó la escritura. El dios, dirigiéndose al rey Thamus, le explica que, con la aplicación de la escritura en la enseñanza, los estudiantes egipcios mejorarán su memoria y serán más sabios. El rey le dice que lo que ha descubierto sirve para recordar, pero no para ejercitar la verdadera memoria. El argumento del rey es que con la escritura lo que

se está ofreciendo a los estudiantes es una mera apariencia de la realidad, pero no la realidad. Sigue diciendo el rey que todos aquellos que utilicen la escritura para las discusiones filosóficas acabarán sin ejercer la memoria y consecuentemente no recordarán nada, ya que confiarán en las marcas externas en vez de la capacidad interna de recordar las cosas. El rey acaba diciendo que en realidad los estudiantes aparecerán como conocedores de los temas, pero en realidad acabarán siendo unos ignorantes ya que serán portadores del concepto de la sabiduría, pero no serán realmente sabios.

En este argumento, vemos como Platón valora al habla porque lleva consigo la esencia del conocimiento y la verdad, que la verdadera memoria es interna y que los signos hablados están vivos. Devalúa la escritura aludiendo que es la apariencia del conocimiento y de la verdad, que actúa como recordatorio, que es externa y que sus marcas escritas no tienen vida por lo que la autoridad de la "verdad filosófica" puede llegar a cuestionarse.

Huellas de la palabra hablada como portadora de la "verdad." Uno se podría preguntar, si la palabra escrita está más alejada de la verdad, ¿por qué la seguimos utilizando en los sistemas políticos, en las leyes, en la estructura militar, en la educación y en las artes? La respuesta sería por razones prácticas. Sin embargo, aún podemos observar, especialmente en actos solemnes, como todavía hoy, en algunos casos se privilegia lo hablado sobre los escrito. Cualquier inauguración de obra pública o privada comienza con algunas palabras como "Declaro abierto este centro comercial." Todos los juzgados confían en la factibilidad de la escritura; sin embargo, insisten en la declaración oral para confirmar que el interrogado va a decir la verdad: "Juro decir la verdad, toda la verdad y nada más que la verdad." En el mundo académico las tesis, para ser finalmente aprobadas, se han de defender oralmente. En las reuniones departamentales se han de registrar por escrito los puntos más relevantes emitidos por los profesores; sin embargo, en la reunión siguiente lo que se escribió anteriormente debe ratificarse de forma oral para que lo escrito tenga plena validez.

VII. Resumen

La filosofía metafísica se apoya en la diferencia. Para ello establece una serie de oposiciones que le permite distinguir entre la "verdad" de su contrario. Derrida afirma que, aunque la filosofía metafísica asegura hablar desde la "verdad," en realidad, lo que hace es construir un sistema de diferenciación de jerarquías y juicios de valor que, sin justificación alguna, privilegia a un grupo de conceptos y devalúa otros.

Los conceptos privilegiados han permitido a la filosofía occidental organizarse como un proyecto de conocimiento que busca determinar la "verdad" de una manera fidedigna, disipando la falsedad. La "verdad" debe permanecer intacta ante la falsedad, ante cualquiera de los términos devaluados. La "verdad" siempre se ha determinado como los signos internos, como una esencia interna de naturaleza casi espiritual, como la presencia de ideas en la mente, siempre en un terreno conceptual, poseída por la razón. Ya que la "verdad" existe por sí misma, fuera de la representación externa del lenguaje, al margen del significante, se la considera un concepto puro. Es decir, está fuera del simbolismo, no está contaminada por signos externos pertenecientes al terreno del mundo material.

A pesar de ello, las mismas características del simbolismo, imitación, sustitución y repetición de algo original, son necesarios para que la "verdad" exista. Por ello, para distinguir la verdad de todos sus contrarios, para determinar de forma indiscutible como algo con propia identidad, único, presente, vívido y original, como algo no contaminado por la imitación, sustitución y repetición, la filosofía ha sentado sus bases en la diferenciación establecida a partir de oposiciones binarias. Estas oposiciones entre los conceptos de "verdad" y sus contrarios son paralelas y funcionan en conjunción con otras oposiciones como el alma y el cuerpo, el espíritu y la materia, las Ideas del "mundo inteligible" y "el mundo visible o material," lo racional y lo sensitivo. La verdad metafísica ha hecho que en nuestras sociedades se privilegien conceptos como la racionalidad, la autenticidad, la identidad de un *yo* estable, la unicidad, lo natural, la narración, el origen, sólo por poner algunos ejemplos. Y ha devaluado conceptos como el sentimiento, la diferencia, la identidad de un *yo* fracturado, la repetición, el artificio, la descripción, la imitación, por considerarlos como algo añadido, suplementario y externo.

Para mostrar esta diferenciación entre elementos privilegiados y elementos devaluados, Derrida se vale de la oposición entre el lenguaje oral (privilegiado) y el lenguaje escrito (devaluado). Según la filosofía metafísica, el lenguaje oral está más cercano a la verdad de la mente porque expresa el pensamiento racional de forma directa, sin intermediarios. El lenguaje oral sería como la presencia racional en la mente, como una encarnación viva y neumática de la verdad. El aliento de la verdad desde la voz interior de la conciencia garantizaría la autenticidad de la representación de la idea. Por este motivo, el lenguaje oral se ha identificado consistentemente con la Idea de la "verdad." El lenguaje escrito es la representación externa (el simbolismo). Tiene menos valor que el lenguaje oral porque la representación de la verdad del pensamiento racional en la representación externa se vincula a la imitación, sustitución y repetición. El simbolismo es una simple imitación, una técnica vacía llena de sustitutos repetitivos que usurpan el lugar de la "verdad," imitando la "verdad," pero sin serla realmente. Al asumir una forma gráfica exterior, el valor de la escritura disminuye. Lo gráfico del simbolismo exterior aparece como una simple marca en la página, como una prótesis añadida a un organismo vivo, como una repetición más que una presencia original, como un signo de otro signo, como un añadido del lenguaje oral transportador de la "verdad" que, supuestamente, es suficiente por sí mismo. Esta característica del símbolo (significante) como un sustituto con poder de imitación, sustitución y repetición representa un peligro ya que el simbolismo podría ocupar el lugar de la "verdad," transformar en cosas reales las cosas que no son verdades y acabar con los significados (ideas o conceptos).

Derrida asegura que los textos que forman parte del sistema de valores de Occidente favorecen la "verdad" y sus derivados como los principios morales. Como toda "verdad," los principios morales se caracterizan por ser pre-lingüísticos, ya que cualquier virtud moral trasciende el lenguaje. La legitimidad de los principios morales siempre está fuera de toda representación; por lo tanto son considerados como la "verdad" en forma de conceptos puros. A pesar de que nuestros principios morales han sido construidos por medio de la razón metafísica, Derrida alerta que han sido fundados en actos violentos de diferenciación, jerarquía y subordinación.

VIII. La deconstrucción

La deconstrucción. Como hemos dicho anteriormente, el hombre necesita un centro, necesita certezas, necesita estar seguro de algo para vivir y esos centros y certezas que le dan seguridad se los ha proporcionado la metafísica. Derrida se sitúa en la línea de Nietzsche que prefiere aprender a vivir sin un centro tranquilizador, a no sentirse angustiado por carecer de centro. Por ello, la deconstrucción, más que cuestionar oposiciones binarias entre un centro y su derivativo, cuestiona la necesidad de un centro.

En líneas generales, una posible definición de la *deconstrucción* diría que es un sistema de pensamiento iniciado por Derrida, con el que se propuso demoler la idea del Logos y la teoría de la verdad que este Logos conlleva. Y cuando Derrida cuestiona el privilegio del habla significa, en última instancia, que está socavando los fundamentos de la filosofía occidental.

El procedimiento de la deconstrucción. El trabajo deconstructivo de Derrida pretende ser un argumento filosófico para mostrar la falta de solidez de las categorías y las jerarquías filosóficas tradicionales. Con la deconstrucción, Derrida pretende que se resienta y se resquebraje todo el sistema, aunque siempre operando desde dentro de este mismo sistema. De modo esquemático, podríamos decir que la deconstrucción opera de la siguiente manera: primero determina la jerarquía entre dos términos; segundo busca algún rasgo del concepto privilegiado inherente (*) en el concepto devaluado; tercero, invierte esta jerarquía: cuarto, no proponer un nuevo centro donde el antiguo pasaría a mero suplemento, sino que pone al mismo nivel los dos términos para que ninguno de ellos ocupe el lugar privilegiado garante de "presencia plena."

Específicamente en el ámbito del *fonocentrismo*, el proyecto deconstructivo no trata de destruir las oposiciones clásicas entre el habla y la escritura, no trata de privilegiar un *grafocentrismo* al *logocentrismo*, ya que lo que estaría haciendo sería crear un nuevo centro y consecuentemente hacer que el sistema permaneciera intacto. Lo que la deconstrucción sugiere es salir del centramiento, creando una situación de simetría entre los dos términos de la oposición.

Ejemplos de deconstrucción

Ejemplo 1: causa y efecto. El procedimiento "deconstructivo" tuvo como predecesor a Nietzsche. En una de sus "deconstrucciones," Nietzsche apela al principio de causalidad y la jerarquía que la metafísica ha establecido entre la causa y el efecto. La causa afirma la prioridad lógica y temporal frente al efecto. Es decir, primero sería la causa (lógica y temporalmente prioritaria) y luego el efecto (entidad secundaria y dependiente de la causa). Según Nietzsche, esto no es así ya que en realidad se produce una inversión cronológica impuesta "a posteriori." En nuestra experiencia cotidiana––y en nuestro mundo interior––lo primero que captamos es el efecto. Por ejemplo, en el caso concreto del dolor producido por un alfiler, lo que primero sentimos es el dolor y, luego imponemos una lógica y descubrimos la causa que ha provocado el dolor. De manera que la secuencia temporal sería: primero el efecto (dolor), y segundo la causa (alfiler), y no el alfiler (causa) primero y el dolor (efecto) lo segundo. La "deconstrucción" llevada a cabo por Nietzsche ha consistido en invertir esta jerarquía y afirmar que es el efecto (dolor) el que debería tomarse como origen, y no la causa (alfiler), pues lo que hace que la causa sea una causa es el descubrimiento previo del efecto.

Ejemplo 2: habla y escritura. Como hemos visto anteriormente en la oposición habla / escritura, la escritura sería una mero "suplemento" del habla por todo lo que hemos dicho y porque no añade nada que no sea esencial. En un ejercicio de deconstrucción, Derrida demuestra que lo escrito no sólo añade algo a la esencialidad de lo hablado, sino que además toma su lugar, porque lo hablado siempre ha estado escrito. Como sabemos, los filósofos metafísicos temían que, si se utilizaba la escritura para presentar la "verdad filosófica," ésta acabaría contaminándose, con lo que disminuiría su autoridad. Francis Bacon (filósofo inglés, 1561–1626) creía que uno de los principales problemas de la filosofía era el excesivo uso de la "elocuencia." Dice Bacon que en la filosofía escrita "los hombres empezaron a buscar más las palabras que el contenido; y más ... los tropos y las figuras que la importancia del contenido ... y la validez del argumento" (citado en Selden et al., 210). Bacon sugiere implícitamente que la oralidad es una presencia y que la escritura es una ausencia. Ahora bien, si tomamos el significado de "elocuencia" en su acepción de "el arte de hablar," podremos deconstruir la oposición habla / escritura. La "elocuencia" o el "arte de hablar" sustentada en diversos procedimientos retóricos fue desarrollada por los oradores. Si, como dice Bacon, los procedimientos retóricos de la elocuencia (habla) se encuentran en la escritura podríamos deconstruir esta oposición aludiendo que la escritura es una especie de habla o que el habla es una especie de escritura ya que los dos comparten los mismos procedimientos retóricos.

Ejemplo 3: naturaleza y civilización. Desde el punto de vista metafísico, la "naturaleza" se originó antes que la "civilización." El argumento es que el origen reside en la naturaleza y que más tarde apareció la civilización. Por lo tanto, dentro del orden jerárquico metafísico la naturaleza sería el término privilegiado porque su propiedad originaria le confiere "presencia plena." Por el contrario, la civilización, concepto creado desde la naturaleza, pasa a ser el mero suplemento que siempre ha "contaminado" el concepto puro de "naturaleza." La deconstrucción destruye esta jerarquía argumentando que la naturaleza no existe en sí. La naturaleza no puede ser el origen ya que solamente podemos pensar o proyectar el concepto de naturaleza desde la civilización. La idea comunmente aceptada de primero la naturaleza y luego la civilización se invierte hasta demostrar que nunca ha habido naturaleza sin civilización, ni civilización sin naturaleza; los dos se necesitan para su existencia.[1]

Ejemplo 4: conceptos de hombre y mujer. Consideremos la oposición binaria hombre / mujer. Dentro de esta oposición heterosexista se

---

1. La fuente de este ejemplo y el anterior es Selden et al., 210–11 (ver Bibliografía: General).

ha tipificado al hombre como el uno, y a la mujer como el Otro. En esta dualidad la mujer aparece más allá de lo que el hombre es. Sin embargo, el término subordinado "mujer" aparece como síntoma de lo que el hombre no es, por lo tanto, un recordatorio constante de lo que sí es. Es decir, el hombre no es lo que la mujer es y le recuerda constantemente que es lo que le aleja de las características identitarias de la mujer. De esta forma, el "Otro" dejaría de estar alejado de las características que conforman lo masculino para relacionarlo íntimamente con él, uniéndolos inherentemente de forma que la identidad del hombre no se puede ver sin la identidad de la mujer. Las dos identidades se necesitan mutuamente. La identidad del hombre necesita de la identidad de la mujer y la de la mujer necesita de la del hombre.

La deconstrucción y la literatura. La deconstrucción no es un método de análisis más dentro de la teoría literaria. La deconstrucción sólo intenta reajustar ciertos conceptos manejados por la crítica literaria para conseguir interpretaciones más rigurosas.

Generalmente en las clases de análisis literario se insiste en que la intencionalidad del autor/a se encuentra reflejada en el texto escrito por él o ella. El objetivo del estudiante es descubrir cuál es esa posible intención. Una vez establecida la intención, el estudiante podrá desarrollar una interpretación que sería la "verdad" del texto entendida como la intención definitiva del autor. Derrida trata de mostrar que este método de análisis es una trampa, ya que el texto suele contener varias "verdades" por lo que se presta a múltiples interpretaciones más allá de la intencionalidad del autor. La deconstrucción aconseja que el estudiante que interpreta el texto no siga la intención del autor sino su propia intención para descifrar no un "verdadero" significado sino su propio significado (el del estudiante), ya que no existe un significado único ni unívoco. Supongamos que queremos deconstruir la significación de un poema donde, tradicionalmente, se nos ha dicho que la intención del autor es mostrar una "verdad" sobre algún aspecto que nos atañe a nosotros como seres humanos. En primer lugar, interpretaríamos esa "verdad" que tradicionalmente se encuentra en el texto privilegiado. En segundo lugar, interpretaríamos algún fragmento que tradicionalmente se ha devaluado porque se ha considerado como periférico o marginal. Siempre podemos encontrar algún rasgo que indique que el texto devaluado suele estar de forma inherente en el texto privilegiado. En tercer lugar, invertiríamos esta relación entre texto privilegiado y texto devaluado, dejando ver en nuestra interpretación la importancia de la interpretación de los dos textos, argumentando que el uno se complementa con el otro. Es decir, pondríamos al mismo nivel los dos textos para que ninguno de ellos ocupara un lugar privilegiado, evitando así que el texto devaluado se convierta en un nuevo centro, garante de presencia.

Otra de las ideas de deconstrucción en literatura propuesta por Derrida es el de la "descentralización." De acuerdo con Derrida, en el acto de interpretar ocurre una "descentralización" del significado y en cierta forma el texto "autodestruye o deshace" el significado unívoco. Basándonos en este principio podríamos hacer otro ejercicio de deconstrucción, deteniéndonos en aquellas partes donde podemos ver cómo la inestabilidad del significado va "autodestruyendo" la univocidad de éste. En el cuento de Jorge Luis Borges "El etnógrafo," por ejemplo, comienza con la frase "El caso me lo refirieron en Texas, pero había acontecido en otro estado." En primer lugar, los significados de la primera parte de la frase, "El caso me lo refirieron," "deshace" el significado unívoco de veracidad, ya que una historia basada en la narración de terceros lleva a la duda de si es cierta o no.

En segundo lugar, aunque el espacio donde la historia es contada es unívoco, "Texas," esta univocidad "se autodestruye" porque "el caso" había acontecido en un lugar indeterminado, en "otro estado" diferente al de Texas. A esto se le suma el tiempo verbal en pasado, "había acontecido," con la consecuente incerteza que nos puede causar el alejamiento temporal y la naturaleza de pasado imperfecto, que en español utilizamos para acciones que no se concretan en el tiempo. En el caso del nombre del protagonista dice el narrador, "Se llamaba, creo, Fred Murdock." El tiempo verbal "creo" nos invita a una certeza que no está comprobada, por lo tanto, alejada de toda concreción de que éste sea el nombre del personaje.

La posible significación unívoca del significado en la descripción sobre la altura y el color de pelo de Fred Murdock, "Era alto a la manera americana, ni rubio ni moreno," se "autodestruye" por la indeterminación de los significados. No podemos saber ni la altura ni el color del pelo de Fred. Para hacernos una idea sobre la altura y el color del pelo solamente podemos recurrir al código cultural de Barthes donde altura y color de pelo harían referencia al saber del imaginario colectivo norteamericano.

La singularidad con que se caracteriza la identidad de Fred Murdock también se "autodestruye." La negación de los significados "singularidad," "nada singular había en él," añadido al fingimiento de esa "singularidad," "ni siquiera esa fingida singularidad que es propia de los jóvenes," consigue deshacer toda posible singularidad de Fred. Aquí podríamos recurrir a Lacan y argumentar que la singularidad, componente fundamental en la estructura del sujeto, se autodestruye con la doble negación de los significados "nada" y "ni siquiera." Aunque Fred participa de las estructuras del orden simbólico, esta doble negación del significado sugiere que Fred no ha alcanzado una subjetividad individualizada. Además, podemos recurrir a Derrida y organizar la oposición binaria de los significados referidos a la singularidad de Fred "fingida" con su opuesto "verdad." Si además nos ocupamos de ver la camaleónica mutación del significante "fingida," veremos que éste puede metamorfosearse (deshacerse) en "simulación," "artificio," "engaño," "ficción" y sus opuestos binarios (verdad, sinceridad), (verdad, naturalidad, autenticidad), (verdad, sinceridad), (verdad, real). Finalmente, el significado de la edad de Fred Murdock se "autodestruye" con una de las técnicas más frecuentes en literatura: la utilización de la metáfora y el símbolo. La posible dirección vital a la que está expuesto Fred se formula, a través seis imágenes enumeradas en grupos de tres oposiciones binarias. Dice el texto "Era suya esa edad [de nuevo el código cultural barthiano], en que el hombre no sabe aún quién es y está listo a entregarse a lo que propone el azar: la mística del persa o del desconocido origen del húngaro, las aventuras de la guerra o del algebra, el puritanismo o la orgía." Podríamos considerar como centros privilegiados la mística del persa (la mística se ha relacionado con la filosofía metafísica, Derrida), el algebra (el conocimiento, Foucault) y el puritanismo (forma de construcción social, Lacan). Por el contrario, el desconocido origen del húngaro o lengua magiar (origen, Derrida), las aventuras de la guerra (desconocimiento de la aventura) y la orgía (suplemento sexualidad normativa, Foucault) corresponderían a los centros devaluados.

IX. Cuestionario

Respondan a las siguientes preguntas:

1. Para llegar a la "verdad" filosófica, la metafísica se ha sustentado en la razón. Esta "verdad" toma su forma en "conceptos puros." ¿Por qué se les llaman "puros"?
2. ¿Qué relación hay entre el "mundo inteligible" y el "mundo visible"?
3. ¿De qué trata la metafísica?
4. ¿En griego, que significa "Logos"?
5. ¿Por qué el "centro" metafísico nunca está sujeto de análisis estructural?
6. ¿Por qué la metafísica ha fijado el "Logos" como el primer término de la oposición binaria?
7. ¿Cómo procede la metafísica?

8. ¿Cuáles son los dos significados de la *différence* (diferir)?
9. ¿Qué quiere decir Derrida con el término "fonocentrismo"?
10. ¿Cuál es la definición de *deconstrucción*?
11. ¿Cómo procede la *deconstrucción*?

X. Sugerencias para una interpretación Derridiana[2]

—Determinen si la obra que van a analizar está basada en una serie de valores organizados en oposiciones jerárquicas donde el término privilegiado se corresponde con la "verdad," mientras que el segundo término es el devaluado. Piensen en oposiciones como lealtad / traición; virtud / maldad; honradez / deshonestidad; gratitud / desagradecimiento, entre otros.

—Observen si la obra, en el nivel humanista, tiene una trama que va desde el orden perfectamente establecido (orden privilegiado) a la llegada del desorden (suplemento) para finalmente restablecerse el orden inicial.

—Pasen del nivel humanista al nivel metafísico y vean como, desde el punto de vista de la filosofía metafísica, la manera en que el orden y el desorden se formulan en la obra resultaría en un debate entre diferentes modos de significación que podrían resumirse en:

1. Una significación trascendental donde se barajarían principios morales como la lealtad, la virtud, la honradez y la gratitud. Recuerden que desde una perspectiva metafísica estos principios son inseparables de la noción de "verdad."
2. Una significación representacional por medio del símbolo (representación, lenguaje escrito e imitación).

Personajes de significación trascendental

—Busquen qué personajes representan el principio de "verdad" o significación trascendental.

—Observen, por ejemplo, cómo el personaje que representa la virtud representa la encarnación de la esencia interna. Generalmente, esta virtud suele mostrarse de forma "silenciosa." Describan cómo la muestra. Detecten cómo la virtud, característica de este personaje, la mantiene para sí mismo, sin traicionarla con muestras externas de significación.

---

2. La fuente principal de la sección X es Ryan 2002 (ver Bibliografía: General).

—Vean si estos personajes están relacionados de forma directa o indirecta con el espíritu, ya que es una forma de significación que expresa la "verdad." La metafísica siempre se ha expresado en un sentido espiritual, ya que suele distinguir entre el concepto y la materia. Por este motivo, busquen si se relaciona a alguno de los personajes con la encarnación cristiana.

—Observen si estos personajes permanecen ausentes durante la parte de la obra en que la verdad está construida por los mecanismos de la significación externa.

—Detecten si alguno de estos personajes renuncia al significado trascendental. Es decir, renuncia a continuar en su oposición de trascendencia y pasa a ser un personaje que representa el simbolismo en vez de mantenerse en una posición que trasciende a los demás personajes.

—Presten atención al final de la obra, ya que suele haber uno o varios personajes (representantes del principio de "verdad") que restauran el orden filosófico y moral, el orden apropiado de la verdad y de la significación según la concibe la metafísica occidental.

Personajes de significación representacional

—Clasifiquen a los personajes que tengan una significación representacional (representan el simbolismo y suelen ser personajes negativos).

—Vean cómo estos personajes expresan, de forma aparente, el concepto de una "verdad" interna que permanece alejada de las convenciones o limitaciones lingüísticas.

—Vean si estos personajes negativos utilizan la representación para alejar la "verdad" de sí misma.

—Detecten la falsedad de estos personajes. Suelen utilizar una retórica excesiva como la del lenguaje escrito.

—Vean cómo su falsedad suele estar relacionada con el uso de signos sin significado (significantes vacíos).

—Observen cómo la repetición de la "verdad" en los parlamentos de estos personajes reduce y vacía la "verdad" unívoca.

—Analicen cómo los parlamentos vacíos de estos personajes sugieren la simulación y el exceso de la representación externa añadida a un supuestamente autosuficiente discurso interior. La representación simbólica se relaciona con el engaño y con el exceso de retórica. Representan precisamente el peligro de que dicho significado externo contamine al significado interno y no lleguen a diferenciarse el uno del otro.

—Determinen las declaraciones de los personajes que provienen no de su esencia interna, sino de muestras externas de significación que son consideradas por la metafísica como imitaciones, sustituciones y repeticiones en vez de propias.

—Vean cómo sus declaraciones son simplemente una imitación, una sustitución y una repetición de la verdad. Presten atención a cómo estas declaraciones se definen por medio de convenciones y citas.

—Analicen cómo esta materia significante es articulada desde la convención que nunca podrá ser compatible con la "verdad" en su inarticulada pureza que no admite mediación. La imitación, sustitución y repetición privan a la "verdad" de tener voz propia, un modo de hablar puro y expresivo de la esencia viva o espíritu de la verdad.

—Observen cómo un personaje que utiliza en sus declaraciones de afecto una excesiva retórica convencional está citando códigos externos, está imitando modelos de declaración afectiva, está repitiendo discursos previos y sustituyendo la expresión directa, inmediata y palpable de la verdad interior.

Contrasten

—Hagan una lista donde se vea claramente los personajes asociados al discurso de la "verdad" (cuidado que la oralidad no es una condición de la "verdad," ya que puede estar manipulada) y los que se asocian con la escritura que no representa la "verdad."

—Contrasten a los personajes cuyos signos expresan estados internos, que expresan la "verdad" como una esencia interior, de aquellos cuyos signos simulan dichos estados.

—Diferencien entre dos tipos de personajes: aquellos que se asocian con un discurso claro que tan sólo exprese lo que quiere expresar, sin divagaciones, sin dobles caras (el significado de estos personajes se relaciona con la "verdad" y suele ser sincero y poco rimbombante) y aquellos que utilizan una retórica excesiva (comparable a la escritura).

Deconstruyan los discursos de "verdad"

—Establezcan si la obra que van a analizar trata de alguna tragedia personal.

—Determinen su análisis desde una perspectiva deconstruccionista interpretando esta tragedia no desde el punto de vista humanístico sino filosófico. Es decir, una interpretación que contemple la crisis del régimen metafísico conceptual, en el cual se basan algunos valores de la obra como la "verdad" y sus derivados.

—Busquen todos los discursos de "verdad." Recuerden que la "verdad" es una esencia interna que existe fuera de la representación externa del lenguaje, porque su modo de representación está más cercano a la "verdad" de la mente.

—Busquen un personaje cuyas declaraciones son consideradas como "verdad" (esencia interna) y señalen que sus declaraciones de afecto también podrían considerarse como totalmente convencionales porque están basadas en algún código o modelo.

—Establezcan cómo la "verdad" nunca termina de despojarse de la significación, porque, de hecho, es significación.

—Determinen si los conceptos de "verdad" están esencialmente contaminados y comprometidos con lo que la obra intenta expulsar. Generalmente los textos se esfuerzan por expulsar la significación externa y el lenguaje escrito del terreno de la "verdad" y de las esencias internas.

—Tomen, por ejemplo, una esencia interna como la virtud representada por alguno de los personajes. Recuerden que, según la metafísica, las esencias internas como la virtud son identidades que provocan diferencias. Es decir, la virtud provoca la diferencia de maldad.

—Analicen cómo estos personajes suelen adoptar de manera falsa la marca externa de la virtud y de esta forma pueden utilizar las convenciones para producir una imitación de una realidad interna o "verdad."

—Incluyan en su interpretación la necesidad que tiene la metafísica de crear un estado de diferenciación. Vean que, sin un representante del concepto o una costumbre social, esta diferenciación no existiría.

—Argumenten cómo las esencias internas como la virtud son construcciones basadas en la diferencia.

—Prueben en su interpretación que la significación del personaje que posee la virtud no es una esencia interna, sino que está construida por medio de la diferenciación con el otro personaje.

—Vean si los sentimientos que denotan la virtud del personaje se muestran de forma directa y sin retórica o son construcciones basadas en la diferencia de los sentimientos manifestados con muestras externas de significación. Con ello ya están deconstruyendo que la virtud no es esencialista y está construida por medio de la diferenciación con la maldad.

—El concepto metafísico de un significado trascendental es que éste puede permanecer fuera de la significación y existir sin ella. Sin embargo, para que el sentimiento se ponga en palabras, la significación debe ponerse en funcionamiento, y si la significación está en marcha, también lo está la convención. La convención es un conjunto de reglas que organizan la expresión del contenido en una forma. Ésta es la regla de la representación que el concepto metafísico evita reconocer.

VIII. Jacques Derrida (1930-2004)

Ninguna doctrina de la verdad (la metafísica supuestamente lo es) puede eludir esta necesidad argumentando que está exenta de dicha obligación. Para que el sentimiento se exprese, debe entrar en la repetición y en la sustitución.

—Vean cómo los sentimientos y las ideas consideradas por la metafísica como verdaderas, universales y eternas se repiten infinidad de veces.

—Observen cómo la originalidad y la autenticidad, dos valores ligados a la "verdad," ni preceden ni producen imitación; más bien son derivaciones similares a las de un proceso de repetición y sustitución que es el mismo que funciona en el proceso de imitación.

—Analicen cómo, para cobrar significado por sí misma, la verdad utiliza la repetición. Vean cómo la repetición ocupa la presencia desde su origen y constitución. Determinen que lo que parece singular y único está duplicado desde su origen.

—Determinen cómo el significado y la verdad son inseparables del simbolismo. Cómo el significado y la verdad son efectos del mismo proceso de repetición, sustitución y diferenciación que caracterizan formas de simbolismo tales como la escritura, que es supuestamente externa a la "verdad."

—Determinen las formas de expresión relacionadas con la "verdad," argumentando que lo que dice el personaje está basado en algún código o materia significante, con lo que esto implica de imitación, sustitución y repetición (todas las características de la escritura que las sitúan fuera de la verdad interior).

—Hagan interpretaciones entre las diferencias de los personajes (entendidos como oposiciones entre la virtud y la maldad) e interpretaciones de "verdad" como por ejemplo la nobleza y la traición, o el bien y el mal.

—Describan cómo todas estas oposiciones pueden ser interpretadas como unas versiones de la misma cosa. Cómo la esencia de la virtud podría tomarse como una crueldad basada en la clase social. Cómo en el caso de nobleza / traición, el concepto de nobleza puede ser entendido como una traición en otros contextos sociales posibles. El bien se podría entender como una especie de mal.

—Hagan un tipo de análisis deconstructivista donde se podría suprimir el origen de la representación.

—Vean si existe en el texto un principio de autoridad encarnado en un personaje (un rey del antiguo régimen). Este principio de autoridad ha sido concebido por la metafísica como una esencia interna, mientras que el personaje que posee esta autoridad (el rey) quedaba relegado al segundo término. El razonamiento metafísico es que el concepto (autoridad) está en el origen, y el personaje es sólo una representación externa de este concepto puro.

–Observen que no existe el concepto de principio de autoridad como origen sin una posterior confirmación de un nivel de significación (el rey). Es decir, muestren que el poseedor de la autoridad (el rey) es el origen, que está antes del principio de autoridad (el concepto).

–Muestren que sólo a partir del poseedor se puede pensar en el concepto de principio de autoridad.

–Analicen cómo este principio de autoridad es una convención, una mera repetición de códigos, en vez de ser una esencia.

–Vean cómo la identidad esencial del personaje que encarna la autoridad viene del exterior o es proporcionada por significantes u otros marcadores textuales.

XI. Glosario

Esencia: Lo que constituye la naturaleza de las cosas, lo permanente e invariable de ellas. Lo más importante y característico de una cosa.

Estructura: Término utilizado de una manera muy particular por Jacques Derrida, quien sostuvo que dentro del pensamiento filosófico occidental suele ser centro o punto de referencia que estabiliza el discurso metafísico.

Fonocentrismo: Derrida utilizó este término para indicar que en el pensamiento occidental existe una tendencia a privilegiar el discurso oral (por estar más cercano al origen de su producción) que el escrito (considerado secundario). Por tanto, se le da más importancia al discurso oral sobre el escrito por considerarse más auténtico.

Inherente: Según el diccionario de la Real Academia Española: "Que por su naturaleza está de tal manera unido a otra cosa, que no se puede separar de ella."

Inmanente: Una característica es inmanente si es inherente a algún ser o va unido de un modo inseparable a su esencia.

Inteligible: Literalmente significa que se puede entender. En metafísica está relacionado con el conocimiento de los "conceptos puros."

Jacques Derrida: Los tres libros de Jacques Derrida del año 1967, *De la gramatología, La escritura y la diferencia* y *La voz y el fenómeno*, proporcionaron los mecanismos y conceptos cruciales de análisis para muchas de las críticas postestructuralistas llevadas a cabo por pensadores como Roland Barthes, Michel Foucault, Julia Kristeva y Jean Baudrillard.

Platón: Fue el primero en plantear el amor a la razón y la "verdad" contra todos los proveedores de la falsedad. A partir de él la filosofía occidental ha estado asentada en una tradición racionalista a través de la cual se busca la "verdad filosófica."

Racionalismo: Emmanuel Kant es el filósofo máximo representante del racionalismo. El racionalismo es una doctrina filosófica en la que el intelecto (la razón) es la fuente principal del conocimiento. Es decir, se llega al conocimiento sólo por medio de la razón, que ha de considerarse independiente de las facultades intuitivas o sensitivas del hombre y superior a ellas. Se opone al Empirismo que sostiene que se llega al conocimiento fundamentalmente por los sentidos.

Trascendencia: Lo que traspasa los límites de la ciencia experimental. Trascender en el sistema kantiano, sería todo aquello que va más allá de los límites de la experiencia posible, que puede separar de la cosa.

Bibliografía

Bacon, Francis. *The Advancement of Learning*. London: Dent, 1973.
Borges, Jorge Luis. "El etnógrafo." *Elogio de la sombra*. Buenos Aires: Emecé, 1969. 5–7.
Culler, Jonathan. *Sobre la deconstrucción*. Tr. Luis Cremades. Madrid: Cátedra, 1992.
Derrida, Jacques. *De la gramatología*. Tr. O. del Barco and C. Ceretti. Buenos Aires: Siglo XXI, 1971.
_____. *Dissemination*. Tr. Barbara Johnson. Chicago: University of Chicago Press, 1981.
_____. *La escritura y la diferencia*. Tr. Patricio Peñalver. Barcelona: Anthropos, 1989.
_____. *Márgenes de la filosofía*. Tr. Carmen González Marín. Madrid: Cátedra, 2010.
_____. "Plato's Pharmacy." *Dissemination*. Tr. Barbara Johnson. Chicago: University of Chicago Press, 1981. 61–171.
_____. *La voz y el fenómeno*. Tr. P. Peñalver. Valencia: Pre-textos, 1985.
Hartman, Geoffrey. *Saving the Text: Literature/Derrida/Philosophy*. Baltimore: John Hopkins University Press, 1981.
Kamuf, Peggy, ed. *A Derrida Reader: Between the Blinds*. Hemel Hempstead, UK: Harvester Wheatsheaf, 1991.
Norris, Christopher. *Deconstruction: Theory and Practice*. London: Routledge, 1991.
_____. *Derrida*. London: Fontana, 1987.
Peñalver, Patricio. *Deconstrucción*. Barcelona: Montesinos, 1990.
Perettri, Cristina. *Jacques Derrida: texto y deconstrucción*. Barcelona: Antropos, 1989.
Ramond, Charles. *Derrida: la deconstrucción*. Buenos Aires: Nueva Visión, 2009.

Capítulo IX

Teorías feministas

I. En este capítulo veremos

El feminismo / la teoría feminista / teóricas feministas de la primera ola: Virginia Woolf y Simone de Beauvoir / teóricas feministas de la segunda ola: Betty Friedan, Kate Millett y Elaine Showalter

II. Conceptos clave

Patriarcado / trascendencia / inmanencia / esencia / sexo / género / políticas sexuales / ginocrítica

III. Feminismo[1]

A lo largo de la historia ha existido una corriente misógina en la que la mujer ha sido percibida como un suplemento el hombre. En la introducción a su obra *Le deuxième sexe* (*El segundo sexo*, 1949), Simone de Beauvoir cita algunas de las ideas que sobre la mujer tenían algunos ilustres filósofos como Aristóteles o Santo Tomás. El primero afirma que "debemos considerar que el carácter de las mujeres padece de un defecto natural." El segundo sostiene que la mujer es un "hombre frustrado, un ser ocasional." Sigue diciendo Beauvoir que estas dos afirmaciones se simbolizan claramente en el *Génesis* donde el nacimiento de Eva se realiza a partir de un hueso de Adán: "la humanidad es macho, y el hombre define a la mujer no en sí, sino respecto a él" (Beauvoir, v. 1, 12).

En la década de los 1890s, la palabra "feminismo" entró en el uso común del inglés, aunque la lucha de las mujeres, conscientemente

---

1. La fuente principal de las secciones III–V es Selden et al. (ver Bibliografía: General).

organizada contra el patriarcado, data de siglos anteriores. En su dilatada historia, el feminismo fue y sigue siendo una resistencia al patriarcado (*) y una lucha reivindicativa por desterrar el papel subordinado de la mujer y así conseguir la igualdad entre los sexos.

IV. Teoría feminista

No siempre la teoría ha sido bien recibida por las feministas. El rechazo de la teoría de gran parte de las feministas se debe a que su origen y desarrollo posterior han sido esencialmente masculinos. Para estas feministas, la intelectualización del discurso académico aparta el verdadero objetivo del feminismo: la lucha directa en las calles. Las teóricas feministas, al principio, tampoco aceptaron el discurso académico masculino, por lo que intentaron desarrollar un discurso teórico femenino fuera de la órbita teórica masculina.

Más recientemente, gran parte de la teoría feminista ha hallado apoyo teórico en el pensamiento postestructuralista. Primero, mostrando cómo las oposiciones binarias han ayudado a la tradición cultural occidental a asentar la dominación masculina. Segundo, deconstruyendo la noción de "verdad" logocéntrica en esas mismas oposiciones binarias. Cuando las teóricas pudieron estructurar la asociación del hombre con la trascendencia (*), el pensamiento, la objetividad, y de las mujeres con la inmanencia (*), las emociones y la subjetividad, procedieron a la deconstrucción de estas y otras muchas oposiciones.

V. Teóricas feministas de la "primera ola"

El feminismo surgido en Estados Unidos y Gran Bretaña a lo largo del siglo XIX y principios del XX concentró su lucha en las reformas sociales, políticas y económicas. Los derechos de la mujer y el sufragio universal fueron dos de las demandas socio-políticas más importantes. En cuanto a las teóricas feministas, podemos decir que más que un discurso teórico, sus escritos fueron un reflejo de las demandas de las feministas.

Virginia Woolf (1882–1941)

Tanto en sus novelas como en sus ensayos, Virginia Woolf ya anunciaba muchos de los temas que más tarde desarrollaría la teoría literaria feminista. Sus principales aportaciones se encuentran en dos obras: *A*

Room of One's Own (*Un cuarto propio*) (1929) y *Three guineas* (*Tres guineas*) (1938).

En *Un cuarto propio*, Woolf explora la historia de la literatura escrita por mujeres y reflexiona sobre los obstáculos históricos y políticos, culturales y económicos a los que se enfrentaron las mujeres escritoras. Para Woolf, la falta de un lugar (una habitación propia) en donde la mujer pueda desarrollar sus aspiraciones literarias llega a ser uno de los obstáculos más importantes. Otro de sus argumentos incide en la idea de que las obras escritas por mujeres deberían explorar sus propias experiencias, dejando de lado cualquier comparación valorativa en relación con la experiencia de los hombres. A partir de las afirmaciones de Woolf, posteriores críticas literarias iniciaron sus investigaciones sobre una posible tradición de obras escritas por mujeres.

En *Tres guineas*, Woolf examina las desventajas materiales de las mujeres con respecto a los hombres. La formación académica de los hombres (vetada a las mujeres) les daba una ventaja material y, con ella, la posibilidad de mantener el dominio y control sobre las mujeres.

Además de las desventajas literarias y económicas de las mujeres, en ambas obras, Woolf ofrece una amplia serie de demandas, como una petición de ayudas para las madres, así como una reforma de las leyes del divorcio. Entre sus propuestas Woolf sugiere la creación de una universidad y un periódico exclusivamente para mujeres.

Simone de Beauvoir (1908-1986)

Toda su vida luchó a favor de los derechos de la mujer y por el derecho a la interrupción del embarazo. En su obra *El segundo sexo* (1949), de Beauvoir, al igual que Woolf, estableció muchos de los argumentos que hoy en día se siguen debatiendo en el feminismo. Una de sus aportaciones más importantes fue el rechazo total a cualquier noción de naturaleza o esencia (*) de la mujer. Esta afirmación queda perfectamente reflejada en su famosa frase: "No se nace mujer: llega a serlo" (Beauvoir, v. 2, 13). En su argumento, de Beauvoir hace una distinción entre sexo (*) y género (*). El sexo se refiere al aspecto biológico con el que todo ser humano nace, mientras que el género es una noción psicológica referido a la identidad sexual adquirida culturalmente.

De Beauvoir también argumenta que la mujer ha sido relegada a una relación asimétrica en relación al hombre: él es el "uno," ella el "Otro." Partiendo de estos dos conceptos del "uno" y el "Otro," de Beauvoir, acusó a la ideología machista de presentar al "Otro" (mujer) como inmanencia, y al "uno" (hombre) como trascendencia. En su análisis sobre inmanencia / trascendencia, dice de Beauvoir que uno de los grandes problemas que tiene la mujer para lograr salir de esa inmanencia es que la suposición de la mujer como "Otro" se ha internalizado por parte de las propias mujeres que lo han aceptado y normalizado. De Beauvoir afirma que esta interiorización hace que las mujeres sigan viviendo en un perpetuo estado de "inautenticidad." Por ello de Beauvoir propone la destrucción del patriarcado como única posibilidad para que las mujeres escapen de la definición a la que ha sido sometida.

VI. Teóricas feministas de la "segunda ola"

El feminismo y la crítica feminista de la "segunda ola" son en gran parte un producto de los movimientos liberacionistas en la década de los 1960s, que cristalizaron con protestas en favor de derechos civiles como los derechos de los homosexuales, la liberación de la mujer y "black power" y en contra de la Guerra de Vietnam.

Esta "segunda ola" de feminismo siguió compartiendo con la "primera ola" la lucha por los derechos de la mujer en todos los ámbitos. La "segunda ola" de teóricas feministas trasladaron su preocupación hacia la teorización de la "diferencia sexual" (como forma de opresión o como motivo de celebración). La mayoría de las discusiones sobre la diferencia sexual aparecieron inscritas en estudios como la biología, la experiencia, el discurso, el inconsciente y las condiciones económicas y sociales.

La biología. Los razonamientos que consideran fundamental la biología (sexo) y minimizan la socialización (género) han sido utilizados principalmente por los hombres para mantener a las mujeres relegadas a la esfera de lo privado. Basado en el "orden natural," el cuerpo de la mujer es el que determina su destino, y por extensión se ha construido una sociedad donde los roles sexuales se hallan repartidos entre hombres y mujeres. Gran parte de las teóricas rechazaron estos supuestos sobre los atributos biológicos. Sin embargo, otras celebraron estos atributos de la mujer como fuente de superioridad en vez de inferioridad, como había insistido el régimen patriarcal.

La experiencia. Algunas teóricas han reivindicado la experiencia de la mujer como origen de valores femeninos positivos en la vida y en el arte, sobre todo en la literatura y el cine. Su razonamiento es el siguiente: ya que sólo las mujeres han pasado por experiencias vitales específicamente femeninas (ovulación, menstruación o parto), sólo ellas pueden hablar de la vida de la mujer. Siguen argumentando que la experiencia de la mujer incluye una vida perceptiva y emocional diferente: las mujeres no ven las cosas del mismo modo que los hombres; poseen diferentes ideas y sentimientos acerca de lo que es importante y lo que no es.

El discurso. Algunas sociolingüistas, como Robin Lakoff, creen que el lenguaje femenino es inferior al masculino. El lenguaje femenino, dice Lakoff, contiene patrones de "debilidad" e "incertidumbre," se centra en lo "trivial" y en lo "frívolo" y hace hincapié solamente en las respuestas emocionales personales. El discurso masculino, sostiene esta autora, es "más fuerte" y debería ser adoptado por las mujeres si quieren lograr una igualdad social con los hombres. Por el contrario, lingüistas como Dale Spender, en su libro *Man Made Language* (*Lenguaje hecho por el hombre*), considera que el lenguaje dominado por el hombre ha oprimido fundamentalmente a las mujeres. Si consideramos la afirmación de Foucault que la "verdad" depende de quien controla el discurso, podemos asumir que la dominación masculina de los discursos ha encerrado a las mujeres dentro de una "verdad" masculina.

El inconsciente. Las teorías psicoanalíticas de Jacques Lacan han proporcionado un cuarto centro de atención. Algunas teóricas, como Julia Kristeva, han roto con el biologismo y asocian lo "femenino" con aquellos procesos psicológicos (procesos del inconsciente) que tienden a socavar la autoridad del discurso "masculino." Para estas teóricas lo "femenino" es aquello que anima o admite un juego libre de significados como en la poesía surrealista y evita lo "cerrado" como en la novela monológica. Los mismos procesos psicoanalíticos, aplicados a la sexualidad femenina, llevan a Kristeva a argumentar que la sexualidad de la mujer, como la poesía surrealista, es revolucionaria y subversiva.

La sociología. Virginia Woolf fue la primera crítica que incluyó una dimensión sociológica en la relación entre mujer escritora y producción literaria. La idea de Woolf sobre los obstáculos sociales y económicos a los que se enfrentaron las mujeres escritoras ha llevado a las feministas marxistas a relacionar estos mismos obstáculos con las transformaciones de poder entre el hombre y la mujer.

Betty Friedan (1921–2006)

La publicación de la obra *The Feminine Mystique* de Betty Friedan en 1963 marcó el principio de esta "segunda ola" de crítica feminista. En su libro, Friedan expone un amplio abanico de las frustrantes experiencias de las mujeres americanas, blancas, heterosexuales y de clase media, atrapadas en la vida doméstica y sin estudios.

Kate Millett (1934–2017)

En su obra *Sexual Politics* (1969), Millett definió las desigualdades sociales entre el hombre y la mujer. El argumento de Millett—que abarca historia, literatura, psicoanálisis, sociología y otros ámbitos—versa sobre el adoctrinamiento ideológico de la mujer. Desde el punto de vista psicológico, Millett argumenta que todo lo referente a la "feminidad" ha sido socialmente construido como "inherente" y "natural" a la psicología de la mujer. Desde un punto de vista sociológico, Millett argumenta que la aprendida "feminidad" sigue perpetuándose tanto por hombres como por mujeres.

Su libro fue un estudio pionero sobre la construcción de la sexualidad de la mujer en literatura y publicidad. Millett se centró en cómo las convenciones literarias sobre las relaciones sexuales entre el hombre y la mujer han sido moldeadas desde un punto de vista masculino. La aventura romántica, dice Millett, ha sido construida por unas convenciones que tienen una intencionalidad claramente "masculina." Según Millett, cuando el escritor hombre narra una experiencia amorosa entre un hombre y una mujer, nunca oímos la voz de ésta, siempre se impone la voz del macho sobre la mujer. Millett pone un ejemplo de la obra *Sexus* de Henry Miller, y dice que, en uno de sus pasajes, la mujer reflexiona sobre el acto de felación diciendo: me puse de rodillas y hundí mi cabeza en su rabo. Millett afirma que esta reflexión tiene el tono de un macho que, con vocabulario masculino, le cuenta a otro su hazaña sexual. Millett advierte de los peligros de la mujer lectora que ante un pasaje como éste la coacciona, inconscientemente, para que lea como un hombre.

La publicidad, según Millett, ofrece ejemplos, paralelos a la literatura, de exclusión de la mirada femenina. Millett pone como ejemplo un anuncio televisivo en donde se presenta a una mujer saliendo de la ducha tapándose seductoramente con una toalla. El acto de cubrimiento corporal con la toalla es retrasado de tal forma que el espectador puede ver parte del cuerpo desnudo. Toda la secuencia del cuerpo femenino mostrándose semidesnudo va dirigido a la libido del hombre y no a la de la mujer; de esta forma la mirada de la espectadora femenina queda excluida. Sin embargo, dice Millett, la espectadora puede actuar como cómplice de esta exclusión y ver desde la perspectiva de un hombre.

Elaine Showalter (1941–)

A principios de la década de los 1970s, aparecieron diversas obras que se centraron en el estudio de la producción literaria de mujeres. Una de las obras más influyentes sobre este tema fue *A Literature of Their Own* (*Una literatura propia*, 1977) de Elaine Showalter. Por su título podemos apreciar la deuda de Showalter con el libro *Un cuarto propio* de Virginia Woolf. En esta obra Showalter investiga la tradición literaria de algunas novelistas inglesas "ocultas en la historia" por la crítica masculina. Esta tradición de mujeres escritoras, dividida en tres fases, fue nombrada por Showalter con el término "ginocrítica." A la primera fase Showalter la llamó "femenina," y va de los años 1840 a 1880. Debido a la falta de acceso en el espacio público, la principal esfera temática de las obras de estas escritoras fue su inmediato círculo social y doméstico. Showalter sostiene que en esta fase las escritoras imitan e interiorizan los modelos estéticos masculinos dominantes ya que se sienten culpables del "egoísta" compromiso con su condición de escritoras. Por este motivo, aceptaron ciertas limitaciones en la expresión, evitando las groserías y la sensualidad escribiendo como "damas," dice Showalter. A la segunda fase la llamó "feminista" y abarca desde 1880 a 1920. En esta fase, las escritoras reflejaron en sus novelas algunas utopías separatistas como las que se vivían en las hermandades sufragistas. La tercera fase, llamada "de las amazonas," comienza a partir de 1920 hasta la década de los 1970s. En esta fase las escritoras desarrollaron la idea de una escritura que expresaba específicamente la experiencia de la mujer. Las novelas empezaron a reflejar, sin eufemismos, la experiencia sexual y psicológica de los personajes femeninos.

El auge y el éxito de la producción literaria femenina a partir de la década de los 1970s provocó que la crítica masculina comenzara a defenderse con afirmaciones tales como que la producción literaria de las mujeres sólo eran "profusiones amorfas." Ante esta y otras acusaciones, Showalter defendió la literatura feminista alegando que, aunque no exista una sexualidad o una imaginación femenina innata, sí existe, sin embargo, una profunda *diferencia* entre la literatura escrita por mujeres y la escrita por hombres. Según Showalter, lo que caracteriza a la forma de las obras producidas por mujeres es la construcción de frases elípticas y fragmentadas con el fin de expresar la empatía de la mujer con el margen.

VII. *Cuestionario*

Respondan a las siguientes preguntas:

1. ¿Qué quiere decir trascendencia? e ¿inmanencia?
2. ¿Cuáles son los contenidos de *Un cuarto propio*?
3. ¿Cuáles son los contenidos de *Tres guineas*?
4. ¿Qué quiso decir Simone de Beauvoir con la frase "No se nace mujer: llega a serlo"?
5. ¿Qué quiso decir Simone de Beauvoir con el "uno" y el "Otro"?

6. ¿Cómo ha sido utilizada la biología para mantener a las mujeres relegadas a la esfera de lo privado?
7. ¿Qué quisieron decir las teóricas que trabajaron con el psicoanálisis con "lo femenino evita lo cerrado como en la novela monológica"?
8. Según Kate Millett ¿cómo se ha adoctrinado ideológicamente a la mujer?
9. ¿Qué significa el término "ginocrítica"?
10. Según Showalter, ¿qué caracteriza a las obras producidas por mujeres?

VIII. Sugerencias para una interpretación feminista[2]

Imágenes representacionales

–Analicen si la mujer es tratada como artículo de intercambio entre hombres.

–Observen si se trata a la mujer como trampolín por el hombre para conseguir sus intereses. Generalmente, las mujeres como instrumentos para conseguir otro fin más alto están relacionadas con el idealismo.

–Detecten los estereotipos sobre las capacidades inferiores de la mujer.

–Observen si existe el reconocimiento de que la mujer posee capacidades que sobrepasan a las del hombre.

–Determinen si en algún momento el hombre teme a que la mujer, debido a sus capacidades, pueda ser más poderosa que él.

–Busquen comparaciones de la mujer con elementos negativos en la mitología tanto pagana como cristiana. Por ejemplo, Orfeo, el poeta cantor, asesinado por mujeres furiosas, se suele poner como ejemplo de violencia de las mujeres.

–Presten atención a las brujas, las locas, las histéricas y otros personajes femeninos en el margen ya que, generalmente, se compara a la mujer con lo que caracteriza a estos personajes.

–Busquen las posibles asociaciones de la mujer con las funciones corporales. Estas asociaciones tienen un fin denigratorio.

–Analicen la asociación de la mujer con animales, plantas y flores. Con estas asociaciones se crea la oposición civilización / naturaleza vista como impenetrable.

---

2. La fuente principal de la sección VIII es Ryan (ver Bibliografía: General).

–Busquen cómo, además de la naturaleza, el hombre percibe el mundo de la mujer como "impenetrable" y si relaciona esta impenetrabilidad en términos sexuales y violentos.

–Vean si se describen a la mujer como inaccesible o poco sociable. Suelen tener una función denigrante.

–Vean el tratamiento de la mujer vista como objeto de deseo pero que niegan el acceso al hombre. La mujer que no coopera con el sistema suele ser apartada socialmente.

–Consideren si la marginación impuesta a la mujer es representada a través de imágenes de violencia tanto física como psicológica.

–Fíjense si se representa a la mujer como un peligro que pueden destruir los valores ideales del hombre.

Nombres

–Presten atención a los nombres de los personajes tanto masculinos como femeninos. A veces son simbólicos. Los masculinos pueden sugerir un problema de los límites psicosexuales.

Símbolos

–Vean las posibles fronteras simbólicas entre el hombre y la mujer. Contrasten los paralelismos simbólicos. Fíjense en los símbolos acuáticos ya que generalmente suelen representar identidades difusas.

–Observen cómo se asocia la fluidez con lo femenino. Vean cómo la fluidez de algunos personajes femeninos puede representar un peligro para el hombre ya que no le permite asumir una posición segura.

–Precisen si el control de algo se puede interpretar como símbolo del dominio de la mujer.

Educación

–Establezcan si existe la imposibilidad o dificultad de acceso a la educación y las profesiones.

Trabajo

–Vean cómo la diferencia de los sexos determina la distribución supuestamente "natural" de la capacidad en el ámbito laboral.

–Contrasten la división sexual del trabajo: a la mujer se le ha asignado las tareas domésticas en oposición al trabajo público y racional.

Espacios

–Busquen los límites entre lo interno y lo externo, entre hombre y mujer.

–Contrasten los espacios masculinos con los femeninos. A la mujer se la suele situar en el espacio doméstico y privado, separado completamente del espacio público dominado por el hombre.

–Busquen el confinamiento de la mujer en los espacios interiores, normalmente en el interior del hogar, limitado por la barrera de las contraventanas cerradas.

–Presten atención a los espacios (pueden ser simbólicos) donde la mujer puede sentirse tranquila y libre.

–Vean si el hombre parece beneficiarse mayoritariamente de la forzada reclusión de la mujer. Consideren que, a veces, la unificada imagen de la docilidad femenina encerrada en la vida hogareña puede ser percibida por el hombre como algo peligroso que se esconde detrás de la máscara angelical.

Nacionalismos

–Contrasten los valores que proporcionan un sentido de identidad a la mujer de un país con los valores identitarios de otra mujer de diferente nacionalidad. Observen cómo los valores de esta última suelen ser condenados.

Espíritu / materia

–Consideren la identidad sin diferencias como elemento amenazador para el hombre. En el terreno de las oposiciones binarias encontramos diferencias como espíritu / materia.

–Observen las razones psicológicas por las que el cuerpo de la mujer provoca temor y rechazo en el hombre.

–Analicen si el hombre renuncia al cuerpo de la mujer y se inclina por una idealización de lo masculino. Por lo general, el cuerpo se conecta con el cambio, mientras que lo espiritual ofrece una estabilidad eterna.

–Determinen si se describe a la mujer en términos que enfatizan sus defectos corporales y su propensión hacia la decadencia. El ideal estético masculino se eleva sobre la contingencia de la existencia física, en la que el tiempo y el deterioro erosionan lo que antes fue bello (mujer).

–Presten atención a las oposiciones entre espíritu y materia.

—Vean si existe alguna consideración masculina hacia la mujer como idealización estética, como medio de contrarrestar la decadencia.

—Detecten si el acceso a las mujeres implica el acceso a la espiritualidad.

Dinero

—El dinero está relacionado con el mundo comercial que parece deshonroso en comparación con la idealización espiritual masculina. Fíjense si existe alguna analogía entre esta preocupación por el dinero y el cuerpo de la mujer.

—Vean si existe la desilusión, desde la perspectiva masculina, ante la "excesiva" preocupación por el dinero de algunas mujeres.

Identidades masculinas

—Consideren si existe una concentración en la amistad entre hombres (camaradería masculina) que excluya totalmente a las mujeres. Generalmente, esta camaradería excluyente proviene del miedo a que la mujer pueda destruir al hombre. De esta manera, esta relación cerrada entre hombres hace que el peligro femenino no puede entrometerse.

—No pasen por alto las diversas maneras de cómo los hombres se dan consejos sobre cómo tratar a las mujeres, o cómo las mujeres aconsejan a otras cómo deben comportarse con los hombres.

—Consideren cómo la identidad masculina suele estar construida isomorfamente, a través de una identificación con otro hombre más capaz y más poderoso.

—Vean si existe el modelo de identidad masculina representado por un espacio que limita y protege la "pureza" masculina. Un espacio que no esté contaminado (desde el punto de vista machista) por la identidad femenina, un espacio en el que no entre el cuerpo ni las emociones "incontroladas" de las mujeres.

—Establezcan si a la mujeres se la asocia con la pérdida de identidad. A veces esta pérdida se representa como la pérdida de los propios límites.

—Vean si para el hombre la intimidad con una mujer supone un peligro a que se produzca una apertura de su propia identidad. Y si esta apertura amenaza con la disolución de sus límites protectores.

—Presten atención a la mujer aficionada a algún tipo de relaciones que pueden perturbar los límites seguros de la identidad masculina.

—Observen si existe el miedo del hombre a la mujer "demasiado" amorosa. La energía corporal y los "excesos" emocionales pueden ser percibidos por el hombre como peligrosos y dañinos.

—Analicen la alegoría psicosexual de cómo la ascensión masculina hacia una posición de "hombría" (culturalmente autorizada) requiere la adquisición del poder de entrar en el cuerpo de la mujer.

Vocabulario

—No pasen por alto las palabras relacionadas con la guerra, por ejemplo "conquista."

Contrasten

—Contrasten las relaciones entre los dos géneros.

—Contrasten la mujer preocupadas en exceso por lo material con otra que represente lo sublime y espiritual.

—Contrasten el punto de vista masculino y femenino sobre la fluidez. Vean cómo esta fluidez es vista por los hombres como algo negativo en comparación con la mujer que suele verlo como una fuerza positiva. Determinen cómo la fuerza de la fluidez consiste en ser capaz de existir en relación con los demás, de renunciar a la seguridad del grupo, de apartarse de la identidad isomorfa que busca reflejos de sí misma y excluye las relaciones que están fuera de sus límites. Observen cómo una identidad fluida acepta las contingencias de la vida emocional y corporal, sin tener que huir al seguro refugio del idealismo, donde un límite salvaguarda la espiritualidad de la decadencia corporal y donde nunca nada envejece o cambia.

IX. Glosario

Esencia: Lo que constituye la naturaleza de las cosas, lo permanente e invariable de ellas. Lo más importante y característico de una cosa.

Género: Judith Butler define el género en oposición a conceptos como sexo y sexualidad. Para ella, el género describe características que una cultura dada entiende por masculinas y femeninas, dependiendo de las interacciones sociales y la asimilación de las normas. En este sentido, el género puede verse como una construcción cultural, no como algo que venga dado por la naturaleza.

Inmanencia: Una característica es inmanente si es inherente a algún ser o va unido de un modo inseparable a su esencia. Por ejemplo, la esencia femenina se ha construido con conceptos tales como falta de raciocinio, sentimiento maternal, proveedora de cuidados, relacionada con la naturaleza, fragilidad etc.

Patriarcado: Técnicamente, se refiere al gobierno de los hombres, tanto en la familia como en la sociedad en general. Inicialmente, este término era usado en antropología para designar la estructura familiar en la que el hombre de más edad (padre o abuelo) estaba en control de la vida familiar. En feminismo, este término se ha extendido para describir a toda la sociedad en la que el hombre está en control tanto de la familia como de los principales órganos de poder. Las sociedades patriarcales son inherentemente jerárquicas, que privilegia al hombre y subordina a la mujer por su género. El término "patriarcado," derivado de "patriarca," está referido a las relaciones de poder en las que los intereses de las mujeres están subordinados a los intereses del hombre. Estas relaciones de poder adquieren diferentes formas, desde la división sexual del trabajo y la organización social de procreación, hasta las normas de feminidad internalizadas en las cuales vivimos. El poder patriarcal reside en supuesta determinación social de la diferencia biológica.

Sexo: Término que se centra en el feminismo y los estudios de género. En particular aparece de forma predominante en la obra de Foucault y de Judith Butler. Esta última lo define en contraposición a conceptos como género y sexualidad. Para Butler el concepto de sexo funciona dentro de discursos que crean distinciones discutibles entre hombres y mujeres y que enfatizan las diferencias biológicas, los cromosomas, los rasgos hormonales, los órganos sexuales reproductores internos y externos. El término "sexualidad," según Butler, tiene que ver en cómo se categoriza a los individuos en relación a su orientación, elecciones y comportamientos sexuales, que a menudo se utilizan para definir lo que es propio o intrínsecamente masculino o femenino.

Trascendencia: Una característica es trascendente si va más allá de los límites de la experiencia posible.

Bibliografía

Abel, Elizabeth, ed. *Writing and Sexual Difference*. Chicago: University of Chicago Press, 1982.
Amorós, Celia. *Hacia una crítica de la razón patriarcal*. Barcelona: Antropos, 1991.
Beauvoir, Simone de. *El segundo sexo*. Tr. Pablo Palant. 2 vols. Buenos Aires: Siglo Veinte, 1989.
Bornay, Erika. *Las hijas de Lilith*. Madrid: Cátedra, 1990.
Butler, Judith. *Cuerpos que importan*. Tr. Alcira Bixio. Buenos Aires: Paidós, 2002.
_____. *Feminism and the Subversion of Identity*. New York: Routledge, 1990.
_____. *Lenguaje, poder e identidad*. Tr. Javier Sáez and Beatriz Preciado. Madrid: Síntesis, 2009.

IX. Teorías feministas

———. *Mecanismos psíquicos del poder: teorías sobre la sujeción*. Tr. Jacqueline Cruz. Madrid: Cátedra, 2001.
Ciplijauskaité, Biruté. *La novela femenina contemporánea (1970–1985) II*. Barcelona: Antropos, 1988.
Cornillon, S.K., ed. *Images of Woman in Fiction: Feminist Perspectives*. Bowling Green, OH: Bowling Green University Press, 1972.
Eagleton, Mary. *Feminist Literary Theory: A Reader*. Oxford: Basil Blackwell, 1997.
Ecker, Gisela, ed. *Estética feminista*. Tr. Paloma Villegas. Barcelona: Icaria, 1986.
Ellman, Mary. *Thinking About Women*. New York: Harcourt Brace Jovanovich, 1968.
Flax, Jane. *Psicoanálisis y feminismo. Pensamientos fragmentarios*. Tr. Carmen Martínez Gimeno. Madrid: Cátedra, 1990.
Friedan, Betty. *The Feminine Mystique*. New York: Norton, 2001.
Gilbert, Sandra M., and Susan Gubar. *La loca del desván*. Tr. Carmen Martínez Gimeno. Madrid: Cátedra, 1998.
———, and ———. *No Man's Land: The Place of the Woman Writer in the Twentieth Century*. New Haven: Yale University Press, 1988.
Humm, Maggie. *The Dictionary of Feminist Theory*. Hemel Hempstead, UK: Harvester Wheatsheaf, 1989.
———, ed. *Feminisms: A Reader*. Hemel Hempstead, UK: Harvester Wheatsheaf, 1989.
Jacobus, Mary. *Reading Women: Essays in Feminist Criticism*, London: Methuen, 1986.
———, ed. *Women Writing and Writing About Women*. London: Routledge, 1979.
Lernes, Gerda. *La creación del patriarcado*. Tr. Mónica Tusell. Barcelona: Crítica, 1990.
López García, Ángel, and Ricardo Morant. *Gramática femenina*. Madrid: Cátedra, 1991.
Millett, Kate. *Política sexual*. Tr. Ana María Bravo García. Madrid: Cátedra, 1995.
Moi, Toril, ed. *French Feminist Thought: A Reader*. Oxford: Basil Blackwell, 1987.
———. *Sexual, Textual Politics*. New York: Routledge, 2001.
Nichols C., Geraldine. *Des/cifrar la diferencia: Narrativa femenina de la España contemporánea*. Madrid: Siglo XXI, 1992.
Rodríguez Magda, Rosa María. *Femenino de fin de siglo: La seducción de la diferencia*. Barcelona: Antropos, 1994.
Sau, Victoria. *Diccionario ideológico feminista*. Barcelona: Icaria, 1990.
———. *El vacío de la maternidad*. Barcelona: Icaria, 2009.
Showalter, Elaine. *A Literature of Their Own*. Princeton: Princeton University Press, 1977.
Spender, Dale. *Man Made Language*. London: Routledge, 1980.
Tong, Rosemarie. *Feminist Thought*. Boulder, CO: Westview, 1998.
Woolf, Virginia. *Un cuarto propio*. Tr. Jorge Luis Borges. Madrid: Alianza, 2003.
———. *Three Guineas*. London: Hogarth, 1983.

Capítulo X

Postfeminismo: Julia Kristeva (1941–), Luce Irigaray (1930–), Hélène Cixous (1937–)

I. En este capítulo veremos

Diferencias entre postfeminismo y los feminismos de primera y segunda ola / Julia Kristeva: *La révolution du langage poétique* (*Revolución de la lengua poética*) / Luce Irigaray: *Spéculum de l'autre femme* (*El espéculo de la otra mujer*) / Hélène Cixous: "Le rire de la Méduse" ("La risa de la medusa")

II. Conceptos clave

Postfeminismo / falocentrismo / semiótico / *chora* / espéculo / mystérique

III. Postfeminismo

La lucha feminista y su teorización a través de la historia se han enmarcado en tres posiciones políticas y teóricas que podemos diferenciar de la siguiente manera:

Primera ola. En esta primera ola, las mujeres reivindicaron la igualdad de acceso al orden simbólico. Fue un proyecto racional de emancipación, originalmente inspirado por los ideales revolucionarios de la Ilustración, que encontró su formulación clásica en la reivindicación de

X. Postfeminismo

los derechos de la mujer (acceso a la educación, derecho de participación en la vida pública, derecho al voto y derecho a la propiedad).

Segunda ola. Representó el rechazo a un orden simbólico masculino en nombre de la diferencia sexual, contemplada como forma de opresión para algunas o como motivo de celebración para otras. Como ya hemos visto, en la mayoría de las discusiones sobre la diferencia sexual se concentraron en aspectos como la biología, la experiencia, el discurso, el inconsciente y las condiciones económicas y sociales.

Postfeminismo. Lo que hoy llamamos postfeminismo tuvo su origen en el feminismo francés. Fue el resultado de la revuelta estudiantil del Mayo del 68 en París, que casi consiguió doblegar a la democracia francesa. Los intelectuales franceses de izquierdas se llenaron de optimismo político, llegando a creer que el cambio era posible y que los intelectuales tenían un papel político importante que desempeñar. En este ambiente de luchas, se desarrolló el feminismo francés (también llamado postfeminismo) con un fuerte carácter intelectual. En su búsqueda de la destrucción de los estereotipos convencionales de las diferencias sexuales construidos por los hombres, el postfeminismo se centró en las teorías psicoanalíticas, así como en la especificidad del "lenguaje femenino." Dieron por sentado que tanto el psicoanálisis como el lenguaje propiciarían un camino para explorar el inconsciente y la literatura, ambos de vital importancia para el análisis de la opresión de la mujer en una sociedad machista.

Para el postfeminismo, sigue siendo políticamente esencial defender a las mujeres con el fin de contrarrestar la opresión machista a la que éstas son sometidas. Sin embargo, las postfeministas advierten que el modelo de lucha de la primera y segunda ola tiene un carácter demasiado esencialista, ya que no critica las categorías metafísicas establecidas por el machismo con el fin de mantener a las mujeres en el margen. Por este motivo el postfeminismo adoptó la noción deconstructivista derridiana del sujeto, especialmente su ataque a la certeza logocéntrica que construye categorías fijas de género. El objetivo del postfeminismo consistió en destruir la oposición entre la masculinidad y la feminidad, vistas como una creación machista para poder mantener a la mujer en el margen. Este punto de vista antiesencialista permitió a las postfeministas resistir todos los ataques biologistas de los defensores del "falocentrismo" (término que acuño Ernest Jones para referirse a la teoría de Freud sobre la envidia del pene).

Con anterioridad a Lacan, la teoría freudiana sobre la "envidia del pene" (la niña ve el pene del niño, se da cuenta de que ella no lo posee y se reconoce a sí misma como un ser incompleto que aspira a tener lo que la falta) fue atacada, especialmente por las feministas estadounidenses, por el carácter biológico-reduccionista con el que Freud describía la sexualidad femenina. Según Freud, la envidia del pene es universal en las mujeres y es responsable del "complejo de castración" que resulta de considerarse a sí mismas como hombres incompletos en vez de un sexo positivo por derecho propio. Las feministas reaccionaron cáusticamente contra la visión de la mujer como ser envidioso del pene, pasivo, narcisista y masoquista, una imagen que consideraban no como propia, sino producto de la comparación con la norma masculina.

Las teorías de Lacan también tuvieron algunas detractoras, como Jane Galop. La aplicación de las categorías lacanianas a la diferencia sexual, dice Galop, parece implicar ineludiblemente una subordinación de la sexualidad femenina. En primer lugar, critica la asimetría entre la castración del hombre y de la mujer. Según Lacan, el hombre, aunque acepta la Ley-del-Padre, acaba "castrado" al no conseguir la plenitud total prometida por el Falo, mientras que la mujer, antes del complejo de Edipo, ya está castrada por no ser un macho. En segundo lugar, cuestiona el complejo de Edipo ya que el paso de la niña por este complejo se encuentra menos perfilado. Según Galop, en el caso del niño constituye la amenaza de su desarrollo psicológico, por lo que acepta la Ley-del-Padre con la promesa de finalizar el proceso con una identidad "plena." En el caso de la mujer, como ya está "castrada," es difícil ver que es lo que reemplaza la castración, por eso se pregunta ¿qué obliga a la mujer la aceptación de la ley?

A pesar de las críticas a las teoría freudianas y lacanianas, gran parte de las teóricas feministas estadounidenses y francesas adoptaron el psicoanálisis y, en especial, la reelaboración de Lacan de las teorías de Freud sobre la formación del *yo* como ficción. La hostilidad hacia Freud sobre el papel del "pene" en su teoría fue superado cuando pudieron constatar que, para Lacan, no se trataba del órgano causante de envidia, sino del "Falo," símbolo del poder estructurador. Recordemos que Lacan elaboró todo un sistema teórico donde lo Real, lo Imaginario y lo Simbólico representaban las etapas de maduración de la psique humana. En la etapa del Imaginario, también llamada del espejo, el primer sentido del infante de sí mismo provenía del exterior, de un reflejo de la imagen. La identidad nacía de un mal reconocimiento, una falsa persuasión del *yo* que permanecerá con él por el resto de su vida. Esta identidad asumida en la fase imaginaria acabará su construcción en el orden Simbólico. Este orden se refiere al sistema de estructuras sociales preexistentes, en las que el infante nace: parentesco, rituales, roles de género y el mismo lenguaje. Únicamente aceptando las exclusiones impuestas por la Ley-del-Padre se puede acceder al orden Simbólico. El infante sólo podrá finalizar con la formación de su identidad aceptando la Ley-del-Padre: reconocimiento de la diferencia sexual o del deseo regulado. De esta forma, el infante podrá entrar en el espacio de género que se le ha asignado. Finalmente, el ingreso en el orden simbólico o el mundo social como un *yo* con "presencia plena" sólo será posible mediante el lenguaje. La obediencia a la ley del Falo ofrecía la promesa de presencia plena. Sin embargo, cuando el infante entra en el orden simbólico del lenguaje se produce una "división" como resultado de la sensación de pérdida del sujeto, cuando los significantes no cumplen la promesa de una presencia plena. Como consecuencia, tanto el hombre como la mujer (aunque de diferentes modos) carecen de la sexualidad integral simbolizada en el Falo. Los factores sociales y culturales, tales como los estereotipos sexuales, pueden acentuar o disminuir el impacto de esta "carencia" inconsciente, pero la carencia que promete suplir el Falo no podrá ser llenada nunca.

La crítica feminista a las teorías masculinas sobre la sexualidad de Freud y Lacan coinciden en que éstos sólo pudieron pensar en la mujer como imaginario negativo e incompleto (Freud), o como significante anclado en el imaginario, sin perspectiva de acceso al orden simbólico. De esta forma, la mujer queda excluida, expulsada para siempre como el "Otro," sin lenguaje, porque no puede escapar del orden Imaginario y pasar al orden Simbólico, como los varones. Sin embargo, paradójicamente, la marginación freudiana y lacaniana de la mujer hizo que el postfeminismo se enfocara en la conexión de la marginación de la mujer mediante el lenguaje, ya que según ellas es en el lenguaje donde se estructuran los estereotipos que las confinan en un simbolismo de mentiras.

IV. Algunas teóricas postfeministas

Julia Kristeva

Las ideas sobre la política feminista de Julia Kristeva reflejan un rechazo a una identidad esencialista (*) que define a la mujer "como una esencia: carencia, negatividad, ausencia de significado, irracionalidad, caos, oscuridad" (Moi 1998, 174). Todas estas características, que supuestamente forman la esencia de mujer como un ser "femenino," han sido ordenadas en un sistema de oposiciones binarias en las que sus contrarios, plenitud, positividad, presencia de significado, racionalidad, orden y claridad, han sido formulados como esencias del hombre que hacen de él un ser "masculino." Este sistema de oposiciones es el que ha permitido al sistema patriarcal situar a la mujer en el margen del orden Simbólico.

Kristeva se centró en ver la represión de lo femenino, no desde un punto esencialista, sino desde la posición del sujeto femenino en la frontera. Según Kristeva, "desde el punto de vista falocéntrico, las mujeres vienen a representar, pues, la frontera entre el hombre y el caos" (*ibíd.*, 174). La mujer es la frontera entendida como el margen, la extremidad, la orilla del centro, la línea divisoria entre lo interior y lo exterior, entre el orden Simbólico y el caos. Este posicionamiento del sujeto femenino como frontera divisoria hace que la mujer no esté situada completamente ni dentro ni fuera del orden Simbólico. La posición de la mujer entre dos partes de la frontera encierra una de las grandes contradicciones del patriarcado. La mujer, aunque desterrada del orden Simbólico, también participa de él. Por este motivo, dice Kristeva, la posición intermedia es la que ha hecho que el falocentrismo haya igualado a todas las mujeres o bien como "la Prostituta de Babilonia, [o bien] ... como a Vírgenes y Madre de Dios" (*ibíd.*). La Prostituta de Babilonia representaría el caótico exterior, mientras que la Madre de Dios representaría la parte incluida en el interior del orden Simbólico a la que se adoraría por su pureza. Moi acaba diciendo que "ninguna de estas posiciones corresponde a la auténtica verdad de la mujer, como los poderes machistas quisieran hacernos creer" (*ibíd.*), aunque el falocentrismo la ha posicionado mayormente en el caos del exterior, más allá del margen.

Lo semiótico y lo simbólico. Por su interpretación postestructuralista de Freud, la teoría de Lacan ha sido la fuente de inspiración más importante para Julia Kristeva. En su libro *La révolution du langage poétique* (*Revolución de la lengua poética*, 1974), Kristeva teoriza sobre la estructuración del sujeto femenino en relación al proceso de significación en el lenguaje. Como Lacan, Kristeva desarrolló un complejo análisis psicológico de las relaciones entre lo "Semiótico" (equivalente a lo Real lacaniano), y lo "Simbólico." Según Kristeva, lo Semiótico pertenece al orden de los sistemas heterogéneos, irracionales, "abiertos" y racionalmente inaceptables, que funcionan como un proceso de significación desorganizado. En una posición diametralmente opuesta, Kristeva argumenta que lo Simbólico pertenece al orden de los sistemas homogéneos, racionales, cerrados y racionalmente aceptados, que funcionan como un proceso de significación organizado. En su análisis Kristeva no desarrolla, como Lacan, las diferentes fases estructurales por las que pasa la niña antes de la adquisición identitaria. Kristeva se centra en el material semiótico como fuente de energía liberadora para la mujer, y lo explica de la siguiente manera. Desde su nacimiento, los seres humanos son un espacio a través del cual fluyen de modo rítmico los impulsos básicos físicos y psíquicos (oral, anal, fálico). Este gran volumen de impulsos acaba cristalizándose en el *chora* (*). Al principio en esta etapa pre-edípica, estos flujos de impulsos psicosomáticos (*chora*) están asociados con el cuerpo de la madre, especialmente el útero y el seno de la madre. Estas partes del cuerpo son, según Kristeva, los espacios pre-edípicos donde ocurre la primera experiencia del infante. El útero es comparado con el mar, donde el feto del infante se mueve libremente, mientras que el seno materno es descrito como un lugar que con su sensualidad envuelve al infante.

Para que ese material semiótico se convierta en simbólico (vinculado a la Ley-del-Padre que censura y reprime), debe ser estabilizado. La estabilización acontece durante la fase edípica con la amenaza de castración. Kristeva argumenta que la niña debe optar entre dos opciones. En la primera opción la niña se identificaría con el padre aceptando su Ley, mientras que en la segunda la madre sería el modelo con el cual se identificaría la niña. La aceptación de la Ley-del-Padre conlleva la represión del flujo semiótico o *chora* que a partir de ahora será regulado en la sintaxis y la racionalidad coherente y lógica del adulto, eliminando así los últimos restos que la niña tenía con el cuerpo de la madre. A pesar de ello, el *chora*, en forma de contradicciones, sinsentidos, rupturas y silencios, siempre acaba emergiendo desde el inconsciente y actuando sobre el lenguaje simbólico. Si, por el contrario, la identificación es con la madre, el material semiótico (el desordenado, irracional y abierto proceso de significación) logra interferir en el material simbólico (el ordenado, racional y cerrado proceso de significación), es decir, el chora se constituye como una fuerza desestabilizadora del lenguaje. Como podemos adivinar, Kristeva llama a las mujeres a abrazar este *chora* aún no reprimido que la llenará de energía liberadora.

Hasta aquí, parece que Kristeva ha caído en las trampas del esencialismo, ya que parece percibir a la mujer como una esencia pre-edípica cuyo acto revolucionario empezaría con el rechazo de la Ley-del-Padre y con la identificación con la madre. Sin embargo, Kristeva está, en cierta forma, "deconstruyendo" la dicotomía entre géneros, ya que incluye a lo masculino dentro de la marginación y no crea una nueva oposición invertida de sexismo. En primer lugar, Kristeva insiste en no dar definición alguna sobre la mujer, pero sí lo hace sobre la "feminidad" a la que percibe como todo aquello que está marginado por el orden simbólico, ya sea masculino o femenino. Este término más abierto le permite incluir a los hombres, ya que estos también suelen ser marginados por el mismo orden simbólico que margina a la mujer. En segundo lugar, Kristeva afirma que la madre encarna tanto lo femenino como lo masculino. La madre, dice Kristeva, no puede ser reducida a un referente de feminidad porque en la fase pre-edípica no se da esta oposición entre lo femenino y lo masculino.

La revolución social y la revolución feminista. Las palabras "revolución" y "lenguaje poético" que aparecen en el título de su libro *Revolución del lenguaje poético* no son una simple metáfora. Con estas palabras, Kristeva sugiere que tanto la revolución social en general como la revolución feminista en particular se deben hacer a través del lenguaje poético. Dice Kristeva que la modificación de los discursos machistas llevará a la transformación del orden Simbólico. Ahora bien ¿quién o quienes serán capaces de modificar los discursos machistas? Kristeva insiste en que sólo el lenguaje poético es capaz de trastornar el orden simbólico regido por la Ley-del-Padre. Kristeva afirma que el lenguaje poético es el único que puede poner en práctica (la lucha contra el orden Símbolico) lo que Freud teoriza sobre el inconsciente. Con la inclusión del término "inconsciente" en sus afirmaciones sobre poesía, Kristeva está hablando de la poesía vanguardista a la que considera como el "lugar privilegiado." Primero porque se encuentra suspendida entre los dos sistemas (Semiótico y Simbólico) y segundo porque la poesía vanguardista se abrió a los impulsos básicos de deseo que operan fuera de los sistemas "racionales." Kristeva argumenta que en el caso de la/el poeta, al dejar que las fuerzas de su inconsciente escapen a la represión simbólica, su lenguaje semiótico (mundo del inconsciente) consigue romper las estrictas defensas racionales en los cerrados procesos de significación simbólica. De esta manera, al utilizar las resonancias semióticas, el poeta se sitúa en una posición de rebeldía contra la Ley-del-Padre y en su lenguaje poético ya prefigura una revolución que, según Kristeva, posibilitará un cambio social radical, una transformación del orden simbólico que rige la ortodoxia de nuestras sociedades. Para ejemplificar este proceso revolucionario Kristeva utiliza una poderosa imagen. Según Kristeva la/el poeta vanguardista penetra en el Cuerpo-de-la-Madre y resiste la Ley-del-Padre. Así, cuando una/un poeta vanguardista subvierte las leyes de la sintaxis, subvierte la Ley-del-Padre y se identifica con la madre por medio de la recuperación del flujo semiótico "maternal." Finalmente, Kristeva sugiere que el movimiento feminista, al igual que el poeta vanguardista, debe potenciar la "fuerza espasmódica" del inconsciente (vinculado a la madre pre-edípica), para poder inventar una "forma de anarquismo" que se corresponda con "el discurso de vanguardia" y así poder llegar a la transformación sexual.

Las ideas de Kristeva han recibido fuertes críticas ya que en su libro no expone con claridad por qué es tan importante demostrar que ciertas prácticas literarias que rompen con las estructuras del lenguaje simbólico pueden también romper con la transformación sexual y el orden social patriarcal. El único argumento en el que se basa Kristeva sobre su teoría del cambio social a través del lenguaje es en la figura del sujeto lector/a. Dice Kristeva que los procesos primarios (tal como se describen en la versión lacaniana de la teoría de los sueños de Freud) expresados en la poesía vanguardista invadirán la ordenación racional del lenguaje y amenazarán con trastornar la unificada subjetividad lector. Consecuentemente, acaba diciendo Kristeva, este lector/a puede sufrir una "dispersión" radical de identidad y una pérdida de coherencia que le llevará a poder prefigurar las posibles rupturas de la sociedad.

Luce Irigaray

Spéculum de l'autre femme (*El espéculo de la otra mujer*) originalmente fue la tesis doctoral de Irigaray en 1974 que presentó en la Universidad de Paris VIII Vincennes (Francia). Este mismo año en que la tesis fue publicada, la universidad rompió las relaciones laborales con Irigaray y fue despedida de L'École Freudien de Lacan.

El término "espéculo" que aparece en el título del libro se refiere al instrumento que el ginecólogo usa para examinar la vagina y el cérvix. La palabra proviene del latín "speculum," que significa espejo. Irigaray juega con dos de sus significados: instrumento de examinación y espejo. El primero, el objeto que penetra y permite ver la vagina de la mujer, se ha interpretado como un símbolo acerca de la exploración del *ser* mujer desde el punto de vista de otra mujer. El segundo significado (espejo) permite a Irigaray analizar cómo gran parte de los teóricos masculinos (especialmente Freud) concibe a la mujer como un espejo en el que se ve reflejado. En esta mirada sobre sí mismo, el hombre, partiendo de la diferencia saussureana, empieza creando la oposición hombre / mujer, para, a continuación, definirse a sí mismo como lo que la mujer no es. De esta manera, el hombre puede explicar que la mujer es el reflejo negativo de su propio reflejo, es el "Otro" negativo del hombre. Es por esto que Irigaray afirma que el discurso masculino, que ha predominado en toda la filosofía occidental, ha justificado el emplazamiento de la mujer fuera de la representación y por tanto de otras estructuras sociales políticas y culturales.

El libro se divide en tres secciones. La primera consiste en una crítica contundente y a veces exasperada de las teorías de Freud sobre el desarrollo sexual de los niños y de la "feminidad," es decir, las propiedades de pensamiento, sentimiento y comportamiento que Freud atribuye a la mujer. A diferencia de otras feministas que rechazan la teoría freudiana por considerarla inútil o intrínsecamente reaccionaria, Irigaray, cuya profesión era la de psicoanalista especializada en el campo de la psicolingüística, analiza la teoría freudiana, pero criticando, detalladamente, algunas de sus implicaciones con respecto a la mujer. Irigaray afirma que Freud comete varios errores tanto en sus observaciones sobre el desarrollo sexual de los niños como en el concepto de "feminidad." La visión de Freud del desarrollo sexual de los niños es cuestionable ya que, según Irigaray, Freud basa toda su teoría en la visibilidad del órgano sexual masculino al que considera como una presencia, como la norma, mientras que los órganos sexuales femeninos los percibe como una ausencia o una negación de la norma masculina. Partiendo de estas premisas de presencia y ausencia, Freud desarrolla el concepto de "envidia del pene," según el cual las niñas, una vez descubren que los niños tienen pene, desean poseer uno, una "suposición [que] rige todo lo que [Freud] dice sobre la sexualidad femenina" (Irigaray, *Speculum*, 51; en esta sección sobre Irigaray la traducción es del autor). Irigaray desmantela esta idea de la envidia del pene sugiriendo que las pacientes femeninas de Freud no sienten ninguna envidia del pene. Lo que sucede, según Irigaray, es que durante las sesiones de psicoanálisis las mujeres asienten con un sí al sentimiento de envidia del pene, no porque tengan este sentimiento sino porque "lo que [la mujer] dice durante el análisis no se diferencia demasiado de lo que se espera que diga. Si no da la respuesta esperada [por Freud durante la sesión], ¿porqué se molestaría en acudir a esta?" (*ibíd.*, 56). En otras palabras, la declaración del sí a la envidia del pene responde a la manera inductiva en que Freud realizaba sus preguntas. La mujer, coaccionada por la inducción, se sentía que debía responder aquello que Freud esperaba de ella (decir que sí a la envidia del pene). Irigaray sugiere que, además del método de pregunta inductiva de Freud, la mujer se sentía con la obligación de no defraudar a una de las figuras más importantes entre la alta burguesía austríaca.

Irigaray señala que la visión de Freud sobre los roles sexuales tiene su base en su propia práctica entre la burguesía austríaca y se pregunta "¿puede su declaración extenderse a todas las sociedades y a todas las clases? En otras palabras ¿cuál es la infraestructura económica que gobierna la concepción de Freud en el rol de la mujer?" (*ibíd.*, 121). Irigaray pregunta por qué Freud basa toda su teoría en el principal órgano sexual masculino cuando las mujeres también tienen sus propios órganos sexuales y zonas erógenas ("Cuerpo, pechos, pubis, clítoris, labia, vulva, vagina, cérvix, útero" [*ibíd.*, 233]). Irigaray se pregunta por qué el clítoris aparece en las teorías de Freud sólo como el "equivalente al pene" (*ibíd.*, 30) o como "un órgano sexual pequeñito, ... un órgano casi invisible" (*ibíd.*, 49). La conclusión de Irigaray es que el falocentrismo de Freud, su mirada (figurativa) dentro del espejo de la mujer para verse solamente a sí mismo, previene a Freud de desarrollar una teoría adecuada del desarrollo sexual, ya sea del hombre o de la mujer. Irigaray finaliza diciendo que la función de la envidia del pene no es otra que la de alimentar el ego masculino. Es decir, la supuesta envidia del pene les da a los hombres la seguridad de que efectivamente lo tienen. El discurso de Freud, aunque revolucionario en muchos temas, cuando trata de la feminidad, dice Irigaray, no puede salir de la misoginia que ha permeado toda la tradición filosófica occidental.

La segunda sección incluye diez capítulos cortos. En ocho de ellos, Irigaray explora los malentendidos y la misoginia de un grupo de filósofos canónicos (Platón, Aristóteles, Plotino, Descartes, Kant, Hegel). En los dos restantes, trata de la subjetividad y la aparente imposibilidad de definir la feminidad en una sociedad patriarcal. El título del último capítulo, "L'incontournable volume," podría ser traducido como "el volumen imposible de perfilar." Aunque este capítulo es difícil de interpretar, parece que Irigaray quiere decir que nadie puede producir una teoría fidedigna sobre la "mujer" o la "feminidad," porque este tipo de teoría debería usar conceptos y lenguaje impuestos por el hombre para ser entendida por el hombre, que ve a la mujer solamente como reflejo de sí mismo. "La sexualidad de la mujer no puede ... estar inscrita *como tal* en ninguna teoría, excepto cuando se estandarice con los parámetros masculinos" (*ibíd.*, 233). O como Irigaray dice de una forma más metafórica: "El sujeto (masculino) recoge y sutura los trozos dispersos de la mercancía femenina (dispersados en silencio, en un parloteo trivial, o en la locura) y los convierte en monedas que tienen un valor establecido en el mercado" (*ibíd.*, 234).

Volviendo al principio de esta segunda sección, vemos cómo a través de un argumento sobre el misticismo cristiano, Irigaray presenta una alternativa a la *teoría* sobre "la mujer." El título de este capítulo, "La Mystérique," es un neologismo que combina los términos "místico" (*) e "histérica." Irigaray empieza diciendo "La mystérique: así es como podemos referirnos a lo que ... se denomina la lengua o discurso místico" (*ibíd.*, 191). La invisibilidad de la mujer de la esfera sexual lleva a Irigaray a pensar que ésta sólo podrá recuperar su visibilidad sexual por dos vías. La primera consistiría en la imitación del habla del hombre. Ahora bien, esta opción, según Irigaray, es peligrosa ya que podría llevar a la mujer a la histeria. (La interpretación freudiana de los síntomas de la mujer histérica está relacionado con el deseo de seducción de su propio padre.) Si bien la mujer histérica tendría la posibilidad de expresar algo de su propia identidad, seguiría encerrada en el modelo de habla masculino. La segunda vía sería aquella en que la mujer podría permanecer en silencio o murmurar cosas incomprensibles para el discurso masculino. Tanto el silencio como la desintegración del lenguaje aproximaría a la mujer a una posición mística. Irigaray sugiere que la mujer abandone el lenguaje producido desde la histeria y dirija sus energías hacia la producción del lenguaje místico ya que "es el único lugar de la historia occidental donde la mujer habla y actúa públicamente" (*ibíd.*, 191). Si el misticismo es el único lugar desde el que se ha permitido a la mujer hablar públicamente, parece evidente para Irigaray que éste es el único espacio en el que se le da la oportunidad de no sentirse invisible.

Ahora bien, en vez de *teorizar* acerca del discurso místico, como suelen hacer los teóricos masculinos, Irigaray crea una especie de narrativa de la experiencia del éxtasis como la que podemos encontrar en las figuras de Teresa de Ávila y Angela de Foligno, dejando ver con claridad que esta experiencia es una especie de orgasmo femenino (*ibíd.*, 198-99). La experiencia mística parece abrir un espacio en el que se puede representar el orgasmo femenino y así escapar de la no-representación de la sexualidad femenina impuesta por el machismo. El éxtasis se ha relacionado con la disolución del sujeto. En el caso de la mujer como ente místico, perdería todo sentido de ser subjetivo, o, lo que es lo mismo, el sujeto mujer quedaría disuelto en la objetividad. Esta disolución de la diferencia entre la mujer y su exterior supondría un llamamiento a las mujeres a ser un sujeto sexual, posibilidad que le ha sido negada por el discurso machista.

La tercera sección es una reflexión sobre el mito de la caverna de Platón (*), en el que Irigaray concibe la caverna como si fuera un útero metafórico.

Hélène Cixous

En su análisis sobre Hélene Cixous, Toril Moi dice que "uno de los conceptos más claros del análisis de Cixous es lo que podríamos llamar 'pensamiento binario machista'" (Moi 1998, 114). Efectivamente, Cixous rechaza toda teoría regulada por el sistema de oposiciones binarias que establecen jerarquías basadas en el "Otro" como suplemento negativo. En su argumento, Cixous confecciona una lista de oposiciones binarias y se pregunta dónde está la mujer. He aquí la lista: Actividad / Pasividad; Sol / Luna; Cultura / Naturaleza; Día / Noche; Padre / Madre; Cabeza / Corazón; Inteligible / Sensible; Logos / Pathos. Cuando Cixous relaciona cada uno de los términos de la oposición con la de hombre / mujer, muestra cómo estas oposiciones guardan una relación directa con un sistema de jerarquías y juicios de valor construidos por el patriarcado y que, sin justificación alguna, privilegia al primer grupo de conceptos y devalúa a los segundos. Como podemos ver en su lista, los términos "pasividad," "luna," "naturaleza," "noche" (*), "madre," "corazón," "sensible" y "pathos," relacionados con la identidad de la mujer, han servido para marginarla. Por el contrario, la identidad del hombre, construida como la norma, aparece representada por la actividad, el sol, la cultura, el día, el padre, la cabeza, lo inteligible y el logos.

Derrida ya criticaba esta lógica binaria en la que se ha sustentado todo el pensamiento occidental. Uno de los ejemplos que vimos, desde un punto de vista metafísico, en el capítulo dedicado a él era precisamente esta oposición binaria de hombre / mujer. El primer concepto, "hombre," es el privilegiado porque, como vimos, representa el mundo de la trascendencia y por lo tanto es más cercano a la "verdad" metafísica, mientras que el concepto "mujer" es el devaluado ya que es portador de inmanencia y, consecuentemente, alejado de la "verdad." Contraria al sistema deconstructivo derridiano, en el que se intentaba llegar a una igualdad simétrica entre el término privilegiado y el devaluado, Cixous introduce el término de *muerte*. Dice Cixous que para que uno de los términos de la oposición adquiera significado deberá "matar" al otro. Por ello, propone proclamar a la mujer como la actividad, el sol, la cultura, el día, el padre, la cabeza, lo inteligible y el logos.

Donde sí se acerca al pensamiento deconstruccionista es en la lucha por desmantelar el logocentrismo que sitúa el lenguaje masculino como el centro de toda suposición representacional de la mujer. Cixous plantea crear un lenguaje femenino en el que se destruyan todos los esquemas binarios machistas con que el pensamiento logocéntrico ha logrado silenciar a las mujeres. Para ello, Cixous sigue el concepto de *différance* de Derrida, que apelaba a la inestabilidad del signo lingüístico ya que en el sistema de la lengua los signos no tienen sentido por sí mismo, sino que el sentido les viene dado por las diferencias con los otros signos del sistema. Recordemos que la palabra "diferencia" proviene del término derridiano de *différance* en sus dos acepciones "diferencia" y "diferido." El primero, "diferencia," muestra cómo el signo adquiere su significación según el contexto en el que está inscrito. La repetición del signo en contextos distintos con significaciones distintas desliga al signo de todo centro de anclaje absoluto; es un significante que no tiene por qué estar vinculado siempre a un mismo significado. Puede ser repetido en contextos diferentes y adquirir un sentido distinto en cada uno de ellos. De modo que ya no puede hablarse de un significado estable para el significante, sino de un significado siempre *diferente*. El segundo término, "diferido," hace referencia a cómo los significados aplazan indefinidamente la significación. En el capítulo dedicado a Derrida, el ejemplo del niño que pide la definición de "libertad" y, no conforme con la explicación, sigue pidiendo más explicaciones en una sucesión interminable muestra claramente el aplazamiento del significado de forma indefinida.

Para Cixous, el lenguaje femenino debería enmarcarse en la *différance* derridiana y abandonar el pensamiento logocéntrico que, sin tener en cuenta la *différance*, parte de significados estables (tienen sentido por sí mismos) y trascendentales para poder explicar todos los demás. El lenguaje femenino debería apartarse de la limitación que impone toda oposición binaria establecida por la lógica logocentrista, debería ser imposible de sistematizar por el discurso regulador del sistema falocéntrico.

Siguiendo la idea de "deconstrucción" de oposiciones entre géneros iniciada por Kristeva, Cixous propone que lo importante de la escritura es el estilo, no el sexo del autor; con esta afirmación Cixous intenta liberarse de la oposición de autoría de masculino / femenino. Por ello nos advierte que el hecho de que una obra esté firmada con el nombre de una mujer no quiere decir que ésta sea necesariamente "femenina." Sucede que muchas veces las mujeres escritoras utilizan el estilo del hombre, con lo que, según Cixous, están defendiendo al patriarcado. Cixous invierte esta posición al decir que una obra firmada por un hombre puede perfectamente expresar la feminidad. Por lo tanto, el modo de escribir *bisexual* sería una forma de escribir de *mujeres*, aunque algunos hombres también puedan escribir de forma *bisexual*.

Otra de las ideas de Cixous es la del vínculo que se establece entre la literatura que expresa la feminidad (escrita por mujeres) y la madre. Cixous ve a la madre como el origen y la fuente de todas las voces que hablan en los textos producidos por mujeres. La voz de la mujer es la voz de la madre que se encuentra como una canción dirigida al bebé pre-edípico, una voz anterior a la Ley-del-Padre, anterior a la adquisición del lenguaje. La literatura de la mujer, dice Cixous, debe situarse en un espacio psicológico donde, como en lo Real de Lacan, desaparezcan todas las diferencias. Cixous da importancia a lo Imaginario lacaniano porque es un espacio donde no tiene cabida la sintaxis de significación racional del orden simbólico. Es un espacio donde la mujer escritora goza de total libertad para definirse a sí misma y al mundo que la rodea. Las mujeres y sólo ellas tienen esa posición privilegiada con la voz de la madre porque no ha creado, como los hombres, ningún mecanismo de defensa contra sus impulsos libidinosos. El hombre, ante la amenaza de castración, ha de aceptar su Ley, la mujer no, porque como dice Jane Galop, el hecho de que ya está "castrada" no le obliga aceptar ninguna Ley; por eso la escritura de mujer suele recurrir al espacio pre-edípico anterior a la Ley-del-Padre.

V. Cuestionario

Respondan a las siguientes preguntas:

1. En su búsqueda de la destrucción de los estereotipos ¿en qué se centró el postfeminismo?
2. El postfeminismo adoptó la noción deconstructivista derridiana del sujeto. ¿En qué consiste esta noción?
3. ¿Cómo cuestiona Jane Galop la lectura que Lacan hace del complejo de Edipo en las niñas?
4. ¿Qué quiso decir Kristeva con: "desde el punto de vista falocéntrico, las mujeres vienen a representar, pues, la frontera entre el hombre y el caos"?
5. ¿En qué se centra Kristeva en su análisis?
6. Según Kristeva ¿a través de qué medio debe hacerse la revolución social y la revolución feminista?
7. ¿Cuáles son los dos significados de la palabra "speculum"?
8. ¿Qué quiere decir "La Mystérique"?
9. En la lista de oposiciones binarias que hace Cixous ¿en qué términos está la mujer? ¿y el hombre?
10. ¿Cómo cree Cixous que deba ser el lenguaje femenino?

VI. Sugerencias para una interpretación postfeminista

Kristeva: lo semiótico y lo simbólico

—Observen si el cuerpo de la mujer aparece relacionado con lo semiótico y sus derivados como la energía física, el inconsciente, los instintos biológicos y el deseo libidinoso.

—Contrasten los flujos inarticulados de materia que están fragmentados (semióticos) con los que aparecen rígidamente ordenados y controlados por lo simbólico.

—Contrasten las formas de discurso que utilizan los personajes que hablan desde la razón y que sirven para ordenar el mundo en el que viven (semióticos) y los que aparecen originados desde el consciente (simbólicos).

—Contrasten todo aquello que resiste la conceptualización (semiótico) de la que depende de la articulación lógica (simbólico).

—Contrasten las posibles oposiciones entre las confusiones ilógicas de lo semiótico y el "orden de la ley" (simbólico).

–Vean todas las formas de discurso simbólico que para asegurar el orden inciden en las relaciones de autoridad y jerarquías.

–Detecten si algún personaje utiliza estas formas de discurso simbólico, pero que en algún momento se sitúa fuera del orden de la ley (semiótico).

–Deténganse en las posibles relaciones transgresoras de las mujeres.

–Vean si existe algún personaje cuyos parlamentos se apartan del simbólico y están más cercanos al semiótico, por ejemplo, los parlamentos de la locura.

–Presten atención a los personajes cuyos parlamentos muestran el poder del lenguaje connotativo para trastornar los conceptos de verdad y orden.

–Observen si, en los modelos simbólicos y ordenados del discurso en los que viven los personajes se aprecian algún tipo de liberación de los flujos semióticos del lenguaje.

–Determinen cualquier referencia al cuerpo de la madre. Vean si algún personaje se le relaciona con el cuerpo de ésta. Recuerden que según Kristeva el cuerpo de la madre debe colocarse fuera de la cultura patriarcal porque el contacto inicial del infante con el cuerpo y su inmersión en él representan una fluidez que está reñida con los límites que se necesitan para la base de la sociedad patriarcal. En dicha sociedad, el infante debe ser separado de la madre para asignarle una identidad masculina, una identidad que implica la adopción de una forma simbólica de discurso.

–Vean si el cuerpo de la madre produce algún problema en los modos de simbolismo patriarcal.

–Observen si la madre se describe como contraposición a la lógica social.

Kristeva: el lenguaje poético

–Vean cómo el lenguaje en un poema vanguardista es producto de la liberación de la represión simbólica.

Irigaray: el "espéculo"

–Analicen el símbolo del espéculo como el objeto necesario para la exploración de *ser* mujer desde el punto de vista de otra mujer.

–Analicen la obra de alguna escritora mística como Santa Teresa de Ávila desde el punto de vista de Irigaray.

Cixous: el pensamiento binario

–Analicen las jerarquías basadas en el "Otro" o suplemento negativo, tomado en consideración la crítica derridiana a este sistema de oposiciones binario.

–Determinen cómo ve Cixous el lenguaje femenino enmarcado en la *differánce* derridiana.

–Una de las imágenes más poderosas utilizadas por Cixous es el agua del útero materno donde el feto se siente protegido y seguro. Analicen cómo este y otros espacios acuáticos actúan como símbolos del sujeto que se siente libre de pasar de una posición a otra, o de fundirse oceánicamente con el mundo.

VII. Glosario

Caverna de Platón: En su obra *República* (siglo IV a.C.), Platón utiliza una metáfora para mostrar la diferencia entre lo que la gente cree que conoce y el conocimiento verdadero. En el mito, la gente permanece encadenada dentro de una cueva. Estos hombres y mujeres pueden ver las cosas sólo por medio de sombras proyectadas en el muro que tienen delante de ellos y creen que estas sombras son las cosas reales. En algún momento al ser desencadenados, se dan la vuelta y ven los objetos que eran proyectados. (Las sombras corresponden a la forma tradicional en la que nos han enseñado a ver el mundo.) Al principio no pueden aceptar que estos objetos sean la realidad porque siguen creyendo que las sombras son la única realidad. Más tarde, algunos de ellos pueden salir de la cueva y ver el mundo de arriba ("mundo inteligible"). Al principio, este grupo tampoco cree que ésta sea la realidad. La filosofía es la única forma que puede liberarlos de sus cadenas, sacarlos de la cueva y proveer el acceso a las Ideas o Formas (el mundo inteligible, reino del Ser, o lo que realmente es).

Constructivismo: Opuesto al esencialismo. Esta teoría defiende que la identidad viene determinada (o está "constituida") por los factores culturales en los que vive una persona. En el ámbito de la sexualidad, el constructivismo cree que no hay ningún tipo de conducta sexual en particular más natural que otro. A lo largo de la historia y en diferentes culturas se han observado distintas formas de sexualidad porque cada cultura construye sus propias formas de sexualidad. Las funciones sexuales varían de una civilización a otra porque no existen guiones predeterminados e innatos de la sexualidad humana. Son el resultado de las creencias éticas, morales y religiosas de una cultura, de sus tradiciones, su política y su sentido de la estética e incluso de factores como la geografía y el clima. Un ejemplo de conducta sexual construida socialmente sería la aceptación de que el hombre tenga varias esposas o una esposa y varias concubinas. Opuesto al constructivismo se encuentra el *esencialismo* que, como hemos visto, propone la existencia de una identidad sexual innata en el individuo. Esta identidad sexual es estable e inamovible y su vida erótica está dirigida de forma irremediable hacia el sexo opuesto, hacia el propio sexo o hacia los dos, cualquiera que sea el medio cultural. Los esencialistas consideran que la existencia simultánea de erotismo hacia el sexo opuesto y hacia el propio sexo a través del tiempo y las culturas es la prueba de que existe una cualidad esencial humana que hemos decidido llamar "orientación sexual."

Chora: Palabra proveniente del griego que significa espacio cerrado, matriz. A pesar de ser consciente de las contradicciones que supone teorizar con el concepto de *chora*, Kristeva se aventura y retoma este concepto que Platón ya había utilizado. Kristeva define al "chora" ni como un signo ni como una posición, sino: "una articulación totalmente provisional, esencialmente móvil y formada por los movimientos y sus fases efímeras…. No es ni un modelo ni una copia, es anterior a la figuración y, por tanto, a la especul(ariz)ación y sólo admite analogía con el ritmo vocal o cinético" (citado en Moi 1998, 169). Con "el ritmo vocal o cinético" (relativo al movimiento), Kristeva se está refiriendo a los "impulsos" experimentados por el infante en la fase pre-edípica y que se parecen a un lenguaje que todavía no ha sido ordenado como tal. Según Kristeva, la expresión hablada que más se aproxima al discurso semiótico es el "balbuceo" pre-edípico del infante. Este desorganizado flujo prelingüístico de balbuceo, movimientos, gestos, sonidos y ritmos constituye un basamento de material semiótico que permanecerá activo bajo la madura actuación lingüística del adulto.

Esencialismo: Es un modo de filosofía que determina cuál es la naturaleza del ser. Para ello distingue al ser entre dos tipos de propiedades: aquellas que son esenciales, innatas, estables e inamovibles al ser (a veces referidas como "esencias") y aquellas que son accidentales. Los esencialistas argumentan que los factores culturales pueden moldear la expresión de esta esencia personal pero no la construye. El esencialismo se opone al constructivismo (*).

Misticismo: Doctrina que enseña la comunicación directa del ser humano con Dios a través de la fe. Para llegar a la perfección del espíritu o unión con Dios, el místico cuenta con tres vías místicas. La primera o vía purgativa o purificación: En este primer estado el alma se limpia de las imperfecciones producidas por las pasiones desordenadas. Eso se logra con los sufrimientos, el arrepentimiento y la penitencia. La segunda o vía iluminativa: El alma ya purificada e iluminada empieza a conocer a Dios. La tercera o vía unitiva: Aquí el alma, purificada de toda impureza y libre de toda atadura humana, va hacia Dios uniéndose en un matrimonio místico cuyo punto culminante se encuentra en el éxtasis.

Noche: Freud sitúa la forma de pensar, sentir y actuar de la mujer en el "oscuro continente de la feminidad." El uso del simbolismo de la oscuridad para lo femenino es otra de las oposiciones binarias donde la luz actúa como símbolo de lo masculino. Según Irigaray, el uso del símbolo ya muestra una de las más antiguas tradiciones filosóficas "falocráticas." Como la diferencia visual entre la oscuridad, derivativa del misterio, y la luz, sugerencia de la claridad.

Teoría del inconsciente: Cuando Kristeva habla de la teoría del inconsciente, se está refiriendo a la "revolución" surrealista. El Surrealismo no sólo fue una renovación estética, sino que se ha considerado como una "revolución" integral. Las palabras del poeta surrealista francés Arthur Rimbaud definiría esta revolución como la necesidad de "transformar la vida." Para los surrealistas, la percepción que tenemos los humanos de la vida se reduce a la la cara más sombría de la realidad. Hay que conquistar la verdadera vida, decían los surrealistas, acceder a una realidad más alta, una súper-realidad (de ahí el nombre surrealismo) que se halla reprimida en el inconsciente de los hombres. Y aquí es donde aparecen las teorías de Freud que propugnaban la liberación total del individuo con la liberación de los impulsos reprimidos en el inconsciente como una condición de su adaptación a las convenciones morales impuestas por la sociedad.

Bibliografía

Cixous, Hélène. *The Kristeva Reader*. Ed. Toril Moi. Tr. Seán Hand et al. Oxford: Basil Blackwell, 1986.
_____. *La risa de la medusa*. Tr. Ana María Moix. Madrid: Antropos, 2001.
Grosz, Elizabeth. *Sexual Subversions: Three French Feminists*. Sydney, Australia: Allen & Unwin, 1989.
Irigaray, Luce. *Amo a ti*. Tr. Víctor Golstein. Buenos Aires: Icaria, 1994.
_____. *Le langage des déments*. The Hague: Mouton, 1973.
_____. *This Sex Which Is Not One*. Tr. Catherine Porter. Ithaca: Cornell University Press, 1985.
_____. *Speculum of the Other Woman*. Tr. Gillian C. Gill. Ithaca: Cornell University Press, 1985.
_____. *Yo, tú, nosotras*. Tr. Pepa Linares. Madrid: Cátedra, 1992.
Kristeva, Julia. *Desire in Language: A Semiotic Approach to Literature and Art*. Tr. Thomas Gora, Alice Jaardine and Leon S. Roudiez. New York: Columbia University Press, 1990.
_____. *Revolution in Poetic Language*. New York: Columbia, 1984.
Moi, Toril. *Teoría literaria feminista*. Tr. Amaia Bárcena. Madrid: Cátedra, 1988.
Oliver, Kelly. *Reading Kristeva*. Bloomington: Indiana University Press, 1993.

Capítulo XI

Teorías marxistas

I. En este capítulo veremos

El marxismo / dos acercamientos literarios: el realismo y el vanguardismo socialista

II. Conceptos clave

El materialismo histórico / la infraestructura / la superestructura / fuerza de producción / medios de producción / la dialéctica hegeliana / la dialéctica marxista / la plusvalía / las contradicciones internas del capitalismo / la ideología / el "fin de la historia" / la teoría del reflejo / el distanciamiento

III. El marxismo

El marxismo es una doctrina socialista basada principalmente en las ideas del filósofo y economista alemán Karl Marx (1818–83) que prioriza las condiciones de vida materiales a las ideas o creencias de los seres humanos. El marxismo aboga por la lucha de clases y la revolución, con el fin de acabar con la explotación económica del capitalismo y crear en su lugar un nuevo orden social: una sociedad sin clases. Marx formuló dos frases con las que se podrían resumir los principios básicos del marxismo: "Los filósofos no han hecho más que interpretar el mundo de diversas maneras; de lo que se trata ahora es de cambiarlo" y "no es la conciencia de los hombres lo que determina la realidad, sino la realidad social lo que determina su conciencia." A esta última frase se le ha llamado materialismo histórico.

El materialismo histórico. Como ya sabemos, la filosofía occidental ha mantenido la tesis de que existen unas ideas que son innatas, trascendentales y universales. Con estas ideas hemos construido nuestros sistemas políticos legales, económicos, culturales y religiosos. Por este motivo las ideas filosóficas han sido consideradas como guías incuestionables del comportamiento de la vida humana. Marx insiste en dar primacía a las condiciones de vida materiales en vez de las ideas en la vida de los seres humanos. Para el marxismo, las ideas no son innatas, trascendentales o universales, sino que nacen en unas circunstancias materiales específicas (la economía) de cada época histórica. Son estas circunstancias materiales las que condicionan la forma de pensar de la gente, las que determinan toda la vida político-social y cultural de la sociedad (las relaciones sociales y el modo en que la gente concibe su existencia individual y colectiva). Es decir, la conciencia tanto individual como social viene dictada por la economía (materialismo histórico).

La metáfora arquitectónica. El materialismo histórico, o la formulación de que todos los sistemas mentales (ideológicos) son productos de la existencia económica, es descrita por Marx en términos de metáfora arquitectónica. Marx llama "infraestructura" a las relaciones socioeconómicas (relaciones de producción) y "superestructura" a todo lo que hemos construido a través del pensamiento, que "no son sino el conjunto de representaciones (ideas, imágenes, símbolos, mitos, etc.) y valores de la sociedad" en un período histórico determinado (Tejedor, 371). Las realidades de esta superestructura no son realidades independientes, sino que son inseparables de las relaciones socio-económicas específicas (infraestructura) que en última instancia han determinado las condiciones de vida de los seres humanos a través de la historia desde la esclavitud, pasando por el feudalismo y la sociedad mercantil hasta el capitalismo.

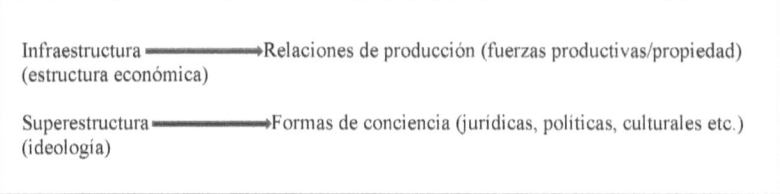

La dialéctica hegeliana. Según el filósofo Georg Wilhelm Friedrich Hegel (1770–1831), en todo pensamiento hay una contradicción latente. Es decir, una idea provoca inevitablemente su opuesta. Por ejemplo (*), la idea de "ser" (tesis) implica la idea de "nada" (antítesis). Estos dos opuestos, la tesis y su antítesis, se combinan para formar la síntesis (llegar a ser). Esta síntesis pasa a ser una nueva tesis, que a su vez produce su propia antítesis, y así sucesivamente hasta llegar a la síntesis de una verdad. Hegel considera la mente humana (la conciencia del sujeto) como la tesis, cuya antítesis sería esta conciencia como objeto de estudio. Según Hegel, con su estudio, la mente humana progresaría constantemente hacia un nivel más alto de autoconciencia o conocimiento real que sería la síntesis. Lo inadecuado de una forma de conciencia se transforma en otra inadecuación, una y otra vez, hasta llegar al nivel más alto al que la conciencia podría llegar. Esta forma de resolver las contradicciones en nuestra forma de pensar se llama "dialéctica." Según Hegel, el sistema dialéctico comprende, además de las ideas, toda la historia y todos los fenómenos. Con su práctica, se podría llegar al nivel del Espíritu Absoluto (la versión hegeliana de Dios en la tradición judeo-cristiana), la mente impersonal que es a la vez el sujeto y el objeto de pensamiento. Para Hegel y sus seguidores, este Espíritu Absoluto es el origen de todo, incluso el mundo material y sus contenidos.

La dialéctica marxista. El desarrollo de la producción a través de la historia no sigue una progresión lineal y clara, ni se produce al azar o de forma caótica. Se trata, según Marx, de un desarrollo dialéctico en el que cada organización social ha ido engendrando y resolviendo sus propias contradicciones. Como podemos ver, Marx sustituyó la base idealista hegeliana por un sentido materialista donde la existencia material es la que determina la esencia espiritual (la conciencia) y no al revés. De esta forma la tesis, la antítesis y la síntesis hegelianas basadas en las contradicciones de las ideas pasaron a ser una lucha entre contradicciones materiales. De estas contradicciones, dice Marx, han ido surgiendo las diferentes síntesis, que a través del tiempo se han concretado en nuevas estructuras sociales. En otras palabras, el progreso histórico siempre ha avanzado de manera dialéctica, es decir, cada fase en la historia ha desarrollado sus propias contradicciones. Las síntesis desarrolladas de forma progresiva han provocado que cada sociedad sea diferente a la anterior.

La lucha de clases. Según Marx, "la existencia de las clases está vinculada a fases particulares, históricas, del desarrollo de la producción" (Tejedor, 363). Marx observó cómo, en cada momento histórico, las contradicciones de ese momento daban lugar a un continuo antagonismo entre opresor y oprimido. Este antagonismo se iba materializando en una lucha de clases que siempre terminaba con la aparición de un nuevo sistema social. Marx dice que en las sociedades esclavistas la clase de los esclavos luchó contra los hombres libres. Más tarde, los plebeyos romanos lucharon contra los patricios. Durante el feudalismo,

XI. Teorías marxistas

los siervos lucharon contra sus señores. Con la aparición de la sociedad mercantil, la superproducción agrícola produjo excedentes, el comercio se desarrolló y con el comercio llegó una nueva clase social, mercaderes que acumularon riqueza, construyeron ciudades y desarrollaron estructuras políticas y sociales más apropiadas a su manera de hacer negocios y a su nueva manera de pensar, basándose en ideales de libre comercio y libertades individuales, ideas totalmente opuestas a los valores de obediencia y lealtad de la anterior sociedad feudal. Finalmente, bajo el capitalismo se desarrollaron nuevas relaciones de producción entre la fuerza de producción (la clase trabajadora vendiendo su trabajo a la clase empresarial) y los medios de producción (como por ejemplo, la inversión en maquinaria por el capitalista).

Según Marx, el capitalismo es básicamente injusto ya que se asienta en la explotación de los trabajadores por el capitalista que posee los medios de producción. Un gran número de trabajadores realiza la labor de producción mientras que un pequeño grupo de propietarios cosecha los beneficios y acumula riqueza. Los propietarios consiguen sus beneficios por medio de lo que Marx llama la *plusvalía*. Una bala de algodón entra por la puerta de la fábrica y sale como prenda de vestir para ser vendida a un precio más alto. El trabajador de la fábrica ha añadido valor a la mercancía, pero no se le paga todo el valor que ha añadido; en realidad, se le paga un salario de subsistencia, o poco más. El propietario de la fábrica se queda con la plusvalía como beneficio (diferencia entre el valor del trabajo del obrero y el valor de lo que produce). En esto, según Marx, consiste la explotación.

Marx creía que una relación más justa entre las fuerzas de producción y los medios de producción se podría conseguir con lo que él llamó el "valor del trabajo." Marx explica ese valor del trabajo de la siguiente manera: el valor *real* de un producto depende de dos factores, primero la cantidad de trabajo en su elaboración y segundo, si se tiene en cuenta la maquinaria, la cantidad de trabajo necesaria para producir la maquinaria utilizada en esta elaboración. Al trabajador se le pagaría lo proporcionalmente acordado según el valor *real* o valor añadido por este al producto, no un sueldo de subsistencia.

Esta teoría tiene todo el aspecto de ser justa. Desafortunadamente, está reñida con las circunstancias en las que se aplica, es decir, el mercado libre. Es muy probable que la cantidad de trabajo empleado para fabricar un artículo afecte su precio. Uno espera que un coche cueste más que un plato de arroz; pero en el mercado libre el árbitro final es el propio mercado. La oferta y la demanda siempre predominarán sobre el coste laboral. En tiempos de hambruna, por ejemplo, un plato de arroz se puede vender por más dinero que un coche. El capitalista, en el momento de decidir el salario de sus trabajadores, no sabe lo que el mercado va a pagar por el producto. El precio de venta está en el futuro. Consecuentemente, el capitalista desconoce el valor del trabajo. Debido a la inflación, tampoco sabe el valor de la maquinaria. Lo único que sabe es lo que pagó cuando la compró. Así pues, el capitalista no tiene (no puede tener) la información (del valor del trabajo o del valor de la maquinaria) que necesitaría para poder calcular un sueldo justo.

Algunas de las contradicciones internas del capitalismo. El capitalismo es simplemente una fase más en este inevitable progreso histórico que, como otros sistemas, también ha generado sus propias contradicciones internas. Un ejemplo de contradicción interna sería aquel que contempla cómo el mercado libre ha conducido a un aumento de la competencia. Con el fin de incrementar la eficiencia y los beneficios de sus negocios, el capitalista burgués ha invertido en maquinaria (medios de producción). Los pequeños negocios que no pueden permitirse una inversión de capital semejante siguen desapareciendo. Esta competencia intensificada ha hecho que empresas cada vez más grandes dominen el mercado, hasta que se acaba estableciendo un monopolio. En términos de contradicciones, podríamos decir que ha sido la competencia la que ha generado la contradicción entre monopolio y el libre mercado. Es decir, difícilmente puede existir un mercado libre si el mismo sistema capitalista que se enorgullece de ello origina el monopolio.

Otra nueva contradicción sería aquella que deriva de la relación entre los medios de producción y el consumo. La introducción de maquinaria ha significado un desempleo creciente. Esto ha hecho que los beneficios del capitalista disminuyan, pues los desempleados no tienen salarios que gastar en el número mayor de mercancía producidas por la mayor eficiencia de las máquinas. He aquí el panorama de la contradicción: cuantas más mercancías, menos consumo; cuanto menos consumo, más mercados en declive; cuantos más mercados en declive, menos beneficios para el capitalista.

Una tercera contradicción sería aquella que relacionaría el empleo y los beneficios. Supongamos que hay una abundancia de producción con resultado de pleno empleo. De acuerdo con la ley de la oferta y la demanda, la empresa tendría que aumentar el salario a los trabajadores ya que no existe una reserva de parados a los que recurrir para que trabajen con salarios más bajos. De esta forma los salarios más altos irían en detrimento de los beneficios. La contradicción entre el pleno empleo y la reducción de beneficios acabarían, como en la contradicción anterior, menguando los beneficios del capitalista. Las consecuencias de estas contradicciones internas, según el marxismo, serán una serie de crisis recurrentes, cada vez más profundas, que con el tiempo conducirán a la crisis final que traerá consigo el colapso del sistema capitalista.

La ideología. En el contexto marxista el concepto de ideología no se refiere a una toma de posición política consciente por parte del sujeto, sino a todos los sistemas representacionales (políticos, sociales, jurídicos, estéticos y religiosos) que dan forma a la imagen mental que el individuo tiene con la experiencia vivida. Es a través de esta imagen mental que el sujeto da sentido al mundo que le rodea. Por ejemplo, en los sistemas representacionales capitalistas se ha construido un concepto de "libertad," que propaga la idea de que todos los hombres son libres, incluyendo a los trabajadores explotados. Según el marxismo, la ideología deforma o enmascara nuestra relación real con el mundo. Oculta la realidad para justificar las desigualdades sociales producidas por las relaciones económicas capitalistas de explotación. Aquellos que poseen el poder económico, para proteger sus intereses, deben, por fuerza, legitimar su propio sistema. Para ello, se valen de diferentes representaciones para hacer ver que sus propios intereses son justos y necesarios para el bien común. Los trabajadores, a través de estas representaciones, internalizan que una organización socio-económica capitalista, aunque caracterizada por la desigualdad, sea concebida como justa y conveniente para todos. Es decir, el trabajador explotado acepta el sistema ideológico de la burguesía capitalista como si fuera un sistema natural. De este modo, los intereses de la clase dominante se ven protegidos. Además, estas ideas son representadas como si fueran ideas racionales y universalmente válidas. Para ello persuaden al resto de la sociedad que la organización del mundo es justa, razonable y natural. De esta forma, este orden económico, que en su contexto histórico es provisional y particular, aparece como universal y absoluto.

He aquí dos ejemplos de ideología en dos momentos históricos diferentes. En tiempos feudales, la ideología era sustentada por la idea de que había un orden natural, teológicamente ordenado, de rangos que prescribían las clases sociales. La nobleza dirigente provenía de un orden genético más alto que los simples plebeyos, cuya conducta servil en esta vida sería recompensada tras la muerte. Hoy en día, en los sistemas capitalistas, la ideología se basa en la creencia de que los seres humanos son individuos libres en vez de sujetos sociales, y como individuos se esfuerzan libremente por conseguir el éxito en una economía abierta. Según esta ideología, aquellos que triunfan lo consiguen, no porque su posición social inicial determine su éxito, sino porque su talento les lleva hasta un merecido triunfo. Aquellos que fracasan no son víctimas de las presiones del sistema que asigna recompensas a los que están bien situados, simplemente no se merecían el triunfo.

El "fin de la historia." Marx estaba convencido que el sistema productivo capitalista, a causa de sus contradicciones internas, llegaría inevitablemente al colapso. El conflicto, según Marx, estallaría cuando el desarrollo de las fuerzas productivas no encontrara un marco adecuado en las relaciones de producción. La inestabilidad entre fuerza y medios de producción derivaría en una fase de revolución social en la que el proletariado se apropiaría de los medios de producción. No obstante, esta lucha de clases entre la fuerza de producción y los medios de producción era, para Marx, sólo el primer estadio; la "prehistoria de la sociedad" lo llama Marx. A esta "prehistoria" le seguiría la "dictadura del proletariado," el establecimiento de una sociedad comunista que finalmente aboliría la "contradicción latente" entre explotador y explotado. Sería como un gran salto hacia adelante en una síntesis hacia una nueva estructura social, sin diferencias de clases, a la que se denominó "comunismo." La utopía comunista abogaba por una organización social más justa. Para ello, sería del todo necesaria la intervención gubernamental. Marx creía que, bajo el comunismo, se podía llegar a una justa redistribución de la riqueza y con ello finalizarían las relaciones basadas en las diferencias de clase. Se aboliría el dinero y cada uno recibiría un salario de acuerdo a sus necesidades. El estado controlaría la propiedad privada (el capital). Con el control del capital se podría eliminar todas las alienaciones y el hombre recuperaría su humanidad ya que el sentido de "poseer" desaparecería. De esta forma, el hombre podría liberar todos sus sentidos físicos y espirituales y podría relacionarse con las cosas "por amor a las cosas," y no simplemente por tenerlas. Se potenciaría la realización personal del hombre que podría mostrar sus verdaderas cualidades y construir un mundo basado no en la competición sino en la cooperación. A esta utopía comunista le seguiría, finalmente, lo que Marx llamó el "fin de la historia."

IV. Dos acercamientos literarios: El realismo y el vanguardismo socialista

Después de la revolución rusa de 1917, el propósito político del marxismo fue desenmascarar la ideología utilizada por el sistema capitalista. En esta empresa, el arte cumplió un papel de suma importancia, aunque no todo el arte estuvo dispuesto a cooperar con el proyecto marxista. Dentro del marxismo, hubieron dos forma de entender el arte. La primera, el realismo socialista (*), consideraba que el arte debía estar completamente implicado en el objetivo político marxista. La segunda, el vanguardismo socialista, consideraba que el arte debía distanciarse del realismo socialista y por tanto de la política marxista, y acercarse a las vanguardias que en aquellos momentos se estaban desarrollando en el resto de Europa. El primer tipo de arte interactuaba, especialmente, con la base económica o infraestructura. Era un arte verdaderamente "popular" que alimentaba el espíritu de las sociedades marxistas, un arte accesible a las masas que restauraba la integridad perdida de su ser. El segundo tipo, el vanguardismo socialista, fue percibido por los defensores del realismo socialista como un arte que enfatizaba en demasía una estética humanista basada en el idealismo y la libertad del individuo. Los dos tipos de aproximaciones artísticas fueron duramente criticadas por sus respectivos contrarios. El realismo socialista fue criticado por el vanguardismo porque lo consideraba estrecho de miras y al servicio de la propaganda oficial del estado. El vanguardismo fue criticado por los defensores del realismo socialista porque lo consideraba como un arte decadente y legitimador de la ideología capitalista.

György Lukács (1885–1971)

Teórico húngaro marxista, fue el máximo representante del arte oficialista del mundo soviético. Lukács, conocido por su "teoría del espejo" o "del reflejo," insiste en que la literatura tiene que actuar como un espejo donde la realidad social debe ser reflejada de una manera auténtica y completa. En su obra *Die Gegenwartsbedeutung des kritischen Realismus* (*El significado del realismo contemporáneo*, 1958), Lukács aconseja a los escritores marxistas a seguir el modelo del realismo decimonónico, ya que lo consideraba como precursor del realismo social, puesto que representaba la realidad social como una evolución en el tiempo.

En este libro, Lukács condena la literatura vanguardista por su falta de compromiso con la acción política y por presentar un cuadro "distorsionado de la realidad." Obras como *Ulises* (1922) de James Joyce, *El castillo* (1926) de Franz Kafka, *Esperando a Godot* (1952) de Samuel Beckett y *El sonido y la furia* (1929) de William Faulkner las consideraba como inaceptable en la *forma* y reaccionarias en su *contenido*. Estos escritores, afirma Lukács, se interesan más por la experimentación formal (capítulos inconexos, fragmentación argumental, fluir de la conciencia) que por la presentación de la realidad en forma comprensible para el lector. Lukács critica este virtuosismo formal ya que, contrario a la claridad de ideas promulgado por el realismo socialista, creaba en el lector un estado de confusión. Los temas tratados por los escritores vanguardistas tampoco comunicaban el mensaje deseado por la ortodoxia marxista. El exacerbado individualismo de los personajes, su sórdida existencia, así como su visión pesimista y angustiada del mundo hacía que éstos no lograran proyectar ningún tipo de lucha social, tema imprescindible, impuesto desde el estado. En la obra de Joyce, dice Lukács, lo importante, la lucha social en ese momento histórico, se diluye en favor de una pequeña historia, un día en la vida de de Leopold Bloom.

Bertolt Brecht (1898–1956)

Dramaturgo y teórico alemán, Bertolt Brecht fue el máximo representante del vanguardismo socialista. Brecht define su teatro por el papel que éste desempeña en la vida de los hombres. Brecht decía que el dramaturgo debía presentar en el drama sólo aquellas ideas que pudieran ayudar a cambiar el mundo; por eso se dice que la estética de Brecht es una estética ética. Según Brecht, había que sacudir al público, sacarlo de la pasividad complaciente y conseguir su compromiso político. Su idea era que la obra de teatro debía ser presentada no atendiendo a las expectativas del espectador, sino de forma sorprendente, de forma que la comodidad de su butaca le resultara del todo incómoda. Las injusticias sociales, el desempleo provocado por el capitalismo salvaje y los intereses económicos provocadores de la guerra no podían seguir denunciándose en los formatos tradicionales con la implícita inevitabilidad, sino como auténticos revulsivos de la explotación humana.

Para conseguir su objetivo, Brecht, inspirado en el concepto de extrañamiento de los formalistas rusos, creó una técnica que llamó "*distanciamiento*" que consiste en lo contrario al sentimiento de *empatía* aristotélico (*). Con el *distanciamiento* Brecht intentaba crear una separación emocional entre la acción dramática, los personajes y el espectador. Según Brecht, la ruptura del *distanciamiento sentimental* era la condición necesaria para que se produjera un *acercamiento intelectual* a las ideas de la obra. Para lograr que el *distanciamiento* rompiera con la ilusión de la realidad, Brecht propuso no escribir acciones dramáticas "bien construidas," sino una serie de discontinuidades sin ningún tipo de unidad. Lo mismo sucedía con la trama, cuya estructura consistía en la falta de interconexión entre los actos. El uso de un narrador, la destrucción de la artificialidad de tiempo y el espacio, fueron otras de las múltiples técnicas adoptadas en teatro. En cuanto a las acciones y emociones de los personajes, debían plantearse como extrañas y problemáticas. La caracterización del personaje no debía corresponderse con el personaje que estaba representando, sino con otra caracterización. Un actor cuyo personaje era el de un padre, por ejemplo, aparecía caracterizado como un payaso o como una marioneta. Estas caracterizaciones, unidas a la utilización de gestos diagramáticos, alejaban a estos personajes de su humanidad y de nuestro mundo emotivo, por lo que el espectador podía concentrarse en la valoración de la idea, dejando de lado la emoción.

V. Cuestionario

Respondan a las siguientes preguntas:

1. ¿Qué quiso decir Marx con la frase "no es la conciencia de los hombres lo que determina su comportamiento, sino el comportamiento lo que determina su conciencia"?
2. ¿Qué son la infraestructura y la superestructura?
3. ¿Qué es la dialéctica hegeliana?
4. ¿Cómo aplicó Marx la dialéctica de Hegel al marxismo?
5. ¿Qué es la plusvalía?
6. Expliquen un ejemplo de contradicción interna
7. Desde un punto de vista marxista ¿qué es la ideología?
8. ¿A qué se refiere Marx con el "fin de la historia"?
9. ¿Qué es el realismo socialista? ¿Qué es el vanguardismo socialista?
10. ¿Qué es el distanciamiento?

VI. Sugerencias para una interpretación marxista

Conflictos sociales

—Analicen cualquier conflicto social que esté relacionado con la economía. Recuerden que la crítica marxista afirma que todo conflicto social tiene sus raíces en la economía y en su relación con la sociedad, por lo que su análisis deberá centrarse en las connotaciones socio-económicas del texto.

Literatura comprometida

—Busquen obras de literatura latinoamericana, ya que esta literatura ha desempeñado un papel socio-económico muy importante en la llamada "literatura comprometida." Novelas como *El señor presidente* de Miguel Ángel Asturias, *Los de abajo* de Mariano Azuela, *Cien años de soledad* de Gabriel García Márquez y el poema "Mujer negra" de Nancy Morejón o *Epigramas* de Ernesto Cardenal narran situaciones políticas por las que sus mismos autores pasaron, con la esperanza de producir algún cambio social en favor de las clases menos favorecidas.

Superestructura / infraestructura

–Analicen los valores socio-económicos (superestructura / infraestructura) que imperan en una sociedad en un tiempo histórico determinado.

Economía antigua y emergente

–Analicen si, en la época que están analizando, existe un ajuste entre dos realidades socio-económicas diferentes (la antigua y la emergente).

–Determinen las relaciones políticas y sociales de las dos realidades enfrentadas (antigua y emergente). Es decir, analicen los recursos materiales, la fuerza de producción y las estructuras de producción (infraestructura) juntamente con las relaciones sociales (superestructura) de estas dos realidades socioeconómicas.

Las contradicciones

–Observen las posibles contradicciones en el primer tipo de sociedad (la antigua) que han causado el cambio.

–Determinen cómo y cuándo unas contradicciones (las enmarcadas en las viejas relaciones sociales) se enfrentan con una o varias contradicciones de una nueva realidad económica.

–Vean cómo las nuevas contradicciones empiezan a desplazar las viejas relaciones.

–Describan el enfrentamiento de las relaciones sociales de una y otra sociedad, el enfrentamiento entre la clase emergente y la vieja clase que lucha por no perder sus privilegios.

–Vean cómo y cuándo se va desarrollando esta crisis de un estado social a otro, literal y simbólicamente.

–Analicen cómo estas contradicciones han provocado las transformaciones de la nueva realidad socioeconómica.

–Determinen si las contradicciones se resuelven de un modo inverosímil o si las soluciones contienen lagunas que no se explican.

–Vean cómo y cuándo las relaciones sociales se han ajustado a las necesidades de la nueva realidad económica.

Nuevos valores

—Analicen los valores que empiezan a definirse en la nueva realidad socioeconómica.
—Observen en qué están basadas estas nuevas realidades sociales y económicas.
—Consideren si finalmente triunfan los valores del nuevo sistema emergente o, por el contrario, se mantiene un substrato de la vieja ideología.
—Vean si los representantes de la nueva sensibilidad social rompen con las reglas del viejo sistema.
—Observen la movilidad social de la nueva clase emergente.

Lenguaje

—Céntrense en la utilización del lenguaje de los personajes. ¿Quiénes son los que utilizan los términos relacionados con el viejo régimen y quiénes los del nuevo?

Personajes

—Analicen los rasgos que definen a estos personajes en términos de lo viejo y lo nuevo.
—Determinen la posible interpretación simbólica de cada uno de ellos.
—Sigan la movilidad social de los personajes.
—Analicen la importancia de los grupos sociales con los que están asociados los personajes.

VII. Glosario

Catarsis: En la tragedia griega, durante la representación se establecía una identificación del público con el héroe. Al vivir como propios los acontecimientos de éste se creaba un sentimiento de empatía. Cuando se producía una catástrofe en la vida del héroe el espectador experimentaba principalmente dos emociones: compasión y miedo. Compasión, al ver que el héroe tuvo que pasar por tantos sufrimientos. Miedo porque, siendo el espectador un ser humano (como el héroe), las desgracias de éste despertaban en él la conciencia de su propia vulnerabilidad. El objetivo de la tragedia griega no era divertir al público, sino producir una catarsis o purificación (expulsión de los dos sentimientos) por medio de estas dos emociones.

Dialéctica hegeliana: Otro ejemplo de dialéctica hegeliana lo podemos ver en la historia de una sociedad. La tesis es aquella en la que una sociedad desarrolla una forma de vida y todos sus miembros piensan que es la correcta. En la antítesis esta sociedad se ve envuelta en una crisis que revela a sus miembros que algo no funciona en la forma de vida en la que viven. Por ejemplo, esta sociedad, cuya forma de vida depende de la energía fósil (tesis), descubre que su utilización amenaza con su existencia (antítesis). La síntesis es aquella en que la sociedad adopta una nueva forma de vida que soluciona la crisis. Por ejemplo, la sociedad encuentra la manera de seguir haciendo lo que hacía hasta entonces, pero sin la dependencia de la energía fósil.

Realismo socialista: Una obra literaria debe atraer a los lectores hablando sobre cuestiones que éstos puedan reconocer como relevantes en sus propias vidas. Los temas se han de desarrollar en una estructura determinada, pero teniendo en cuenta que existen en el tiempo (historia) y en el espacio (sociedad). Es decir, la obra literaria siempre lleva consigo una dimensión social y la marca del momento histórico en que se escribió. El estudio histórico y social de la literatura puede tomar varias formas, pero una de las más populares en literatura ha sido adoptada por el marxismo. En su formulación, el estudio socio-histórico de la literatura combina una interpretación de las raíces sociales y sus ramificaciones políticas enmarcadas en un tiempo específico de la historia. A este tipo de literatura se le ha denominado "realismo socialista." Este realismo socialista de la literatura marxista se convirtió en el principal guardián de la estética soviética, en la que el escritor debía reflejar en su obra la realidad social tal y como el partido comunista la había estructurado. No es de extrañar por tanto la admiración por el realismo decimonónico. Escritores como Benito Pérez Galdós, Honoré Balzac y Charles Dickens entre otros, desarrollaron hasta sus límites, según el realismo socialista, una forma literaria que exploraba la implicación del individuo con toda la red de relaciones sociales.

Bibliografía

Althusser, Louis. *Ideología y aparatos ideológicos de estado: Freud y Lacan*. Tr. José Sazbón and Alberto J. Plá. Buenos Aires: Nueva Visión, 1988.

Eagleton, Terry. *Marxism and Literary Criticism*. Berkeley: University of California Press, 1976.

Engels, Federico. *El origen de la familia, de la propiedad privada y del estado*. Tr. ACL. Madrid: Fundamentos, 1996.

Lukács, George. *The Meaning of Contemporary Realism*. Tr. John Mander and Necke Mander. London: Merlin, 1963.

_____. *The Theory of the Novel.* Tr. Anna Bostock. Cambridge, MA: MIT, 1971.
Marx, Karl, and Friedrich Engels. *El manifiesto Comunista.* Tr. W. Roces. Madrid: Ayuso, 1977.
Williams, Raymond. *Marxism and Literature.* Oxford: Oxford University Press, 1977.

Capítulo XII

Teorías poscolonialistas

I. En este capítulo veremos

Una introducción a las teorías poscolonialistas / Edward Said, *Orientalism* (*Orientalismo*) / los conceptos de "hibridismo," "mímesis" y "nacionalismo derivativo" en la obra de Homi K. Bhabha

II. Conceptos clave

Orientalismo / hegemonía / hibridismo / mímesis / nacionalismo derivativo / hibridismo lingüístico / hibridismo religioso

III. Introducción a las teorías poscolonialistas

Durante la última mitad del siglo XX el mundo presenció el fin de la dominación de algunos países como la India que en 1947 logró su independencia de Inglaterra. Con estos cambios geopolíticos se empezó a prestar atención a la cultura y literatura de los grupos étnicos que componían estas sociedades colonizadas (*). Las relaciones entre diferentes etnias, el exilio, la diáspora y la identidad nacional, cultural, racial, lingüística y religiosa han sido los temas que más se han ocupado los estudios poscolonialistas. Estos estudios empezaron a tomar relevancia entre los intelectuales y académicos de la metrópolis del estado colonizador por dos razones. En primer lugar, como reflejo de una nueva conciencia a raíz de la independencia de la India en 1947. En segundo lugar, por el compromiso político de los intelectuales de izquierda, que cristalizó en las luchas por la liberación de los países colonizados, como Argelia alrededor de 1950. Uno de los textos más importantes que refleja el pensamiento intelectual de esta lucha es la obra de Frantz Fanon, *Les damnés de la terre* (*Los condenados de la tierra*, 1961), cuyo prefacio fue escrito por Jean-Paul Sartre. Sartre da una visión general de la situación en que se encontraban algunos de los países colonizados con respecto a la metrópolis y dice: "el Tercer Mundo [...] ya se sabe que no es homogéneo y que todavía se encuentran dentro de ese mundo pueblos sometidos, otros que han adquirido una falsa independencia, algunos que luchan por conquistar su soberanía y otros más, por último, que aunque han ganado la libertad plena viven bajo la amenaza de una agresión imperialista" (Fanon, 10). Fue a partir de los años de 1980 cuando los "estudios poscoloniales" empezaron a utilizar las teorías postestructuralistas, especialmente el concepto de hegemonía de Gramsci, la relación entre discurso y poder de Foucault, la dialógica de Bakhtin y los métodos deconstruccionistas de Derrida.

IV. Algunos teóricos

Edward Said (1935-2003)

Motivado por su compromiso político con la causa palestina, Edward Said, en su libro *Orientalism* (*Orientalismo*, 1978), presenta una tesis que se sostiene fundamentalmente en el marxismo de Antonio Gramsci (*) y en el binomio del discurso y poder de Michel Foucault. En sus argumentos, Said toma de Gramsci la noción de *hegemonía social* y analiza la relación interna entre el estado colonizador y el colonizado, especialmente las causas que mantienen al estado colonizador en el poder. La hegemonía del estado colonizador, dice Said, es una situación de superioridad jerárquica, no sólo en el ámbito socio-político y económico sobre otro estado, sino también como un proceso de dirección ideológica (hegemonía social). Por medio de la ideología, se convence a la población del estado colonizado de que no hay otra forma de vivir más que la que ofrece el sistema del estado colonizador. El día a día del sujeto colonizado se ve afectado de forma que los valores culturales del estado colonizador llega a filtrarse en su vida cotidiana. Estos valores culturales se llegan a interiorizar de tal forma que el colonizado queda reducido a un sujeto domesticado, sumiso y servil. Sin embargo, la imposición hegemónica acaba casi siempre enfrentándose a un intento contrahegemónico difícil de neutralizar.

De Foucault, Said enfatiza la "verdad" producida en los diferentes discursos sobre el "Oriente," un agrupamiento concebido por los colonizadores europeos de lo paises árabes, la India, Turquía, Irán,

Afganistán y otros territorios adyacentes. Dice Said que las representaciones políticas, sociales y culturales del "Oriente" se ha construido a través tergiversaciones aparentemente objetivas. La razón, según Said, se atribuye a un disimulado prejuicio eurocéntrico contra los pueblos de esta región y su cultura. Este prejuicio se han ido transmitiendo generación tras generación entre los académicos occidentales. Desde la perspectiva de la academia occidental, estas representaciones han sido construidas desde el reduccionismo más elemental hasta crudas categorizaciones de la diferencia y la otredad. A diferencia de Sartre, que puede ver la heterogeneidad de los paises del "Tercer Mundo," la academia suele representar al "Oriente" como una entidad unida monolíticamente. Y, aunque los países sean profundamente diferentes entre ellos, sus sociedades son presentadas como fundamentalmente iguales las unas a las otras. Los teóricos occidentales, dice Said, sólo representan desigualdades entre las sociedades orientales y occidentales. El "Oriente" se construye como lo negativo, lo imposible de entender de forma racional, mientras que el occidente es el modelo a seguir y lo racionalmente inteligible. Los estereotipos, construidos y reciclados una y otra vez, son la única representación tanto de los árabes como de los musulmanes, aunque sean dos cosas completamente distintas. Estos estereotipos han hecho que gran parte de la población occidental perciba a los habitantes del "Oriente" como meras caricaturas: mentirosos, irracionales, proveedores de petróleo, militarmente agresores o en el peor de los casos terroristas.

Homi K. Bhabha (1949–)

A lo largo de su obra, Homi K. Bhabha se ha concentrado en tres campos argumentativos: "hybridity" (hibridismo) (*), "mimicry" (mímesis) y "nacionalismo derivativo."

Hibridismo. El término "hibridismo" proviene de la biología donde se usa para describir los cruces de diferentes especies de plantas o animales con el fin de producir una "nueva especie" (una mula, por ejemplo, proviene del burro y la yegua).

En los discursos imperialistas del siglo XIX, la unión de diferentes razas se asociaba de forma negativa por el miedo que provocaba a la raza "blanca" de mezclarse con razas de diferente color de piel. Sin embargo, la colonización facilitó esta mezcla de diferentes razas. Alrededor del mundo y en diferentes colonias, los nacimientos de estas mezclas han adquirido diferentes nombres. En algunos países de Latinoamérica, por ejemplo, existe el término "mestizo," utilizado a menudo para describir la mezcla entre nativos americanos y europeos.

Al igual que el mestizaje racial, el mestizaje cultural, desde el punto de vista del colonizado, era considerado como algo negativo debido a su proximidad con la imitación de la cultura del colonizador. Existe una línea muy fina entre imitar adaptándose o imitar hasta transformarse de una forma tan radical que el sujeto colonizado llega a perder una parte esencial de su propia cultura. Hoy en día, el mestizaje cultural, por su carácter inclusivo, goza de gran reconocimiento y aceptación. Fue a partir de Bhabha que las formaciones culturales compuestas con elementos de más de una cultura pasó a ser percibida como algo positivo. En su artículo "Cultural Diversity and Cultural Differences" ("Diversidad cultural y diferencias culturales"), Bhabha llama a esta nuevas formaciones culturales "híbridas." Bhabha ve la mezcla de culturas fuera del problemático marco del binarismo que hasta entonces había permeado toda noción de cultura. Para Bhabha la cultura no puede ser concebida en términos monolíticos con falsos conceptos como los de pureza y originalidad cultural. Por ello sugiere que la cultura sólo se puede entender en términos de "hibridismo," por su aportación de nuevas ideas y nuevas formas artísticas. Otra de las ideas de Bhabha es que en todo proceso colonial el hibridismo es esencialmente un proceso doble, en el sentido de que durante el cruzamiento de culturas siempre existe una interdependencia entre la cultura del colonizado y la del colonizador. O lo que es lo mismo, cualquier mezcla de culturas siempre impacta tanto al colonizado como al colonizador. La consecuencia más inmediata de este entrecruzamiento cultural es la transformación del concepto de cultura, de tal forma que hoy la idea de cultura se define por su eclecticismo cosmopolita. La expresión de este cosmopolitismo cultural se ha extendido, de tal forma que no nos extraña encontrar influencias hindús en una blusa que se vende en GAP, o escuchar frases como cocina de fusión o de fusión en la música, por ejemplo.

Desde el punto de vista literario, el hibridismo ha generado dos tipos de aproximaciones cuando se trata de personajes. La primera es aquella en la que el escritor enfatiza el concepto de "imitación" como característica negativa, abandonando por completo el concepto de "hibridismo." Por ejemplo, en el tratamiento de algunos personajes culturalmente híbridos, los representa más como un caso de "imitación" que como una forma de "hibridización." Estos personajes "imitadores" suelen describirse de forma burlesca, irreverente, como si fueran un engendro absurdo. Por el contrario, otros autores en sus representaciones incluyen una franca admiración por estos personajes que adoptan el "hibridismo" con el fin de superarse en un mundo colonizado.

Otro aspecto del hibridismo literario es el de la interdependencia que se ha generado entre escritores de los paises que fueron colonizadores y paises colonizados. Al principio, con la imitación de narrativas provenientes de la metrópolis, los autores de la colonia empezaron a crear en sus escritos un sentimiento de identidad nacional y cultural. Pero este fenómeno de "hibridización" entre culturas también ha circulado desde el excolonizado hasta excolonizador. El "realismo mágico," por ejemplo, es un recurso experimental adoptado por el llamado "Boom" de la novela latinoamericana que describe situaciones o maneras de pensar que no tienen un equivalente directo en la literatura española, pero que han sido adoptados por algunos autores españoles.

Y por último, otra forma de pensar en el hibridismo literario es aquel que contempla la respuesta que algunos escritores poscoloniales han dado a la tradición occidental. Algunos de estos escritores se han dedicado a reescribir obras canónicas, pero con adaptaciones revisionistas. En general, estos autores toman como base la forma y el argumento de obras clásicas que invocan la colonia y las reescriben, pero bajo el punto de vista del colonizado.

Mímesis. El término "mimicry" (en español, "mímesis") viene referido a la imitación que los miembros de una sociedad colonizada hacen de las actitudes culturales de sus colonizadores. En el ensayo "Of Mimicry and Man: The Ambivalence of Colonial Discourse" ("Sobre la mímesis y el hombre: la ambivalencia del discurso colonial"), Bhabha argumenta que la adopción por parte del sujeto colonizado de los aspectos culturales del colonizador no da origen a una nueva identidad (*). La versión de "presencia" identitaria del sujeto colonizado es sólo una muestra parcial de lo que es el sujeto colonizador. El súbdito colonial puede llegar a ser casi lo mismo, pero no del todo; siempre es un sujeto entre los dos (él y el Otro), un sujeto "intermedio." La hibridez (como en Bakhtin) de este sujeto "intermedio" puede ser un elemento desestabilizador y subversivo ya que muchas veces a través de él se expone la inestabilidad de sistemas considerados unívocos en el imaginario del colonizador. En la película *A Passage to India* (1984), el joven abogado nacido en la India es un buen ejemplo de un súbdito colonial "intermedio." No ha dejado su cultura originaria; ha mimetizado con gran admiración todo aquello que está relacionado con el imperio británico. Es acusado de intento de violación de una joven inglesa y en el juicio se nos muestra algunas de las deficiencias de un sistema considerado como modelo de cualquier sociedad democrática. El derecho, que supuestamente debe prevalecer por encima de cualquier interferencia externa, se ve salpicado por los intereses personales de algunos de los miembros de la colonia. Es a partir de este momento que tanto el joven abogado como el espectador empieza a dudar de la legitimidad del sistema legal británico.

La mímesis también puede ser desestabilizadora entre los miembros de una misma colonia. La imitación del colonizado puede ser percibida por los otros miembros de la colonia, que resisten la imitación, como una forma de comportamiento oportunista con el que espera acceder al poder, adquiriendo así el reconocimiento del colonizador. La mímesis en este caso suele ser percibida por los resistentes a la imitación como algo vergonzoso. La ridiculización y el insulto está justificada y con ellas el conflicto interno.

Nacionalismo derivativo. Dentro de los parámetros de imitación, Bhabha adoptó el concepto de nacionalismo o exaltación de las particularidades de una nación cuyo objetivo era la total independencia de la colonia. A este "nacionalismo" lo bautizó con el nombre de "nacionalismo derivativo," que, básicamente, se refiere a la fusión de dos nacionalismos que convergen en uno solo. El ejemplo de Bhabha es el de Mohandas K. Gandhi, que fusionó en uno solo los símbolos de ascetismo y simplicidad hindú (el tradicional vestido hindú) con los conceptos occidentales de socialismo. La fusión y el uso de estos dos discursos le ayudaron a movilizar a masas de hindús que tenían poco o ningún contacto con los ingleses. Lo que empezó siendo un "nacionalismo derivativo" acabó convirtiéndose en algo único y distintivo en la lucha por la independencia.

V. Cuestionario

Respondan a las siguientes preguntas:

1. ¿Cuáles son las dos razones por las cuales los estudios poscoloniales empezaron a tomar relevancia entre los intelectuales y académicos de la metrópolis del estado colonizador?
2. ¿Qué quiere decir el concepto de "hegemonía" de Antonio Gramsci?
3. ¿Qué concepto de Foucault tomó Edward Said?
4. ¿Qué quiere decir Homi K. Bhabha con el término "hybridity" (*) (hibridismo)?
5. ¿Qué quiere decir Bhabha con el término "mimicry" (mímesis)?
6. ¿Qué quiere decir Bhabha con el término "nacionalismo derivativo"?
7. ¿Qué es el hibridismo lingüístico?
8. ¿Qué es el hibridismo religioso?

VI. Sugerencias para una interpretación poscolonialista[1]

Conquista

—Analicen la relación de la conquista de un país latinoamericano con la casi aniquilación de la población indígena.
—Fíjense en las descripciones de la gesta imperialista y su cariz político.
—Determinen las astucias utilizadas por la conquista imperialista.

Violencia

—Vean la violencia que trajo consigo el conocimiento del "Otro."
—Analicen cómo la forma de control del mundo latinoamericano ya es en sí misma una violación de ese mundo.
—Analicen la conquista europea como una continuación de la violencia sexual implícita en la tradición literaria del amor cuyo objetivo principal es la conquista de la mujer.
—Analicen cómo la explotación imperialista de riqueza se superpone con la explotación sexual de las mujeres nativas. Vean si existe alguna alusión a la violación de las mujeres nativas.

Diferentes cosmovisiones

—Analicen cómo la pretendida salvación cristiana, en nombre de la superioridad de la civilización europea, permitió al colonizador justificar sus motivaciones de conquista.
—Vean cómo los conquistadores percibían a los indígenas a través de una lente teñida de las propias representaciones que aprendieron de su cultura y que llevaron consigo al Nuevo Mundo.
—Analicen cómo el mundo que los conquistadores encontraron en los países latinoamericanos no correspondía con la imagen europea porque no se ajustaba a los códigos previamente formulados por los europeos, que trajeron consigo para comprender el mundo.
—Describan cómo la imaginación imperialista, atrapada en sus propias presuposiciones y expectativas, fue incapaz de comprender el mundo en otros términos que no fueran los suyos.
—Clasifiquen las categorías morales importadas desde la

---

1. La fuente principal de la sección VI es Ryan 2002 (ver Bibliografía: General).

metrópolis en contraste con las categorías que encontraron en los indígenas durante la conquista.

—Agrupen imágenes sobre la moralidad que los conquistadores extendieron en Latinoamérica.

—Observen cómo los conquistadores tomaron las imágenes socioculturales de la población indígena y las confundieron con sus propias concepciones de la realidad.

—Detecten cómo estas concepciones equivocadas llevaron a la violencia de la conquista imperialista llevada a cabo en nombre de una concepción cristiana del mundo.

—Contrasten códigos o ideales de la civilización europea con los de los indígenas. Por ejemplo, el sentido de control de la naturaleza, contrastado con la exuberancia de la naturaleza.

Naturaleza

—Vean si la delicadeza de la naturaleza se contrapone a la violencia de los conquistadores cristianos.

—Contraste la simbología entre una naturaleza fuera de control y su contraria, una naturaleza sometida.

—Busquen si hay alusiones a la naturaleza que puede simbolizar cualidades morales o propósitos divinos. La virtud, por ejemplo, podría estar simbolizada como la figura noble y fuerte del conquistador vestido con armadura.

—Uno de los propósitos de la teología cristiana es aquella que permite a los creyentes a estar por encima de la naturaleza y así poder alejarse de las tentaciones del deseo sexual asociado con la naturaleza corporal. Inspirado en el mito del pecado de Adán y Eva en el paraíso, los cristianos han visto en la naturaleza una especie de alegoría moral que asocian con el pecado y la sexualidad femenina. Analicen cómo la naturaleza ha simbolizado un mundo de potentes fuerzas imposibles de controlar, especialmente la sexualidad.

—Vean cómo la naturaleza amenaza con desbordar las categorías morales traídas por los conquistadores, al mismo tiempo que ellos mismos son vulnerables al poder de esta naturaleza.

—Vean si la exuberancia de la naturaleza es para los conquistadores cristianos un símbolo de la sexualidad y transgresión moral.

—Analicen si se recurre a la yuxtaposición de los tiempos (presente, pasado, futuro) de modo que la experiencia de los indígenas se pueda contrastar con la de los conquistadores.

—Determinen si existen elementos rotos que podrían simbolizar la ausencia o el fracaso de la civilización representada por el colonizador.

Estos objetos rotos pueden sugerir que la naturaleza es un terreno resistente a la dominación imperialista.

Espacios

–Distingan los espacios, y vean cómo estos espacios son dominados por el conquistador.
–Determinen si estos espacios son ajustados según el esquema de las categorías morales cristianas.

Simbología

–Busquen cómo la simbología del fuego, el calor, el color rojo y otros posibles símbolos de pasión sexual fueron interpretados dentro del concepto cristiano como símbolos del castigo divino a causa del pecado.

Resistencia

–Observen referencias a una resistencia por parte de los nativos. Vean si en algún momento vemos el despertar de la conciencia en la comunidad colonizada que hasta entonces había sido sometida al silencio y a la sumisión cristiana.
–Contrasten cómo la conquista de un determinado país es percibida desde el punto de vista de los nativos y de los colonos españoles.

Crítica a la colonización

–Vean si se hace una crítica a los colonizadores que trajeron al Nuevo Mundo imágenes culturales que legitimaron la subordinación violenta de la población indígena.

VII. Glosario

Antonio Gramsci (1891–1937): Gramsci sostiene que, aunque el capitalismo no resuelve los problemas materiales, sigue siendo ideológicamente hegemónico. El capitalismo convence a la gente de que no hay otra forma de vivir más que la que ofrece el sistema. Generalmente relacionamos a la hegemonía de la burguesía con la política. A esta hegemonía política, Gramsci le añade la *hegemonía social* y la describe como un tipo de hegemonía que se difunde por todos los aspectos de la vida cotidiana. A través de esta hegemonía social, la población interioriza los valores de la burguesía hasta convertirse en un sujeto domesticado. Aunque la hegemonía burguesa termina predominando, siempre acabará enfrentada a varios intentos contrahegemónicos por parte de los segmentos subordinados. Consecuentemente el grupo hegemónico intentará neutralizar todo intento contrahegemónico, ya sea por la fuerza, la coerción o la alienación de toda lucha proveniente de sectores percibidos como desestabilizadores.

Colonia: El término "colonia" está fundamentado en una cosmovisión política que dominaba en la Europa ilustrada y postilustrada, y como tal es una categoría política eurocentrica (*). Generalmente la colonia suele ser un territorio con unos habitantes ubicados geográficamente lejos de la metrópolis o territorio del estado colonizador. Es un territorio sometido al dominio político, militar y económico de una potencia extranjera, regido generalmente por una legislación especial. Los procesos de ocupación colonial han fundamentado su poder después de una victoria militar. El vencedor se considera superior (supremacismo) al vencido que ve como racialmente inferior, llegando incluso a dudar de su humanidad. Estas ideas fueron las que dieron la base y fundamentos legales de la esclavitud. La primera condición de toda colonización es la ocultación del Otro. Al sujeto colonizado no se le permite una existencia propia, singular y diferenciada. Se le niega la experiencia humana y la memoria, se le desposee del espacio y del tiempo, es un ser no presente. Desde la cosmovisión del colonizador, el colonizado es percibido como un error de criatura humana que el colonizador se ve en la obligación de cambiar y hacerlo igual a él. El Otro solamente *es* si es una mímesis del colonizador. Las colonias han sido sujeto de procesos de descolonización (violentos o acordados) y algunas se han convertido en estados independientes. Aunque, desgraciadamente, algunas de las que han logrado independizarse suelen estar en un régimen de neocolonialismo.

Eurocentrismo: Desde una perspectiva poscolonial, los modelos filosóficos derivados de Aristóteles, Descartes, Kant, Marx, Nietzsche, Freud et al. o de modelos literarios provenientes de Homero, Dante, Flaubert, T.S. Eliot, et al. son los culpables de un eurocentrismo represivo ya que en sus discursos han dominado el mundo de la cultura occidental, marginando y excluyendo expresiones culturales, tradiciones y formas de vida no-occidentales.

Hibridismo lingüístico: Una de las consecuencias del hibridismo, desde el punto de vista literario, es la posición de algunos escritores de abandonar la lengua impuesta en sus obras en favor de su lengua natal. A veces estos escritores sufren la crítica de que deben escribir en la lengua "oficial" del país. Sus argumentos se basan en que lenguas como el inglés o el español son utilizadas ampliamente en el ámbito internacional, por lo que se debería abandonar las lenguas "locales." A veces el uso de hibridismos lingüísticos en literatura funciona como gesto liberador.

Hibridismo religioso: En su artículo "Signs Taken for Wonders" ("Signos tomados por prodigios"), Homi K. Bhabha habla de la imposición de la Biblia en la India. Extrapolando las ideas de este artículo a la imposición de la Biblia en Latinoamérica, podríamos decir que los nativos americanos aceptaron en su mayoría la autoridad del libro de los misioneros españoles. Sin embargo, a pesar de esta aceptación, los nativos solamente pudieron entender la cristiandad a la que fueron expuestos a través del filtro de sus propias culturas y religiones. En realidad, cuando los críticos poscolonialistas hablan del hibridismo religioso, no están hablando de la conversión religiosa del colonizado sino de cómo los dos sistemas religiosos del colonizador y el del colonizado interaccionan dentro del marco organizativo de las culturas y religiones del colonizado. El objetivo no es analizar un grupo de gente que practica la religión local, mientras otros que se han convertido son percibidos como híbridos, sino de cómo algunas tradiciones religiosas han sido influidas después del encuentro con los misioneros colonizadores y viceversa.

Identidad racial: Algunos filósofos de la Ilustración intentaron clasificar a los pueblos del mundo en términos del color de su piel y otras características físicas. Como resultado, los pueblos fueron clasificados por razas, por ejemplo la raza blanca, amarilla, cobriza y negra. Aun cuando la ciencia arroja dudas sobre la idea de que la especie humana se divida entre razas, estas continúan siendo categorías socioculturales de gran peso. Y, aunque no podamos interpretar los rasgos externos (el color de la piel) como la expresión de unas características raciales esenciales o como unas identidades genéticas separables, son, en cualquier caso, el lenguaje visual de la diferencia en la comunidad humana. Esta clasificación es una de las razones por las cuales las personas se mantienen separadas y consideran que tienen una identidad racial.

Bibliografía

Bhabha, Homi K. "Cultural Diversity and Cultural Differences." *The Post-Colonial Studies Reader.* Ed. B. Ashcroft, G. Griffiths and H. Tiffin. New York: Routledge, 2006. 155–157.

_____. "Of Mimicry and Man: The Ambivalence of Colonial Discourse." *Modern Literary Theory: A Reader.* Philip Waugh and Patricia Rice, eds. London: E. Arnold, 1992.

_____. "Signs Taken for Wonders: Questions of Ambivalence and Authority Under a Tree Outside Delhi, May 1817." *Critical Inquiry* 12.1 (1985). 144–165.

XII. Teorías poscolonialistas

Castle, Gregory, ed. *Postcolonial Discourses: An Anthology*. Oxford: Blackwell, 2001.
Fanon, Frantz. *Los condenados de la tierra*. Tr. Esteban Montorio. Tafalla, Spain: Txalaparta, 1999.
Hall, Stuart. "Cultural Identity and Diaspora." *Identity: Community, Culture, Difference*. Jonathan Rutherford, ed. London: Lawrence & Wishart, 1990. 222–237.
_____. "Minimal Selves." *Identity: The Real Me: Postmodernism and the Question of Identity*. Lisa Appignanesi, ed. London: ICA Documents, 1987. 44–46.
Said, Edward W. *Cultura e imperialismo*. Tr. Nora Catelli. Barcelona: Anagrama, 2004.
_____. *Orientalism*. New York: Random House, 1979.
Spivak, Gayatri Chakravorty. *In Other Words: Essays in Cultural Politics*. London: Routledge, 1987.
Williams, Patrick, and Laura Chrisman, eds. *Colonial Discourse and Postcolonial Theory: A Reader*. Hemel Hempstead, UK: Harvester Wheatsheaf, 1993.
Young, Robert. *Colonial Desire: Hybridity in Theory, Culture and Race*. London: Routledge, 1995.
_____. *White Mythologies: Writing, History and the West*. London: Routledge, 1990.

Capítulo XIII

Teorías gays, lesbianas y *queer*

I. En este capítulo veremos

Breve historia de la homosexualidad / Movimiento de Liberación Gay / teoría gay / Gregory Woods / Rudi C. Bleys / Jonathan Dollimore / la teoría feminista lesbiana / Adrienne Rich / Monique Wittig / Gloria Anzaldúa y Cherrie Moraga / la teoría *queer*

II. Conceptos clave

Erómeno / erastés / tribadismo / lesbianismo / Safo / sodomía / contra natura / Stonewall / Movimiento de Liberación Gay / orgullo gay / salir del armario / heterosexualidad obligatoria / continuum lésbico / heteronormatividad / *queer* / Nación Queer / ActUp / Outrage / LGBT / esencialismo / identidades estables / homofobia / homofobia internalizada (*) / estigma (*) / homosocialidad / homoerótico / pánico sexual (*)

III. Breve historia de la homosexualidad[1]

La homosexualidad en la antigua Grecia. Actualmente en nuestras sociedades, la relación sexual entre dos personas es conceptualizada con los términos "heterosexual" para la relación entre parejas de distinto sexo y "homosexual" para parejas del mismo sexo. En la antigua Grecia, no existían estos conceptos ni términos que los caracterizara. Lo que sí existía eran parejas de distinto sexo y parejas del mismo sexo. Estas últimas podían ser entre hombres o entre mujeres. La pareja entre hombres, siempre de la misma clase social, consistía en un adulto

---

1. La fuente principal de la sección III es Mondimore (ver Bibliografía: Capítulo XIII).

llamado "erastés" y un joven llamado "erómeno." La relación entre ellos, además de sexual, era de magisterio (erastés) y pupilo (erómeno). Con el paso de la pubertad a la madurez del erómeno se daba por finalizada la relación. El erómeno pasaba a ser un erastés por lo que podía asumir el rol de maestro de un nuevo erómeno. Como vemos, a diferencia de nuestros días, las prácticas sexuales entre hombres no se categorizaban por el género sino por la condición social y por la edad de los dos.

La relación sexual entre mujeres empezó a ser conceptualizado con el término "tribadismo" y data del siglo I d.C. La mujer amante de otra mujer era una tríbada cuya característica sexual era la de penetrar a otras mujeres con un falo artificial. A finales del siglo XIX, el término "tribadismo" dio paso al de "lesbianismo." Este término proviene de la isla griega de Lesbos donde vivía la poeta Safo (aprox. 630–570 a.C.). No se sabe casi nada de ella, ni de su poesía que nos ha llegado en forma de fragmentos de poemas líricos donde se canta el deseo de una mujer por otra.

La homosexualidad en la antigua Roma. En la antigua Roma, la actividad sexual como experiencia mutua de los antiguos griegos pasó, poco a poco, a tener un aspecto de dominación y sumisión. Durante siglos el imperio romano humilló a los enemigos colonizados en forma de violación, tanto masculina como femenina.

La homosexualidad durante el cristianismo. En el siglo IV, el emperador Teodosio proclamó el cristianismo como religión estatal del imperio romano. Las relaciones sexuales, que en Grecia y el imperio romano eran consideradas como asunto privado, empezaron a regularse como asunto público por la iglesia y el gobierno. El cristianismo difundió un modelo de sexualidad en el que el objetivo "natural" de toda relación sexual era el de la procreación. Todo acto sexual que contemplara solamente el placer era considerado como un pecado que iba contra la naturaleza de la ortodoxia sexual dictada por la Iglesia. Al acto sexual "antinatural" se le llamó "sodomía" y al que lo perpetraba "sodomita." Estos dos términos provienen de la leyenda bíblica del pecado cometido en la ciudad de Sodoma por sus habitantes. El término "sodomita" se hizo extensivo a otros tipos de relaciones sexuales consideradas por el cristianismo como pecado "contra natura." Por ejemplo, se consideraron relaciones "antinaturales" el trato sexual entre cristianos y judíos o entre cristianos y musulmanes; cualquier posición en que la mujer no estuviera debajo del hombre; el "coitus interruptus" y la penetración anal.

El siglo XIX. A finales del siglo XIX, algunos sexólogos alemanes lucharon por la abolición de las leyes que penalizaba la homosexualidad. Uno de ellos, quizás el más importante, fue Karl Heinrich Ulrichs (1825–95). En sus estudios, Ulrichs observó que, en la formación de los órganos sexuales en el embrión, nacían del mismo tejido pero acababan desarrollándose o bien masculinos o bien femeninos. Partiendo de esta observación biológica, Ulrichs llegó a a la conclusión que, al igual que los órganos sexuales, el espíritu, en principio indeterminado, también podía acabar convirtiéndose en "masculino" o "femenino." Esta idea empezó a permear en los estudios sexológicos que pronto divulgaron la idea de que la sexualidad, considerada hasta entonces como un comportamiento (algo que se hacía), pasó a ser una condición con la que se nacía. Pronto esta característica natural pasó a ser una identidad (algo que uno era).

El siglo XX. Alfred Kinsey (1894–1956), profesor en la universidad de Indiana, publicó en 1948 *Sexual Behavior in the Human Male* (*El comportamiento sexual en el hombre*). En esta obra, Kinsey incluyó una tabla de gradación que clasificaba a los individuos según su actividad sexual. La sexualidad masculina se evaluaba de la siguiente manera: 0, exclusivamente heterosexual; 1, predominantemente heterosexual y fortuitamente homosexual; 2, predominantemente heterosexual pero ocasionalmente homosexual; 3, tanto heterosexual como homosexual; 4, predominantemente homosexual pero ocasionalmente heterosexual; 5, predominantemente homosexual y fortuitamente heterosexual; 6, exclusivamente homosexual. Las principales conclusiones a las que llegó Kinsey fueron, en primer lugar, que el diez por ciento de la población masculina era "más o menos exclusivamente homosexual (puntuación 5 o 6)" (Mondimore, 113). En segundo lugar, dice Kinsey que ante un número tan elevado de prácticas homosexuales, casi un diez por ciento de la población de hombres "normales," la teoría de la homosexualidad como enfermedad patológica, tal y como mantenía la psicología, perdía toda su credibilidad. La tercera conclusión consistía en volver al paradigma anterior al siglo XIX que contemplaba la homosexualidad no como característica identitaria, sino como un modo de comportamiento.

En 1953, Kinsey publicó un segundo libro, *Sexual Behavior in the Human Female* (*El comportamiento sexual en la mujer*), donde, después de innumerables entrevistas, analizaba las diferentes prácticas sexuales entre mujeres. En este libro, Kinsey abandonó la escala de gradación utilizada para los hombres y se limitó a clasificar los actos por edad y porcentaje. Según Kinsey, alrededor de los treinta años, un 25% de las mujeres afirmaba haber tenido deseos eróticos por otras mujeres. Sobre los cuarenta, el 19% confesaba haber tenido, deliberada y conscientemente, algún contacto sexual con otras mujeres. A los cuarenta y cinco, el 13% declara haber tenido relaciones homosexuales. Kinsey concluye que gran parte de las mujeres que declararon haber tenido deseos o alguna relación sexual con otras mujeres disfrutaban de buena posición económica y de reconocimiento social, hasta el punto de que alguna de ellas ocupaban puestos importantes de trabajo en la esfera pública.

Kinsey subraya que estas mujeres, al igual que los hombres, no parecían tener ninguna enfermedad patológica; al contrario, eran mujeres psicológicamente estables y muy seguras de sí mismas.

IV. El movimiento de liberación gay[2]

El Movimiento de Liberación Gay se inició el 28 de junio de 1969 con los disturbios ocasionados en el bar gay Stonewall Inn, en el barrio de Greenwich Village de la ciudad de New York. Ese día los clientes se resistieron a una de las habituales redadas policiales. Normalmente se cita esta fecha como la primera vez en la historia de los Estados Unidos que la comunidad homosexual se resistió a la violencia de la policía con una serie de demostraciones espontáneas. Desde entonces, se considera que los sucesos del 28 de junio marcaron el principio del Movimiento de Liberación Gay.

Inmediatamente después de su formación como grupo, el Movimiento de Liberación Gay se trazó cuatro objetivos a conseguir. El primero consistía en luchar contra la discriminación legitimada por años de regulaciones aprobadas por el poder legislativo. El segundo, resistir la violencia ejercida desde el poder policial. El tercero, desmantelar los prejuicios homofóbicos construidos, especial pero no exclusivamente desde los medios de comunicación. El cuarto, convencer a los propios hombres y mujeres homosexuales a tomar conciencia de su identidad con orgullo. La toma de conciencia de muchos hombres y mujeres provocó la necesidad de afirmarla públicamente como estrategia destructora de mitos preconcebidos y enraizados en el ideario colectivo. Esta afirmación pública, hoy conocida con la expresión "salir del armario," fue de suma importancia, ya que consideraban que la opresión residía en gran parte en la invisibilidad social de los hombres y mujeres homosexuales. El objetivo de este "salir del armario" era despertar la conciencia de la población tal y como habían hecho ya los movimientos de afirmaciones de raza y género.

V. La teoría gay

A principios de la década de los 1970s, algunos intelectuales gays, que hasta el momento habían mantenido silencio con respecto a la

---

[2]. La fuente principal de las secciones IV–VIII es Selden et al. (ver Bibliografía: General).

homosexualidad, comenzaron a examinar todo tipo de producción cultural que tanto había contribuido a la marginalización y exclusión de todo lo concerniente a la cultura homosexual.

En el ámbito literario, los primeros estudios teóricos se concentraron en el rescate de textos literarios de autores homosexuales; en la investigación de obras con temática homoerótica; y en las representaciones de la homosexualidad en la literatura. El objetivo era crear una tradición de literatura de autores homosexuales, hasta entonces oculta; sacar a la luz obras con temática homosexual que habían sido leídos desde una óptica heterosexual; y mostrar las dinámicas de representación gay en la literatura. Los autores que más influyeron en la teoría gay fueron Sigmund Freud y Michel Foucault.

Sigmund Freud abrió todo un campo de especulaciones para la teoría gay cuando, en su obra *Abriss der psychoanalyse* (*Esquema del psicoanálisis*, 1940) expuso dos afirmaciones. La primera era aquella en la que contemplaba el fin de la sexualidad, no como medio de reproducción, sino como medio para obtener placer corporal. En la segunda, Freud, a diferencia de otros psicoanalistas, no compartía el argumento de que la homosexualidad era, de por sí, prueba de que había un problema mental. Esta afirmación la articuló con claridad en una carta (publicada en 1951 bajo el título "Letter to an American Mother") que envió a una madre norteamericana preocupada por el hecho de que su hijo fuera homosexual. Al principio de la carta, Freud le pregunta a la mujer por qué había evitado decir directamente que su hijo era homosexual. A continuación, Freud le dice, "Es cierto que la homosexualidad no es una ventaja, pero tampoco es una vergüenza, un vicio, una degradación. No puede clasificarse como enfermedad; la consideramos una variación en la función sexual producida por una interrupción en el desarrollo sexual. Muchos individuos sumamente respetables en tiempos antiguos y modernos han sido homosexuales, entre ellos algunos de los hombres más destacados (Platón, Michelangelo, Leonardo da Vinci, etc.). Es una gran injusticia perseguir la homosexualidad como crimen, además es una crueldad." En su carta, la mujer preguntaba si Freud podía "ayudar." Freud interpretó esta "ayuda" como el reemplazo de la homosexualidad de su hijo por una "heterosexualidad normal." Freud le contestó que dependía de los detalles del caso, pero que "en la mayoría de los casos no es posible." Freud continúa diciendo que si su hijo tiene problemas mentales serios como resultado de su orientación sexual, el psicoanálisis podría ofrecerle "armonía, tranquilidad mental, eficacia plena, tanto si permanece homosexual como si sufre algún cambio" (Freud 1951, 786; la traducción es del autor).

Aunque el mismo Freud se pronunció contra los intentos "terapéuticos" de convertir a una persona en heterosexual, los psicoanalistas que le siguieron mantuvieron su visión de la homosexualidad como una enfermedad y sus intentos de "curarla." No fue hasta 1973 que la American Psychiatric Association (asociación psiquiátrica norteamericana) empezó a considerar que la actividad homosexual era algo común y no debía considerarse un indicador de un trastorno mental.

En su libro *Historia de la sexualidad*, Michel Foucault analiza el concepto de homosexualidad en diferentes momentos históricos. Primero, empieza con una genealogía histórica en la que expone dónde, cuándo, cómo y por qué el discurso de la homosexualidad empezó a gestionarse. A continuación, identifica las posibles interacciones de este discurso con otros discursos científicos que incluían el tema de la homosexualidad, como la medicina, la psiquiatría y la sociología. Finalmente, examina cómo estos discursos científicos categorizaban la homosexualidad. En la Edad Media, por ejemplo, la sodomía estaba determinada en gran parte por los códigos civiles o canónicos donde las relaciones entre hombres se incluían en una categoría de actos prohibidos por sus leyes. En el siglo XIX, esta categoría de "actos prohibidos," dice Foucault, pasó de ser una identidad. El homosexual llegó a considerar su condición como una "perversión" o "enfermedad" sexual igual que la zoofilia, la mixoscopia, la ginecomastia y la dispareunia. Con el surgimiento de la identidad homosexual aparecieron varios discursos médicos como la psicología y la psiquiatría, que convirtieron al homosexual en un historial clínico con una niñez, un pasado, una historia y una misteriosa fisiología, un ser que debía ser estudiado y sometido a tratamiento. Estos discursos científicos, dice Foucault, no han sido otra cosa que formas ideológicas de control que marginalizaron, juzgaron, condenaron y "trataron" al hombre homosexual.

VI. Algunos teóricos

Gregory Woods (1953–)

En su obra más importante, *Articulate Flesh* (*Carne articulada*, 1987), Woods explora la "articulación" del deseo homosexual en escritores como D.H. Lawrence, Hart Crane, W.H. Auden, Allen Ginsberg y Thomas Gunn.

Rudi C. Bleys (1960–)

En su libro *The Geography of Perversion* (*La geografía de la perversión*, 1966), Bleys analiza la relación entre nacionalismo, antiimperialismo y sexualidad.

Jonathan Dollimore (1948–)

En su obra *Sexual Dissidence* (*Disidencia sexual*, 1991), Dollimore explora por qué la homosexualidad, a pesar de ser socialmente marginada, ocupa un lugar importante en la historia de la sexualidad. En su análisis, Dollimore relaciona autores como André Gide, Oscar Wilde y Jean Genet y críticos como Michel Foucault. A través de los capítulos del libro, encontramos temas como la diferencia sexual, la transgresión sexual, la sensibilidad gay, la relación entre homosexualidad y raza, la figura del travestí en el teatro renacentista inglés y la homofobia.

VII. *La teoría feminista lesbiana*

La teoría feminista lesbiana se originó en la década de los 1970s. Muy pronto se separó del Movimiento de Liberación Gay por considerarlo como una prolongación de la cultura heterosexista predominante en un mundo dominado por los hombres. Tres fueron sus objetivos principales. El primer fue rescatar una tradición de escritoras lesbianas o no lesbianas, pero con textos de claro contenido lésbico u obras de posible análisis lésbico. La primera obra que intentó recoger la tradición literaria lésbica fue el libro de Jane Rule *Lesbian Images* (*Imágenes lésbicas*, 1975). De forma parecida al concepto de ginocrítica de Showalter, el libro de Rule rescata una tradición literaria de escritoras lesbianas "ocultas en la historia" por la crítica heterosexista. En su estudio, Rule examina la vida y obra de algunas escritoras lesbianas del siglo XX, entre las que se encuentran Gertrude Stein, Ivy Compton-Burnett, Maureen Duffy y Mary Sarton. El segundo objetivo fue analizar las distintas formas utilizadas por las autoras para indicar o sugerir un contenido lésbico. Para ello, se centraron en aquellos textos que explícita o implícitamente mostraban una estética de sensibilidad lésbica tanto en la estructura como en el contenido. Catharine Stimpson, por ejemplo, examinó algunas estrategias de ocultamiento como la ambigüedad en el uso del pronombre personal o la utilización ambigua en los nombres propios. Y por último, examinar la intertextualidad dialógica que, como en Bakhtin, reflejara una cosmovisión no única y unívoca, sino con multiplicidad de visiones. Algunas de las teóricas lesbianas bilingües, como la chicana Cherrie Moraga, han escrito poemas en cuya estructura se incorporan teoría literaria, argumentos políticos y recursos utilizados en la lírica. De esta manera, el sentimiento expresado desde tres perspectivas formales cumple con la función de entrelazar tres voces diferentes sobre un mismo sentimiento.

VIII. Algunas teóricas

Adrienne Rich (1929–2012)

En su ensayo "Compulsory Heterosexuality and Lesbian Existence" ("Heterosexualidad obligatoria y existencia lésbica," 1980), Rich reflexiona sobre algunas ideas muy cercanas a la teoría *queer*, como veremos más adelante. En este artículo, Rich habla sobre la implementación forzosa de la heterosexualidad en la mujer. Según Rich, esta imposición se consigue gracias al continuo bombardeo de representaciones y preceptos de género normativos transmitidos desde los discursos legales, político y culturales. La internalización de representaciones y preceptos inciden en la psique de la mujer de tal forma que ésta consigue aprender como ser "femenina." Esta identidad femenina, en la que se suele incluir una sexualidad reproductora, es privilegiada y recompensada. Por el contrario, toda identidad que se aparte de una identidad no normativa es reprimida, denigrada y estigmatizada. Otra de las reflexiones que hace Rich es sobre la situación inestable en la que se desenvuelve la heterosexualidad. Rich señaló que los constantes esfuerzos promovidos a través de discursos legales y culturales para hacer respetar la heterosexualidad obligatoria revelan su precariedad e inestabilidad. Si la heterosexualidad fuera algo natural, dice Rich, no se sentiría amenazada por las alternativas existentes, ni necesitaría explicarse una y otra vez y con tanta determinación para poder legitimarse.

En otro de sus ensayos "The Temptations of a Motherless Girl" ("Las tentaciones de una joven sin madre," 1976), Rich propone la idea de un "continuum lésbico" como tema literario. Muchas novelas, dice Rich, pueden ser leídas como novelas lésbicas, no porque los personajes femeninos tengan relaciones sexuales, sino porque tienen relaciones esenciales entre ellas como manera de resistir la heterosexualidad obligatoria patriarcal.

Monique Wittig (1935–2003)

Como Adrienne Rich, Wittig es considerada una de las predecesoras de la teoría *queer*. En su artículo "The Straight Mind" ("La mente heterosexual," 1980), Wittig empieza con la sorprendente afirmación de que las lesbianas no son mujeres. Wittig desarrolla esta afirmación diciendo que la significación "mujer" sólo es considerada desde un punto de vista ideológico heterosexual. O lo que es lo mismo, el significado "mujer" sólo adquiere significación cuando entra en un sistema relacional con el hombre, no por sí misma.

Gloria Anzaldúa (1942–2004) y Cherrie Moraga (1952–)

Al igual que otras teóricas feministas lesbianas, las chicanas Gloria Anzaldúa y Cherrie Moraga han cuestionado el concepto de "identificación de la mujer" que parte desde la visión de mujer blanca, de cultura anglosajona y de clase media. Estas críticas proponen conceptos más flexibles de identidad lesbiana, más relacionados con las mujeres de diferentes etnias, culturas y clases sociales.

IX. La teoría queer

Los estudios *queer*. La palabra inglesa "queer" ha tenido muchos significados diferentes en distintos lugares y momentos de la historia. Originalmente se refería a lo extraño o a la diferencia. Con el tiempo llegó a convertirse en un insulto para referirse a las relaciones sexuales entre personas del mismo sexo, específicamente entre hombres gays "afeminados." Durante la década de los 1980s, algunas asociaciones de resistencia activa como Nación Queer, ActUp y Outrage reivindicaron este término, hasta el punto de que las comunidades LGBT (personas lesbianas, gays, bisexuales y transexuales) lo adoptaron como forma de identidad positiva, consiguiendo así neutralizar el sentido peyorativo que hasta entonces había tenido. Desde entonces se ha estado usando como término que abarca a todas las sexualidades que están fuera de la normativa heterosexual.

Los estudios *queer* son una disciplina académica y multidisciplinar porque se alimenta de otras disciplinas como la sociología, la geografía, la historia, la literatura y los estudios culturales. El objetivo de los estudios *queer* es trascender los estudios lésbicos y gays por su exclusividad de enfoque (personas lesbianas y gays blancas y de clase media). Según los estudios *queer*, los estudios lésbicos y gays sigue prestando demasiada atención a la identidad sexual. Contraria a esta idea de identidad sexual, los estudios *queer*, siguiendo el posicionamiento de Freud y Kinsey, insisten en que la homosexualidad no es una identidad (es sólo un aspecto de ésta) sino actos. Otro de los procedimientos que diferencian a los estudios *queer* de los estudios LGBT es que los primeros dejaron de utilizar el modelo binario construido desde posiciones heteronormativas, el cual sigue asumiendo que la diferencias de géneros (masculino / femenino) determina la atracción sexual hacía el género opuesto (heterosexual / homosexual). Siguiendo el modelo de Kinsey (ampliación del espectro entre la heterosexualidad y la homosexualidad), los estudios *queer* iniciaron una nueva manera de pensar sobre la sexualidad que cuestionaba cualquier categorización de sexualidad binaria. Para los estudios *queer*, no todo el mundo experimenta la sexualidad o el género como algo binario (una opción clara de una u otra cosa). Por el contrario, los estudios *queer* abogaron por una naturalización de todas las posibilidades sexuales, celebrando la diferencia y la diversidad. Por ello, además de la heterosexualidad, ha incluido en sus estudios una nueva gama de sexualidades que todavía son consideradas como "perversas."

X. *Cuestionario*

Respondan a las siguientes preguntas:

1. Cómo se categorizaban las prácticas sexuales entre hombres en la antigua Grecia?
2. ¿Qué modelo de sexualidad difundió el cristianismo?
3. ¿Cuáles fueron las principales conclusiones a las que llegó Kinsey?
4. ¿Dónde, cómo y cuándo se inició el Movimiento de Liberación Gay?
5. ¿Cuáles fueron los cuatro objetivos que el Movimiento de Liberación Gay intentó conseguir?
6. ¿En qué se centraron los primeros estudios teóricos gays?
7. Los estudios de la teoría feminista lesbiana se centraron en tres objetivos. ¿Cuáles son?
8. ¿Qué tipo de sexualidades analizan los estudios *queer*?

XI. *Sugerencias para una interpretación gay, lesbiana y* queer[3]

Homoerotismo en la antigua Grecia

–Vean si existe alguna relación que siga la tradición homoerótica griega entre el erómeno y el erastés.

---

3. La fuente principal de la sección XI es Ryan (ver Bibliografía: General).

Representaciones de la homosexualidad

–Busquen los momentos en la obra en que aparezcan posibles alusiones homosexuales o alusiones que pueden portar algún sesgo homoerótico.

–Analicen si la homosexualidad es tratada en la obra como insinuación, con un tratamiento indirecto, o de forma explícita.

–Vean las referencias al diablo, las brujas, las bestias y los hechizos, ya que suelen estar asociados con la homosexualidad.

Identidades

–Distingan cómo ha sido modelada la heterosexualidad forzada desde la heteronormatividad.

Personajes

–Presten atención a cualquier personaje que esté fuera de lo normativamente aceptable.

–Sigan la trayectoria de los personajes estigmatizados o que puedan ser estigmatizados.

–Observen si existen imágenes de sumisión sexual, de "feminización" del hombre (por ejemplo privación de poder) o de "masculinización" de la mujer (adquisición de poder).

–Observen si algún personaje expande o mezcla los límites y posiciones que le corresponden a su género.

–Distingan cómo la pérdida de poder (social, económico, político) de algún personaje puede verse como una metáfora de la feminización.

–Vean si algunos personajes se disfrazan de género opuesto.

–Observen si algún personaje masculino se despoja de sus ropas. El despliegue visual puede estar evocando una mirada homosexual.

Violencia

–Analicen la subordinación en términos de características débiles y de privilegio de los fuertes.

–Analicen los recursos de sobrevivencia que utiliza el hombre homosexual ante la agresividad heteronormativa.

Cuerpo

–Presten atención a cualquier parte del cuerpo que pueda sugerir alguna metáfora referida a la homosexualidad.

Psicología

–Vean si el comportamiento psicológico de algún personaje masculino está relacionado con el estereotipo de comportamiento de la mujer (por ejemplo, se guía más por el sentimiento que por la razón).

Feminización / masculinización

–Analicen cómo se produce la feminización del hombre y las consecuencias destructivas como, por ejemplo, la reducción de poder y autoridad.

–Vean si la feminización del hombre le provoca una reacción histérica como la locura u otros desequilibrios psíquicos.

–Cuando la mujer asume poderes tradicionalmente masculinos, suele tener lugar la feminización del hombre. Analicen cómo esta feminización afecta a los hombres cuya identidad masculina depende de la confirmación de la identidad femenina.

–Analicen el personaje que se vea "inmunizado" a la feminización (no depende de la mujer para confirmar su heterosexualidad).

–Vean cómo estos personajes "inmunizados" suelen ser personajes agresivos que apenas socializan con la mujer.

–Observen la misoginia como una posible protección de la feminización.

–Fíjense en los actos impetuosos basados en emociones, ya que dentro del código corporal suelen ser codificados como femeninos.

–Busquen el precio que paga el hombre por comportarse como una mujer (abandono de la razón y falta de control de las emociones).

–Detecten indicios de pasividad o penetración. Interprétenlos como de condición femenina y vean si se dan en algún personaje masculino.

–Hagan lo mismo con los personajes femeninos; si alguno de ellos asume características masculinas fálicas se podrá interpretar como de condición masculina.

–Determinen si hay algún personaje masculino con características "femeninas" que pueda representar una nueva masculinidad.

–Observen si la feminidad es un "suplemento" en el ideal de masculinidad y si sus "características" son un peligro potencialmente subversivo cuando son adoptadas por el hombre.

–Observen si algún personaje femenino puede verse como "masculinizado."

Relaciones heteronormativas

–Fíjense en las relaciones de afecto entre hombres y mujeres. Vean si algún personaje masculino o femenino siente desapego hacia el sexo contrario.
–Analicen el marco heteronormativo en el que se desenvuelven los personajes homosexuales.
–Vean los diferentes discursos como el legal, el religioso o el familiar y los rituales forzosamente heterosexuales que dominan una determinada cultura. Determinen el grado de hostilidad de estos discursos y rituales hacia los actos homosexuales.

Inestabilidad heterosexual

–Observen si la heterosexualidad se percibe como inestable y si esta inestabilidad produce cierto miedo en el hombre heterosexual. En general, pueden ver el miedo que produce la inestabilidad cuando el hombre se reafirma constantemente en su masculinidad.
–Vean cómo la identidad heterosexual masculina, más que una identidad per se, es una relación de intercambio donde el hombre masculino se confirma a través de su complementario, la mujer femenina, sumisa y pasiva. Es decir, el hombre afirma su identidad masculina en su oposición con la mujer femenina (el hombre es "hombre" porque no es "mujer").
–Determinen en qué grado la masculinidad del hombre depende de la mujer para que esta masculinidad se confirme.

Homosocialidad

–Busquen toda referencia asociada a la homosocialidad.
–Determinen cómo las relaciones homosociales de igualdad entre hombres pueden derivar en relaciones de tipo homosexual.
–Vean cómo, en un contexto de heterosexualidad masculina, la dependencia emocional entre hombres no está aceptada. Contrástenla con la aceptación de estas relaciones bajo un régimen homosocial.

XII. *Glosario*

Estigma: El término "estigma" proviene del griego y se refiere a las señales corporales destinadas a exponer algo poco frecuente y negativo acerca de la condición moral del que las portaba. Se hacían incisiones o

XIII. Teorías gays, lesbianas y queer

se quemaban estas señales en el cuerpo para advertir que quien las llevaba era un esclavo, un delincuente o un traidor. El estigmatizado era una persona mancillada de ritos contaminados a la que había que evitar, especialmente en los lugares públicos. Aún se dice que las personas que pertenecen a un grupo considerado poco habitual o moralmente negativo comparten un estigma o que están estigmatizados. El hecho de calificarles así y de tratarles de forma distinta a las personas "normales" se denomina estigmatización. A diferencia de las personas estigmatizadas por el color de su piel o por una deficiencia física, existen otros grupos cuyo estigma es invisible, como pueden ser las enfermedades mentales, el alcoholismo, la homosexualidad etc. En los casos de homosexualidad "invisible," el homosexual puede escapar de las consecuencias de ser identificado como miembro estigmatizado. De esta forma, el homosexual puede controlar el acceso de los otros a la información sobre él. La capacidad de controlar la información introduce una nueva y completa gama de complejidades para el individuo que puede decir o no decir; fingir o no fingir; mentir o no mentir; y en cada caso a quién, cuándo, cuánto, cómo y dónde. Los peligros externos pueden oscilar entre ser agredido, ser expulsado de casa por los padres, no ser tomado en cuenta en las promociones laborales, perder el empleo, ser apartado de la congregación eclesiástica, ser rechazado por los amigos, ser excluido de la institución matrimonial, de la paternidad o maternidad, en definitiva sentirse excluido del mundo.

Homofobia internalizada: Los niños homosexuales suelen sentirse diferentes de los demás niños. Uno de los síntomas más frecuentes proviene del hecho de que les atrae los juegos del sexo opuesto. Mucho antes de sentir deseos sexuales o de conocer conceptos vinculados a la orientación sexual, el niño homosexual oye a otros niños pronunciar palabras como "marica," "maricón" y "marimacho" para mostrar su desprecio, ya que no conforma las expectativas de conducta diferenciadas por sexo. Los prejuicios hacia el niño homosexual también están asentados en estamentos como la familia, los educadores, la iglesia y la sociedad en general. El niño homosexual percibe estos prejuicios que llegan a enquistarse en su psique, infligiéndole un profundo dolor psicológico que se transforma en un odio hacía sí mismo. A este auto-odio se le llama "homofobia internalizada."

Durante la adolescencia, el joven homosexual empieza a reconocer una incongruencia entre sus sentimientos y los de sus compañeros. Esta incongruencia puede adoptar la forma de una falta de interés por el sexo opuesto y el interés por el propio sexo. La incongruencia de sus sentimientos se traduce en una confusión y de la confusión surge el conflicto entre sus incipientes sentimientos y su presunción de que hasta la fecha él era heterosexual como los demás. Este estado de desconcierto, desorientación y ansiedad suele finalizar con algún tipo de toma de conciencia de que es gay. Una vez alcanzado este punto, se vuelve a hallar en otra encrucijada: ¿lo aceptarán como homosexual?

La manifestación más común de la homofobia internalizada es la sensación de vergüenza ante la perspectiva de ser identificado como gay o lesbiana. Esta homofobia internalizada significa enfrentarse a posibles amenazas internas de uno mismo con la consecuente aparición de sensaciones dolorosas. Para hacer frente a estas amenazas internas, el individuo se ve en la necesidad de elaborar una serie de actitudes para manejar el estigma. Algunos individuos, en lugar de hacer frente a las consecuencias de ser calificados como homosexuales, deciden proyectar al mundo una identidad "asexuada." Otros deciden hacerse pasar por heterosexuales. Normalmente llevan una doble vida, aparentando su heterosexualidad mediante la representación falsa y la mentira cuando es necesario, lo que supone un gran gasto de energía psicológica.

A medida que los individuos van sintiéndose más cómodos con su homosexualidad, entran en una fase donde empiezan a aceptar esta visión de sí mismos como una identidad propia válida, lógica y satisfactoria. Es entonces cuando se produce una consolidación de los aspectos sexuales con los románticos, redefiniendo las relaciones con personas del mismo sexo como una fuente legítima de amor y afecto. Reconocer que uno se ha enamorado de una persona del mismo sexo es indicativo de un profundo compromiso con la identidad homosexual.

Pánico sexual: Se refiere a la violencia social ejercida contra los homosexuales. Los teóricos han resaltado que esta violencia, ejercida desde las formas más rigurosas de la heterosexualidad, tiene su origen en la ansiedad que crea la inestabilidad de la identidad heterosexual y el miedo a que dicha identidad sea una invención contingente.

Bibliografía

Abelove, Henry, Michéle Aina Barale and David M. Halperin, eds. *The Lesbian and Gay Studies Reader*. London: Routledge, 1993.
Aliaga, Juan Vicente, and José Miguel G. Cortés. *Identidad y diferencia sobre la cultura gay en España*. Barcelona: Egales, 1997.
Barber, Stephen M., and David L. Clark, eds. *Regarding Sedgwick: Essays on Queer Culture and Critical Theory*. New York: Routledge, 2002.
Blackmore, Josiah, and Gregory S. Hutcheson, eds. *Queer Iberia. Sexualities, Cultures, and Crossings from the Middle Ages to the Renaissance*. Durham, NC: Duke University Press, 1999.
Bleys, Rudi C. *The Geography of Perversion: Male-to-male Sexual Behavior Outside the West and the Ethnographic Imagination, 1750–1918*. New York: NYU, 1995.
Braun, Sabine, and Christine Proske. *Amor entre mujeres: amistad, deseo y ternura*. Tr. Elena Meliveo. Madrid: Edaf, 1993.

XIII. Teorías gays, lesbianas y queer

Buxán Bran, Xosé M., ed. *Conciencia de un singular deseo*. Barcelona: Laertes, 1997.
Córdoba, David, Javier Sáez and Paco Vidarte, eds. *Teoría Queer: Políticas Bolleras, Maricas, Trans, Mestizas*. Barcelona: Egales, 2005.
Creekmur, Corey K., and Alexander Doty, eds. *Out in Culture: Gay, Lesbian, and Queer Essays on Popular Culture*. Durham, NC: Duke University Press, 1995.
Dean, Tim, and Christopher Lane, eds. *Homosexuality & Psychoanalysis*. Chicago: University of Chicago Press, 2001.
Dollimore, Jonathan. *Sexual Dissidence: Augustine to Wilde, Freud to Foucault*. New York: Oxford University Press, 1992.
Eribon, Didier. *Escapar del Psicoanálisis*. Tr. Geoffroy Huard de la Marre. Barcelona: Bellaterra, 2005.
_____. *Insult and the Making of Gay Self*. Tr. Michael Lucey. Durham, NC: Duke University Press, 2004.
Fiocchetto, Rosanna. *La amante celeste*. Tr. María Cinta Montagut Sancho. Madrid: Horas y Horas, 1987.
Freud, Sigmund. *Esquema del psicoanálisis y otros escritos de doctrina psicoanalítica*. Tr. Luis López-Ballesteros y de Torres and Ramón Rey Ardid. Madrid: Alianza, 1974.
_____. "Letter to an American Mother." *American Journal of Psychiatry* 107 (1951). 786.
Greenberg, David F. *The Construction of Homosexuality*. Chicago: University of Chicago Press, 1990.
Halperin, David M. *How to Be Gay*. Cambridge, MA: Harvard University Press, 2014.
Hocquenghem, Guy. *Homosexual Desire*. Tr. Daniella Dangoor. Durham, NC: Duke University Press, 1993.
Jagose, Annamarie. *Queer Theory: An Introduction*. New York: New York University Press, 1996.
Jeffreys, Sheila. *La herejía lesbiana. Una perspectiva feminista de la revolución sexual lesbiana*. Tr. Heide Braun. Madrid: Cátedra, 1996.
Llamas, Ricardo. *Teoría retorcida: prejuicios y discursos en torno a "la homosexualidad."* Madrid: Siglo XXI, 1998.
Mira, Alberto. *Para entendernos. Diccionario de cultura homosexual, gay y lésbica*. Barcelona: Tempestad, 1999.
Mondimore, Francis Mark. *Una historia natural de la homosexualidad*. Tr. Mireille Jaumà. Barcelona: Paidós, 1998.
Morton, Donald, ed. *The Material Queer. A LesBiGay Cultural Studies Reader*. Boulder, CO: Westview, 1996.
Pérez Navarro, Pablo. *Del texto al sexo: Judith Butler y la perfomatividad*, Barcelona: Egales, 2008.
Rich, Adrienne. "Compulsory Heterosexuality and Lesbian Existence." *Signs* 5.4 (1980). 631–660.
_____. "The Temptations of a Motherless Girl." *On Lies, Secrets, and Silence*. London: Virago, 1980.
Rule, Jane. *Lesbian Images*. Trumansberg, NY: Crossing, 1975.
Sáez, Javier. *Teoría Queer y psicoanálisis*. Madrid: Síntesis, 2008.
Sanfelíu, Luz. *Juego de damas. Aproximación histórica al homoerotismo femenino*. Málaga, Spain: Universidad de Málaga, 1996.
Scheber, Rene. *La Pedagogía pervertida*. Tr. Jerónimo Juan Mejía. Barcelona: Laertes, 1983.
Sedgwick, Eve Kosofsky. *Between Men: English Literature and Male Homosocial Desire*. New York: Columbia University Press, 1985.
_____. *Epistemología del armario*. Tr. Teresa Bladé Costa. Barcelona: Tempestad, 1998.
Sparfgo, Tamsin. *Foucault y la teoría queer*. Barcelona: Gedisa, 2007.
Sullivan, Nikki. *A Critical Introduction to Queer Theory*. New York: New York University Press, 2003.
Wittig, Monique. *The Straight Mind and Other Essays*. Boston: Beacon, 1992.
Woods, Gregory. *Articulate Flesh: Male Homo-eroticism and Modern Poetry*. New Haven: Yale University Press, 1987.
_____. *This Is No Book: A Gay Reader*. Nottingham, UK: Mushroom, 1994.

Capítulo XIV

Estudios culturales

I. En este capítulo veremos

Los estudios culturales / la relación entre los estudios culturales y la teoría / Richard Hoggart / Raymond Williams / E.P. Thompson / Stuart Hall / Carlos Monsiváis, cronista de México / Manuel Vázquez Montalbán: la canción popular franquista

II. Conceptos clave

La alta cultura / la cultura de masas / la semiótica

III. ¿Qué son los estudios culturales?

En general relacionamos cultura (*) con música, danza, literatura, moda y diseño. Hasta bien entrado el siglo XX los análisis sobre estas actividades y productos culturales se enfocaban principalmente en lo que se ha llamado "alta cultura" (*), distinguida de la "cultura popular" (*). Después de la Segunda Guerra Mundial, junto a los estudios de "alta cultura" aparecieron los estudios culturales (*), cuyos análisis teóricos se dirigieron a conocer y entender la "cultura de masas" en términos de su práctica ejercida dentro de un contexto social, económico y político; sus medios de producción y el público consumidor. En sus análisis, los estudios culturales suelen incluir una evaluación moral con un claro compromiso de reconstrucción social. Los estudios culturales carecen de sus propios principios, teorías o métodos, por lo que se consideran, no como una disciplina, sino como una anti-disciplina, porque, al no tener un área de estudio clara y definida, no se subscriben a los límites de las disciplinas institucionalizadas. Suelen describirse como una colectividad de aproximaciones teóricas amplias e inclusivas dirigidas a numerosas cuestiones planteadas por la cultura desde diferentes posiciones políticas. Los estudios culturales toman prestado principios, teorías, y métodos de disciplinas ya establecidas en la academia como las ciencias sociales (sociología, antropología, psicología, lingüística); las humanidades (periodismo, filosofía, musicología, geografía, arte, cine y medios de comunicación); modos de pensamiento (marxismo, poscolonialismo, feminismo y postestructuralismo) y movimientos políticos. Aunque sea una disciplina difícil de definir, no quiere decir que los estudios culturales no tengan unos objetivos claros. Sólo por citar uno de ellos, quizás el más importante, diremos que intentan superar la división entre la cultura popular, cuya forma de saber proviene de una supuesta intuición, y la "alta cultura," cuya forma de conocimiento proviene de formas más racionalizadas.

IV. Relación entre los estudios culturales y la semiología

Para entender como actúan los estudios culturales, necesitamos prestar atención a algunos principios y conceptos, especialmente la aproximación lingüística de Ferdinand de Saussure y su teoría sobre el signo lingüístico estudiada en el capítulo sobre el estructuralismo. Los discípulos de Saussure, partiendo de los principios que gobiernan los sistemas lingüísticos explicados por el maestro, desarrollaron estos mismos principios, pero aplicados a la comunicación no verbal. Con ello pudieron explicar cómo los signos (verbales y no verbales) funcionan en un contexto social. A este tipo de estudio se le denomina "semiología" (*), es decir, la ciencia que estudia los signos tanto verbales como no verbales. En su práctica la semiología analiza las relaciones que existen entre los sistemas de signos en nuestra vida diaria y el orden social. Para analizar los actos de comunicación lingüística, la semiótica utiliza procedimientos descriptivos como los de dividir la frase en categorías (nombre, verbo y adjetivo) y funciones (sujeto de la oración y predicados). Para analizar actos de comunicación no lingüística, la semiología utiliza estos mismos procedimientos descriptivos.

Cualquier situación de comunicación no lingüística suele ser concebida por la semiología como una secuencia de momentos. Esta secuencia facilita al semiótico la clasificación, ordenación y creación de reglas ordenadoras de la situación antes del análisis. Un ejemplo de momentos en una secuencia (una situación de flirteo) podría ser el siguiente: 1. el inicio, donde la mirada ocupa un papel relevante; 2. el enfoque de la mirada dirigida al cuerpo; 3. el entrecruzamiento de miradas; y así sucesivamente podríamos ir añadiendo posibles momentos en la secuencia hasta finalizarla. Al igual que una situación de flirteo, se pueden estudiar otros tipos de signos como: la fotografía, el cine, la publicidad, los objetos, el teatro, la televisión, la moda, la canción popular, el cuerpo, los objetos, el entorno, la distribución del espacio y el tiempo, el comer, el beber, el sexo, el baile, los saludos, los actos políticos, las fiestas, la forma en que vestimos o comemos y cómo socializamos; es decir, todo aquello que comunica algo sobre nosotros mismos.

V. Los teóricos fundacionales[1]

El nombre de "estudios culturales" se originó en el centro llamado Centre for Contemporary Cultural Studies (Centro de Estudios Culturales Contemporáneos) en la Universidad de Birmingham. Los estudios culturales ocuparon, por primera vez, un lugar en el mapa de la teoría cuando en 1974 se empezaron a publicar los trabajos de algunos de sus miembros como Richard Hoggart (1918–2014), Raymond Williams (1921–88), E.P. Thompson (1924–93) y Stuart Hall (1932–2014). Algunas de las características que une a este grupo de teóricos fue el hecho de que todos provenían de la clase trabajadora; todos ejercieron como profesores; a todos les preocupaba el problema de la cultura y la clase en la sociedad inglesa, por lo que cada uno de ellos trató de entender el papel y los efectos de esta cultura en relación con la clase obrera inglesa después de la Segunda Guerra Mundial.

Después de la guerra, Inglaterra necesitaba urgentemente la reconstrucción del país. Una de estas medidas se inició en el sistema educativo que promovió dos proyectos. El primero consistía en hacer extensivas las oportunidades de una educación a las clases populares. El segundo se basaba en promover la educación de los adultos.

Richard Hoggart

Proveniente de la clase trabajadora, empezó su carrera académica como profesor para adultos en la Universidad de Hull. Más tarde, ya como profesor de literatura inglesa en la Universidad de Birmingham, fundó junto a otros intelectuales ya mencionados el Centro de Estudios Culturales Contemporáneos. En general, su obra analiza tres de los grandes temas concernientes a los estudios culturales: las condiciones

---

1. La fuente principal de la sección V es Walton (ver Bibliografía: Capítulo XIV).

de la vida en la clase obrera inglesa, la cultura popular, y la importancia de los medios de comunicación como transmisores de la cultura popular. En su obra *The Uses of Literacy* (*Los usos del alfabetismo*, 1957), muestra la producción de cultura en Inglaterra por la clase hegemónica y cómo ésta es consumida por las clases populares.

Según Hoggart, las legitimadas formas culturales de la elite, transmitidas a través de los medios de comunicación, proyectaban unos valores que solían ser adoptados por la clase obrera. El prestigio y reconocimiento de "superioridad" de la "alta cultura" por parte de los obreros hacía que su propia culura ("cultura de masas") quedara relegada a un segundo plano. Ante esta situación Hoggart emprendió una lucha contra la imposición cultural desde el elitismo canónico de la "alta cultura," al mismo tiempo que promocionó la validez y legitimidad de la "cultura de masas." Para ello celebró la "auténtica" cultura popular de la nueva clase trabajadora de la industria inglesa de la pre-guerra, a la que describía como un todo interconectado. Un ejemplo de interconectividad, según Hoggart, eran los "pubs" y los clubs de los trabajadores. La íntima interrelación de estos centros con la familia y sus actividades, enriquecían, según Hoggart, la vida de los obreros.

En sus análisis sobre la cultura popular inglesa versus la cultura popular estadounidense que empezaba a llegar a Inglaterra, Hoggart argumenta que la cultura popular inglesa está conectada de forma más directa y espiritual que la norteamericana con las condiciones sociales de la clase trabajadora. Lejos de la conexión espiritual de la cultura inglesa con las condiciones de vida de los obreros, la cultura popular norteamericana (música pop, programas de televisión y comics), dice Hoggart, es superficial y presuntuosa ya que, según él, no conecta con los problemas reales de la clase obrera inglesa. Las duras críticas de Hoggart sobre la cultura popular norteamericana no impidió que ésta "colonizara" el imaginario colectivo, desplazando así la cultura tradicional inglesa a un segundo plano.

Raymond Williams

Como Hoggart, Raymond Williams proviene de la clase trabajadora y empezó su carrera como profesor para adultos. Desde 1946 a 1960 trabajó en la Universidad de Oxford. Sus estudios han servido para establecer algunas de las bases conceptuales y metodológicas de los estudios culturales. El principio organizador de una de sus obras más importantes, *Culture and Society* (*Cultura y sociedad*, 1958), es que la idea y el término de "cultura" empezó a conformarse en el mundo intelectual inglés durante la revolución industrial y con ella el sistema capitalista en el siglo XVIII. Tomando como punto de partida este período, Williams analiza el desarrollo histórico de la cultura en relación a los cambios producidos bajo el desarrollo del capitalismo industrial.

Este método, adoptado por Williams, de contextualizar la cultura dentro de un período histórico para poder ofrecer definiciones apropiadas, proviene del concepto de "materialismo histórico" de Karl Marx. Al igual que Marx, Williams describe la noción de cultura como una correspondencia entre ésta y la vida material. La vida espiritual o valores culturales de una sociedad representados por la "superestructura" y la vida material o las relaciones socio-económicas representadas por la "infraestructura," lejos de funcionar de forma independiente, están fuertemente interrelacionadas, siendo la infraestructura la que en última instancia determina las formas culturales. Partiendo de este dialogismo material, Williams propone que se tenga en cuenta, además de los conceptos relacionados con la "superestructura" de la Inglaterra de la década de los 1940s (arte, religión, política, leyes, educación y vida familiar), todos los tipos de cambios producidos en las relaciones socioeconómicas o "infraestructura" (carreteras, red ferroviaria, organización industrial y regulación de impuestos). La cultura no es algo fijo y conclusivo, dice Williams, sino un proceso evolutivo que, a través de sus diferentes condiciones históricas, se dirige hacia una forma completa de cultura humana general. Esta idea de la cultura evolucionando hacia una forma "completa" coincide con la idea de Marx sobre la evolución de la "dictadura del proletariado" hacia la utopía socialista de una sociedad sin clases.

E.P. Thompson

A Thompson se le conoce por su asociación con la teoría marxista y como presidente de la campaña por el desarme nuclear y la paz. En su obra *The Making of the English Working Class* (*La fabricación de la clase obrera inglesa*, 1978), Thompson teoriza sobre la "clase obrera." La clase, dice Thompson, no es una categoría estructural utilizada por los teóricos de la historia o sociólogos marxistas, sino un "fenómeno histórico," un acontecimiento que se materializa a través del tiempo y exterioriza en las relaciones humanas. Es decir, la clase se concreta cuando, en un determinado tiempo histórico, nace en algún sector de la población una conciencia de grupo, un sentimiento de pertenencia de clase, que acaba manifestándose en la diferencia y el conflicto. Las personas, como consecuencia de sus experiencias e intereses comunes, sienten y articulan una ideología grupal. La manifestación de pertenencia a un grupo se manifiesta en la confrontación con otras personas cuyos intereses, opuestos a los suyos, se han configurado con otra ideología grupal. Thompson sigue argumentando que esta confrontación hace que la existencia de una clase dependa de la otra clase con la que está en conflicto. Como en el signo lingüístico saussureano, la significación (existencia) del signo "clase obrera" adquiere su significado solamente en el sistema de confrontaciones con el signo opuesto "clase dominante" y viceversa.

Stuart Hall

Sociólogo y crítico literario, de clase media conservadora, nació en Jamaica. En 1951 obtuvo una beca para estudiar en Oxford. En la década de los 1950s, Hall se convirtió en uno de los líderes de la Nueva Izquierda. En las décadas de los 1960s y 70s, trabajó en el Centro de Estudios Culturales Contemporáneos. Hall está convencido que los estudios culturales deben servir para dar respuestas tanto teóricas como prácticas. Por eso, a Hall se le conoce tanto por su trabajo teórico como por su activismo político. En su obra *The Popular Arts* (*Las artes populares*, 1964), Hall examina la música popular, situándola en relación a las condiciones sociales, económicas y políticas de los consumidores de dicha música. El fenómeno de la música pop, al igual que el baile, la forma de vestir y el léxico callejero que identificaba a los jóvenes ingleses de la década de los 1960s se convirtieron en un factor diferenciador de la subcultura juvenil a la que representaban. Los jóvenes adoptaron estas formas culturales ya que con ellas podían expresar la diferencia con otros grupos de adolescentes y su descontento con el sistema. Los promotores de esta subcultura del adolescente rebelde, según Hall, fueron los medios de comunicación, que a partir de estos años empezaron a adquirir gran relevancia como propagadores de la cultura popular. Sin embargo, estos productos culturales diferenciadores, son, según Hall, contrarios a la "autenticidad" de la cultura inglesa que él, como Hoggart, creía más beneficiosa para la formación de los jóvenes ingleses.

VI. Dos ejemplos de escritores de estudios culturales

Carlos Monsiváis (1938–2010)

La crónica de Carlos Monsiváis es un género que se ha caracterizado principalmente como periodismo literario. Es literario, en parte, por la forma poética con que construye sus crónicas. Por ello, las crónicas de Monsiváis presentan un discurso abierto y connotativo, sostenido por diferentes recursos literarios que permiten al lector multiplicidad de interpretaciones. En el tono socarrón de sus crónicas encontramos realidades, objetos, personajes y sucesos que traspasan la inmediatez del reportaje periodístico para instalarse en nuestra conciencia, a través de una breve sentencia, una metáfora precisa o un símbolo justo y necesario. En cuanto a los temas de las crónicas, vemos como Monsiváis recoge y transmite un exhaustivo retrato de la historia y los sueños de todo el pueblo mexicano. Leer a Monsiváis es ingresar en un territorio donde se cuestiona la identidad de México, su devenir y su posicionamiento en el margen, enmarcado en una era globalizada. Conociendo como nadie los males de México, Monsiváis presta su voz a un pueblo que, ante una situación de explotación de desempleo, de sueldos de hambre (cuando los hay) y de un sistema político corrupto, sabe consolarse como sólo México sabe hacerlo, poniéndole música al olvido, al desamparo, a la derrota, a la impotencia de no poder hacer nada, al despecho y al coraje.

De todos es sabido el amor que Carlos Monsiváis tenía por la música. Una de las múltiples anécdotas que lo relacionan con la música es la frase que la escritora Elena Poniatowska le dedicó a su muerte: "cantamos contigo, a ti te gustaba cantar y eras muy entonado" (Poniatowska, s.n.). En el libro *Historia general de México* (1976), encontramos un capítulo de Monsiváis titulado "Es el baile del pingüino un baile elegante y fino." El tono burlesco del título proviene de una canción cubana que se refiere a quienes visten de frac. El bombín y las colas de las chaquetas de color negro contrastan con el blanco de las pecheras, dando la apariencia de un pingüino. La canción se tocaba durante las bodas y hacía alusión a los "elegantes" que bailaban en el salón. Sátira de lo que la clase alta mexicana consideraba como el "summum" de la elegancia.

En el capítulo aparecen varios personajes como el timbalero cubano Tiburcio Hernández (el Babuco) que ha venido desde Veracruz a inaugurar el centro de diversión Salón México. El Salón se describe como un espacio ambivalente donde se mezclan las causas y anhelos de las masas protagonistas. Es el 20 de abril de 1920 y los jóvenes que acuden al Salón México a bailar no "hablan de la Revolución porque ya discutieron otro día durante la comida." Las clases sociales se distinguen claramente por su relación con el producto oleaginoso que supuestamente consumen. La clase alta son los "de la mantequilla," la clase media son los "de la manteca" y la clase obrera son los "del sebo." En el lugar destinado a los "del sebo," podemos leer "se prohíbe tirar las colillas de cigarro al suelo porque se queman las señoritas" (Monsiváis 1976, 266). Lo impersonal de la enunciación "se queman las señoritas" induce inevitablemente a leer que las colillas puedan encender la "pasión" de las señoritas. Es posible que el danzante que lo lea literalmente dejará de tirar colillas al suelo. Pero no nos engañemos, para el espíritu burlón del pueblo mexicano, el doble sentido de la frase conducirá al efecto contrario del enunciado. Un efecto que no se hará esperar, la proporción de las señoritas "quemadas" será igual a la cantidad de colillas encendidas tiradas al suelo.

Con un aire democratizador, el Salón México es descrito como "templo y centro de diversión a precios al alcance de todos" (*ibíd.*, 266). Evidentemente, en este contexto, el término "templo" es contemplado como el edificio o lugar destinado pública y exclusivamente al culto de sus dioses los cantantes, las canciones a ritmo de danzón y los ceremoniosos bailes perpetrados por los danzantes. Monsiváis describe una pareja de danzantes y dice que el muchacho es:

> Tarzán o pachuco..., la cintura breve y el torso anchísimo, la piel morena y los amplísimos belfos rematados por un exiguo bigote, el cabello envaselinado y el copete alto, el pantalón de embudo al que rigen en su desafío unos tirantes amarillos, el desafiante pañuelo rojo de la bolsa trasera, los calcetines que distribuyen en rombos sus colores álgidos, los zapatos tenis [*ibíd.*, 268].

La muchacha, objeto de deseo, se dispone a ofrecer una coreografía pensada y ensayada con el fin de exhibir sus "tobilleras amarillas y zapato rojo, falda azul pegada a la blusa blanca de puntos rojos con exhibición ubérrima de sus ofrecimientos poscoreográficos, moño rojo, aretes amarillos y un intenso carmín en los labios" (*ibíd.*).

Con finísimo humor, Monsiváis dirige su ojo crítico hacia el ambiente desesperanzado de los danzantes, que se arrojan a la pista de baile, se despegan de la colectividad y se disponen a ejercer un rito sagrado, viva expresión del desahogo de un erotismo reprimido. Las trompetas, los ritmos musicales que hacen suspirar desbordan la complicidad de los danzantes que, en posición de partida, anhelan palpar el cuerpo del otro. Los dos, con la furia del poseído por el ritmo, se arriman y ejecutan los pasos dictados por la música, dramatizando el acto, como si en ello les fuera la vida. El "cortejo erótico" (*ibíd.*) de los danzantes se expresa en un erotismo lleno de arrebatadas contorsiones controladas. El paso corto, repetido hasta la saciedad, sigue el ritmo con la precisión del que ha estado ensayando, mientras el sudor se despega de los cuerpos salpicándose y salpicando a los otros. Este paso repetitivo insiste machaconamente en las mismas notas de la trompeta. Perdida la patina de vulgaridad propia de los campesinos, él es el dandy, que sólo busca la complicidad de ella cuando necesita su propio lucimiento. Se desplaza sin agitar los hombros manteniendo el "busto erguido, la virilidad quebrada de la cadera, la mirada perdida en un horizonte inexistente. Obedece a los silencios con exacta precisión, la suave energía del giro, la cantidad precisa de fuerza en el ajuste de la mano sobre su compañera." Ella, con desinhibida vulgaridad, expone desafiante una sensualidad concentrada en "el peinado alto y el collar de imitación y el vestido negro y el cuidado de la piel y la risa que vivifica la melancolía hogareña y el ajustado pliegue que adelanta los secretos de su dote." Como experta sacerdotisa, "ella vive con apasionada distinción su manejo de la alegría facial, a mostrar a los cuatro vientos lo que se tiene" (*ibíd.*, 268).

Las orquestas del pasado son recuperadas por Monsiváis con reconocimiento nostálgico. Sus componentes son "músicos viejos" que "con indiferencia ... se uncen a los instrumentos" (*ibíd.*, 270). La hiperbólica connotación de los músicos enganchados a sus instrumentos contrasta con la liberada alegría de los danzantes. El director de orquesta actúa como el sacerdote que transmite el secreto a sus iniciados a través de enigmáticas frases como "menear el bote," "darle vuelo a la hilacha," o "sabroso y guapachoso" (*ibíd.*). Ante estas consignas, los músicos reaccionan con más o menos socarronería, porque son viejas repeticiones conocidas de los muchos y muchos años de acoplamiento perfecto con sus instrumentos. Salón México, saturado de gentes que esperan al famoso cantante, descrito como aquel que se viste "como ya no se viste cosa o persona alguna, con un saco derrochador en esta época de escasez de tela" (*ibíd.*). La voz melódica, el fraseo perfecto del cantante le da a su voz una "austeridad relajada que le va a la letra, con la ternura rígida y contenciosa que es propia de un modulador de sentimientos" (*ibíd.*). El príncipe de la canción, voz romántica que transmite con puntualidad y exactitud el proceso del cortejo amoroso, las composiciones de la derrota, la angustia de haber sido y el dolor de ya no ser.

Manuel Vázquez Montalbán (1939–2003)

Semiólogo, sociólogo e historiador, Vázquez Montalbán instauró las bases teóricas para el análisis de los estudios culturales en España. Pionero y único en su tiempo, Vázquez Montalbán hizo una valoración estética del carácter alienante de la canción popular durante el franquismo, así como las condiciones de producción y recepción de este tipo de canción. Su obra *Cien años de canción y music hall* es una crónica de las canciones, sus intérpretes y las prácticas musicales que abarca desde la Restauración borbónica de 1875, pasa por la dictadura franquista y la Nova Cançó catalana y finaliza en 1974, fecha de la publicación del libro.

La canción popular favorecida por el régimen franquista (de los años 40 y 50) llenaba las expectativas de la ideología oficial con su exaltación a todo lo español, expresado en las voces de cantantes como Conchita Piquer, Juanita Reina y Juanito Valderrama. La particularidad estructural más notable de esta canción popular es una fórmula que se rige por la brevedad de la letra y la repetición de la melodía. Fórmula que, por un lado, favorece el trabajo de la memoria y, por otro, implica una condensación narrativa que en tres minutos es capaz de formular una historia susceptible a abarcar unas significaciones amplias y una emoción intensísima. Canciones insulsas, canciones de amor, canciones de desamor, canciones oficiales de corte nacionalista construidas desde el folklore andaluz, canciones puestas al servicio de la España franquista que repetían los mitos oficiales del imperio. Antonio Amaya cantaba las gestas de Castilla y Cristóbal Colón, Madrid se glorificaba con el chotis "Madrid" y un desfile de personajes populares promovían una España como "unidad de destino en lo universal." Analizar esta canción popular de los años 40 y 50 significa para Vázquez Montalbán denunciar la cultura de estos años difundida desde arriba, promotora de esquemas y productos culturales con el fin de legitimar su régimen dictatorial. Fueron modelos de canción arquetípicos, únicos sin otra alternativa posible. Estas canciones nacional-franquistas, destinadas a las masas, escogidas desde una estudiada estrategia de impregnación ideológica y que tanto ayudaron al sostenimiento de la política cultural oficial, fueron impulsadas por todos los medios de comunicación, especialmente la radio. Por sus ondas, la radio difundía machaconamente, hora tras hora, los valores ético-morales del régimen que llegaban a todos los hogares. La constante repetición cancioneril ayudó al escapismo y permitió a muchos españoles resarcirse de la derrota y la humillación del vencido.

Sin embargo, estas canciones no siempre lograron su objetivo alienante entre los españoles. Las tragedias sentimentales y los arquetipos sexuales propuestos por el franquismo transmitían un claro mensaje de negación de la sexualidad a los españoles. Estos españoles de la posguerra, como ha sucedido en otros tiempos de la historia, lograron transgredir el mensaje original sobre la sexualidad y el erotismo que estas canciones representaban, descubriendo en ellas "una rebeldía, a veces feroz, contra las normas, aunque fuera una rebeldía sometida y mal resuelta" (Vázquez Montalbán, 200).

Una de las canciones que mejor representa la mal resuelta ecuación entre la virtud y la sexualidad femenina es la canción "Tatuaje," conocida mayormente por la interpretación de Conchita Piquer. Desde el sistema promocional del régimen, "Tatuaje" es el modelo de canción nacional con una protagonista femenina desgarrada por un amor desaparecido.

En términos propagandísticos la canción era interpretada, en la línea melodramática de la canción sentimental, como una banal historia de amor perdido, de búsqueda, soledad y espera (la letra de "Tatuaje" se encuentra en *ibíd.*, 207–08). Las mujeres españolas, amas de casa, trabajadoras de las fábricas y pluriempleadas todas, aun aceptando la moral impuesta, cantaban esta canción quizás sin una idea clara de lo que estaban cantando, quizás sin saber que aquella era una canción que les daba voz a su condición de mujer de virtuosa moral, de vida ordenada, prisionera de la espera del marinero "azul," "alto y rubio como la cerveza," cuando la media del hombre español era de un metro cincuenta y ocho centímetros de pelo negro como el betún. Desde algunos segmentos de la población, la canción fue leída como un poema-manifiesto de una "rebeldía" contra las normas sexuales, según Montalbán (*ibíd.*, 229). La profesión de la mujer (prostituta), esperando al marinero que muy probablemente tenía tantos encuentros sexuales con mujeres como puertos hayan en su ruta, no la clasifica como el modelo de virtud que el régimen pretendía inculcar en la colectividad femenina.

Otra de las canciones que adquirieron este tipo de interpretación simbólica fue "Mi vaca lechera" (letra en *ibíd.*, 223). Entre los años 40 y 50, España, en plena época de aislamiento internacional, sufrió las consecuencias de la escasez, la penuria y el hambre. Hambre, mucha hambre pasaron los españoles. Son años de "vacas flacas," según el dicho popular. Paradójicamente, la canción promete el cuerno de la abundancia; la vaca, que "no es una vaca cualquiera," proveerá a su dueño de leche merengada y quesos. La felicidad se complementa con la abundancia sexual que, al igual que la vaca, le proveerá la amada, esta vez con besos. La transferencia referencial de la vaca lechera y los pechos femeninos, unida a la relación de proveedoras (leche de la vaca y felicidad de la amada) sugiere una animalización de la mujer. Las transferencias sexuales también se establecen entre la vaca y el hombre. La alusión al "rabo" (la vaca mata moscas con él), junto al estribillo de la canción, "tolón, tolón" (onomatopeya del sonido del cencerro que su amo le ha comprado), es una no muy sutil alusión a la potencia viril del feliz dueño del cencerro que, con su ruido, anuncia su masculinidad por todo el prado.

VII. *Cuestionario*

Respondan a las siguientes preguntas:

1. ¿Qué intentaron los estudios culturales en sus análisis teóricos?
2. ¿De qué disciplinas académicas toman prestado los estudios culturales?

3. ¿Qué estudia la semiótica?
4. ¿De dónde proviene el nombre de "estudios culturales"?
5. ¿Cuáles fueron los dos proyectos educativos promovidos en Inglaterra después de la Segunda Guerra Mundial?
6. ¿Cuáles fueron los tres temas analizados por Hoggart?
7. ¿Cuál es la tesis del libro de Williams *Culture and Society*?
8. ¿Cuál es la teoría de Thompson sobre la "clase obrera"?
9. ¿Qué examina Hall en su obra *The Popular Arts*?
10. ¿Qué temas recoge Monsiváis en sus crónicas?
11. ¿Cuál es el objetivo de Vázquez Montalbán en sus análisis sobre la canción popular española de los años 40 y 50?

VIII. Sugerencias para una interpretación basada en los estudios culturales

Música y canciones

–Partiendo de la obra *The Popular Arts* de Stuart Hall, examinen la música popular y sus consumidores en un país y en un tiempo determinado. Recuerden en situar esta canción popular en su contexto social, político y económico.

–Analicen cómo las canciones, los bailes y la ropa usada por los consumidores de un tipo de música popular forma parte decisiva de una identidad diferenciadora.

Medios de comunicación

–Determinen dónde, cómo y por qué un determinado medio de comunicación promociona un estilo particular de canción popular.

Actos de comunicación no verbales

–Analicen actos de comunicación no verbales como por ejemplo la fotografía (ver capítulo V sobre Roland Barthes y la interpretación sobre el mito).
  –Analicen actos de comunicación no verbales como la fotografía.
  –Analicen actos de comunicación no verbales como el cine.
  –Analicen actos de comunicación no verbales como la publicidad.
  –Analicen actos de comunicación no verbales como la televisión.
  –Analicen actos de comunicación no verbales como la moda.
  –Analicen actos de comunicación no verbales como el cuerpo.

—Analicen actos de comunicación no verbales como los objetos.
—Analicen actos de comunicación no verbales la distribución del espacio.
—Analicen actos de comunicación no verbales como el comer.
—Analicen actos de comunicación no verbales como el beber.
—Analicen actos de comunicación no verbales como el sexo.
—Analicen actos de comunicación no verbales como el baile.
—Analicen actos de comunicación no verbales como los saludos.
—Analicen actos de comunicación no verbales como la forma en que socializamos, o todo aquello que comunica algo sobre nosotros mismos.
—Analicen actos de comunicación no verbales como los actos políticos.
—Analicen actos de comunicación no verbales como las fiestas.
—Analicen actos de comunicación no verbales como la forma en que vestimos.

IX. Glosario

Alta cultura: Concepto utilizado por la crítica para referirse a las formas culturales que, por la complejidad en su formación, se oponen a otras formas de cultura como la denominada "cultura de masas." Desde el punto de vista de la "alta cultura," la "cultura de masas" es considerada como trivial ya que su composición requiere una elaboración menos compleja.

Cultura: Este concepto ha sido descrito como los procesos de desarrollo humano en relación con el cultivo de la mente, el comportamiento y la sociedad.

Cultura popular: También conocida como "cultura de masas," generalmente describe el entretenimiento, los gustos y elecciones de la gente común. Contrasta con la "alta cultura."

Estudios culturales: Suelen explorar productos y prácticas culturales que se relacionan con conceptos como clase (marxismo); raza / etnicidad (poscolonialismo); género (feminismo); sexualidad (gay, lesbiana y *queer*); identidad (Lacan) y representaciones de las relaciones de poder (Foucault).

Semiología: Del griego *semeion*, que significa "signo." Es una ciencia creada por Ferdinand de Saussure que se ocupa del estudio de los signos en la vida social. El filósofo norteamericano Charles S. Peirce (1839–1914) cambió el nombre de semiótica por el de semiología. Desde entonces se utilizan los dos términos indistintamente.

Bibliografía

Alonso, Carlos. "Cultural Studies and Hispanism: Been There, Done That." *Siglo XX/20th Century (Critique and Cultural Discourse)* 14.1–2 (1996). 137–152.
Barthes, Roland. *La cámara lúcida: nota sobre la fotografía*. Tr. Joaquim Sala-Sanahuja. Buenos Aires: Paidós, 1989.
Berger, John. *Ways of Seeing*. London: Penguin, 1977.
Egan, Linda. "Every Line a Verse. Every Art a Poem: Monsiváis, Minstrel of the Mexican Chronicle." *Hispanic Review* (Summer 2010). 411–435.
Estrada, Oswaldo. "'¿Me estás oyendo, inútil?' Carlos Monsiváis y la música del Apocalipstick mexicano." *Textos Híbridos: Revista de estudios sobre la crónica latinoamericana* 1.1 (2011). 30–42.
Hall, Stuart. "Codificación y descodificación en el discurso televisivo." Tr. Ana I. Segovia and José Luis Dader. *Cuadernos de Información y Comunicación* 9 (2004). 210–236.
Hall, Stuart, and Paddy Whannel. *The Popular Arts*. Durham, NC: Duke University Press, 2018.
Hebdige, Dick. *Subculture: The Meaning of Style*. London: Routledge, 1979.
Hoggart, Richard. *The Uses of Literacy: Changing Patterns in English Mass Culture*. Fair Lawn, NJ: Essential, 1957.
Johnson, Richard. "What Is Cultural Studies Anyway?" *Social Text* 16 (Winter 1986–1987). 38–80.
Monsiváis, Carlos. *Amor perdido*. Mexico City: Era, 1977.
_____. *Apocalipstick*. Mexico City: Debate, 2009.
_____. "Es el baile del pingüino un baile elegante y fino." *Historia general de México*. Berta Ulloa, Lorenzo Meyer, Jorge Alberto Manrique and Carlos Monsiváis. Vol. 4. Mexico City: Colegio de Mexico, 1976. 266–274.
_____. *Mexican Postcards*. Tr. John Kraniauskas. London: Verso, 1997.
_____. *Pedro Infante: Las leyes del querer*. Mexico City: Aguilar, 2008.
Poniatowska, Elena. "¿Qué vamos a hacer sin ti, *Monsi*?" *La Jornada* (Mexico City). 21 junio 2010.
Pons, María Cristina. "Monsi-caos: la política, la poética o la caótica de las crónicas de Carlos Monsiváis." *Revista de Crítica Literaria Latinoamericana* 26.51 (2000). 125–139.
Salaün, Serge. "Defensa e ilustración de la canción popular según Vázquez Montalbán." *Manuel Vázquez Montalbán*. José F. Comeiro, ed. Rochester, NY: Boydell & Brewer, 2007. 35–51.
Sardar, Ziauddin, and Borin Van Loon. *Introducing Cultural Studies*. London: Icon, 2013.
Serrano, Sebastià. *La semiótica: Una introducción a la teoría de los signos*. Barcelona: Montesinos, 1981.
Thompson, E.P. *The Making of the English Working Class*. New York: Pantheon, 1964.
Vázquez Montalbán, Manuel. *Cien años de canción y music hall 1974*. Barcelona: Nortesur, 2014.
Walton, David. *Teoría y práctica de los estudios culturales*. Tr. Pilar Cáceres. Madrid: Carpe Noctem, 2018.
Williams, Raymond. *Culture and Society (1780–1950)*. New York: Columbia, 1983.
_____. *The Long Revolution*. Westport, CT: Greenwood, 1975.

Capítulo XV

Teorías posmodernistas

I. En este capítulo veremos

La modernidad y su proyecto de emancipación de la humanidad / la posmodernidad o la pérdida de fe en el proyecto de la modernidad / el posmodernismo en el arte y literatura / Jean Baudrillard, simulación y simulacros

II. Conceptos clave

Las metanarrativas o grandes narrativas / la performatividad / los simulacros / la hiperrealidad

III. La modernidad[1]

La "modernidad," también conocido como "Ilustración" o "el siglo de las luces" se inició durante el siglo XVIII. Su proyecto se concentró especialmente en la política, la ciencia y el arte, siempre en un continuo progreso en el tiempo y siempre con la mirada puesta hacia el futuro. La modernidad preveía un mundo continuamente progresando hacia la perfección de la humanidad. La razón y sólo la razón gobernaría las acciones humanas, por lo que permitiría a la humanidad conseguir la tan esperada perfección y con ella la emancipación de la humanidad. La racionalidad humana iría en aumento y con ella un hacer político organizado desde una ética intachable. Con la razón, la ciencia, en su afán por descubrir los secretos del mundo, progresaría de tal forma que por fin se podría llegar al conocimiento de la verdad. El arte, cuyo objetivo era alcanzar la belleza, nos convertiría, por medio del razonamiento, en

---

1. La fuente principal de la sección III es Díaz.

seres con un sentido de la estética hasta entonces desconocido por el hombre.

IV. La posmodernidad (*)[2]

Ante esta utópica emancipación de la humanidad, habríamos de preguntarnos ¿con qué parámetros se mide la emancipación? y ¿quién es el sujeto del progreso, el rico, el pobre, el capitalista, el proletario, el sabio, el analfabeto, el homosexual, el homofóbico, el tolerante, el intolerante? Para el cristiano la emancipación se mide por la salvación de las almas; para el marxista, por la revolución social; para el nazi, por la pureza de la raza; para el liberal, por la igualdad de posibilidades para el desarrollo del individuo.

La salvación de las almas, la revolución social, la pureza de raza, la igualdad de posibilidades y otros discursos de ideales emancipatorios, han hecho posible la legitimación de sus intereses, al presentar los contenidos de sus discursos particulares como discursos universalistas, benefactores de la humanidad. Sin embargo, todos ellos han ocasionado guerras, destrucción y muertes por lo que podríamos hacernos una tercera pregunta ¿cuál de ellos es el más justo? La respuesta empezó a fraguarse en lo que hoy llamamos "posmodernidad."

Desde una perspectiva política, el fracaso de la modernidad, tanto en las prácticas socio-culturales como en el imaginario colectivo, empezó a gestarse durante la segunda mitad del siglo XX. Una de las frases difundidas como justificación de la Primera Guerra Mundial (1914–18) fue "la guerra para acabar con todas las guerras." Sin embargo, dos décadas después, en 1939, se inició la Segunda Guerra Mundial. La frase que justificó la primera guerra quedaba totalmente deslegitimada y con ello la confirmación del fracaso de la modernidad. Ambas conflagraciones, sumadas a otros acontecimientos posteriores––las dictaduras de Franco en España o de Pinochet en Chile, la guerra del Vietnam o la invasión rusa de Hungría, la acumulación de catástrofes nucleares como Chernobyl, los desastres ecológicos como el vertido del petrolero *Exxon Valdez*––mostraron al mundo el fallido proyecto de la modernidad y con ello la creación de un ambiente de escepticismo ante la pretendida emancipación que, gracias a la razón, debería haber alcanzado la humanidad. Con el escepticismo, empezó a fomentarse un sentimiento de frustración que desencadenó en un cuestionamiento de todos los sistemas sociales, políticos y económicos construidos con el ideario de la

---

2. La fuente principal de la sección IV es Walton (ver Bibliografía: Capítulo XIV).

modernidad. El resultado ha sido un rechazo a las utopías del pasado, una reafirmación del presente y una falta de esperanza en el futuro.

En cuanto a la ciencia, el detonante que desencadenó esta pérdida de fe en el proyecto de la modernidad fue el informe sobre la condición posmoderna que a finales de la década de los 1970s el gobierno de Québec (Canadá) le encargó a Jean-François Lyotard (1924–98). Una de las frases más citadas del informe es aquella que define lo posmoderno como "la incredulidad hacia las metanarrativas" (*) (citado en Walton, 281). El proyecto científico de la modernidad exigía una ciencia libre de toda interferencia económica puesta al servicio de una investigación cuyo objetivo final era la búsqueda de la verdad. Este principio ético se rompió cuando la ciencia desarrollada en las universidades empezó a depender de las inversiones económicas exteriores. En general, en nuestras sociedades posmodernas, los fondos dedicados a la investigación suelen ser asignados o bien por el estado o bien por las empresas. En la distribución de estos fondos suele valorarse, no la búsqueda de la verdad, sino un tipo de investigación considerado económicamente rentable. El argumento de Lyotard es que en la sociedad posmoderna o postindustrial (*) "el objetivo ya no es la verdad, sino la performatividad" (citado en *ibíd.*, 285) que definió como el proceso de maximizar la producción con un mínimo de inversión. Según Lyotard, los centros universitarios de investigación están cada vez más centrados en la "performatividad," o principio gobernado por las competencias prácticas, el rendimiento y la eficiencia, en detrimento del valor especulativo o emancipatorio del saber. Además del económico, otro de los factores del principio de performatividad es el papel práctico que la ciencia pueda desempeñar en nuestras sociedades posmodernas. Dice Lyotard que, en los centros de educación superior, el objetivo final de la investigación, la verdad empírica, ha sido suplantado por el de performatividad como forma de asegurarse aquello que, en una situación puntual, nuestras sociedades necesitan. La universidad forma informáticos, doctores e ingenieros, no según los ideales de verdad, sino de acuerdo con las necesidades del mercado. De esta forma, la universidad se convierte en un centro donde se adquieren, no conocimientos "universales" que preparan a hombres y mujeres para "guiar la nación hacia la emancipación," sino en las habilidades necesarias para suplir la demanda del mercado. De esta forma, la universidad acaba convirtiéndose en una escuela de formación profesional.

Lyotard ve dos problemas con la performatividad en las universidades. En primer lugar, ésta incide en la autonomía de la universidad, que consecuentemente subordina su independencia a aquellos poderes como el estado o las empresas que siempre le pedirá más efectividad por menos dinero. En segundo lugar, la performatividad condiciona al estudiante a elegir unos estudios centrados en las habilidades en vez de estudios donde pueda desarrollar su vocación individual. De esta forma, nos encontramos con una universidad a la que se le pide que ofrezca formación continua y reciclaje profesional para poder mejorar la eficiencia, requisito fundamental en las sociedades posmodernas.

V. El posmodernismo en el arte y en literatura

Lo que hoy conocemos como "posmodernismo" nació juntamente con el modernismo vanguardista. Para unos, el posmodernismo trajo consigo una liberación de la ortodoxia conservadora de la alta cultura ya que éste apoya la cultura comunitaria, anárquica e inclusiva. Esta dispersión del arte, abierta a nuevos grupos sociales, ha resultado en una gran creatividad en todas las artes, incluidas las iniciadas en los nuevos medios de comunicación. Para otros, el posmodernismo ha supuesto una mercantilización deplorable de toda la cultura y la pérdida de la tradición y los valores encarnados por la vanguardia modernista.

Desde el punto de vista literario, la llegada del posmodernismo significó un rechazo al elitismo, a la experimentación formal y al sentido trágico de la alienación característico de los autores modernistas. El posmodernismo literario ha creado una literatura de estructuras abiertas, discontinuas, improvisadas, indeterminadas y aleatorias que ha logrado desmantelar los conceptos tradicionales de las categorías de ficción. La utilización de distintos géneros literarios; la diversidad de estilos; el uso de la metaficción; la intertextualidad; las citas falsas; una extremada ironía; la mezcla de distintas épocas históricas; el reciclaje de lo viejo (vuelta al misterio decimonónico en clave de comicidad); la recuperación del poder carnavalesco del cómic; las construcciones autoparódicas; las intersecciones entre ficción e historia, ficción y ensayo, ficción y crónica. Todo ello ha contribuido a la incertidumbre de sentido en los textos posmodernos.

VI. Jean Baudrillard (1929–2007)

Durante las décadas de los 1970s y 80s, los escritos de Jean Baudrillard ya anunciaban lo que sería más conocido en su pensamiento: el reinado de los *simulacros*, el mundo de la *hiperrealidad*.

Significantes libres. Los primeros pasos en el camino hacia estas ideas se pueden ver en su libro *Le système des objets* (*El sistema de los* *objetos*, 1968), que está basado en su tesis doctoral. En este libro Baudrillard utiliza el análisis sobre los signos de Saussure para hablar de los objetos de consumo y las marcas comerciales como "signos," que están "llenos de significaciones y vacíos de contenido" (Baudrillard 2001, 20); (todas las traducciones en esta subsección son del autor). Es decir, estos signos son significantes, pero no tienen significados o referentes. Los objetos de consumo y marcas comerciales que Baudrillard llama "signos" difieren de los signos de Saussure, ya que estos siempre tienen significados. Es más, en los signos de Baudrillard no hay sintaxis; de esta manera, no hay forma de combinarlos en un discurso con sentido. Baudrillard dice que estos signos forman un *repertorio*, pero no una *lengua*. Otra de las ideas saussureanas adoptadas por Baudrillard es la idea de que estos significantes (que llamaremos "significantes libres") están relacionados con el mundo no de forma separada, sino como partes de un sistema; dice Saussure, las lenguas funcionan como un sistema de diferencias donde cada uno de los significantes tiene significado en virtud de su lugar diferencial dentro del sistema. Según Baudrillard, el resultado del sistema de objetos-como-significantes o significantes libres es un *código*, en el sentido de que los objetos que una persona posee indican la clase social de la persona. De esta forma, un objeto de consumo como una lavadora, cuando lo consideramos como un significante libre (por ejemplo, como un indicador de cuan rico, moderno o inteligente es su consumidor), puede ser reemplazado por otro objeto-de-consumo-como-significante, como un refrigerador o una bicicleta estática, en el código de objetos sin cambiar lo que se indica sobre aquellos que los poseen. La verdadera función o uso de la lavadora, el refrigerador o la bicicleta estática no importa. Es la idea de un significante libre, un significante que no tiene ni significado ni referente, junto con la idea del código, que Baudrillard desarrolla. (Nótese que estos objetos-como-significantes carecen *intrínsecamente* de referentes—justo por la clase de "signos" que son—a diferencia de signos como "centauro," "unicornio" o "duende," que carecen de referentes porque no hay cosas en el mundo que satisfacen el concepto [significado].)

El reinado de los simulacros. Las ideas de simulacros y simulación(es) son presentadas en un libro posterior, *L'échange symbolique et la mort* (*El intercambio simbólico y la muerte*, 1976). Lo relevante para el propósito de este capítulo es lo que Baudrillard llama simulaciones o simulacros *de tercer orden*. (El concepto de "orden" será explicado más adelante.) Las simulaciones o simulacros de tercer orden son significantes libres sin significados ni referentes (como las lavadoras de *Le système des objets*). Sin embargo, dice Baudrillard, las simulaciones o simulacros de tercer orden son algo nuevo en la vida de los humanos del siglo XX

XV. Teorías posmodernistas

y "desde ahora los signos [es decir, los significantes libres] se cambiarán exclusivamente entre ellos, sin interactuar con lo real.... [E]l signo [significante libre] es finalmente libre por un juego estructural o combinatorio que sustituye el papel previo de la equivalencia determinada" (Baudrillard 2001, 128–29). (Lo que Baudrillard probablemente quiere decir por "equivalencia determinada" es la relación saussureana entre significante y significado y la relación entre signo y referente.) El "intercambio" y el " juego estructural o combinatorio" de los que habla Baudrillard son como la intercambiabilidad de la lavadora, el refrigerador y la bicicleta estática en *Le système des objets*.

Cuando Baudrillard usa el término "simulación" en *L'échange symbolique et la mort*, tiene por lo menos dos significados diferentes. El primero es el significado ordinario: "acción de representar una cosa, fingiendo o imitando lo que no es." (El sentido correspondiente de "simulacro" es "objeto que representa como resultado de la simulación." Nótese que no toda simulación o simulacro es un signo por sí mismo.) Sin embargo, Baudrillard también le da a "simulación" un sentido especial (el segundo sentido) cuando presenta la idea de los "Tres órdenes de la simulación ... [que] se han seguido sucesivamente una a otra desde el Renacimiento:

1. La *falsificación* es el esquema dominante en el "período clásico," desde el Renacimiento hasta la revolución industrial.
2. La *producción* es el esquema dominante en la era industrial.
3. La *simulación* es el esquema dominante en el período presente de la historia y está gobernada por el código" (*ibíd.*, 138).

En el número 3, "simulación" indica simulación de un tipo específico: esta simulación "está gobernada por el código" y los simulacros correspondientes son intrínsecamente significantes. Pero antes de explicar "gobernado por el código," echemos un vistazo a los dos primeros órdenes de la simulación y a los correspondientes órdenes de los simulacros; de esta forma podremos ver la diferencia con el tercer orden de las simulaciones/simulacros.

Primer orden de los simulacros. Baudrillard localiza este orden en el Renacimiento porque, de acuerdo con su versión sobre la historia europea, antes de este período, "cada signo se refería de forma unívoca a una situación (particular) y a un nivel de posición social" (*ibíd.*, 139). Aquí Baudrillard usa "signo" en el sentido saussureano: significante/significado con un posible referente. Sin embargo, Baudrillard limita su atención a los signos de posición social. Baudrillard sostiene que, antes del Renacimiento, estos signos de posición social eran de alguna manera controlados rígidamente por el sistema feudal. Un campesino o un mercader pre-Renacentista no podían tener signos indicando (falsamente) que él o ella eran nobles. El Renacimiento, que para Baudrillard marca el final del feudalismo y el desarrollo de la burguesía, hizo posible, de alguna forma, para la gente que no eran nobles que adquirieran signos de la nobleza, pero falsificados, es decir, simulacros de los signos de nobleza, por ejemplo, un palacio o una estatua dedicada a algún miembro de la burguesía. Estos signos son falsificaciones o imitaciones no porque sean una mera copia de la clase de signos que antes indicaban nobleza, sino porque, a diferencia de los signos de nobleza pre-Renacentistas, éstos dejan de tener significados que incluyen la idea de nobleza de la persona que los posee. Un signo feudal o de nobleza pre-Renacentista sólo podía referirse a los miembros de la nobleza. Un simulacro post-Renacentista (es decir, una simulación o simulacro de primer orden) de este signo de nobleza se podía referir a cualquiera, noble o plebeyo. Por esta razón, los simulacros de primer orden ya no indicaban la posición social de aquellos que los poseían.

Segundo orden de los simulacros. Después de la revolución industrial, que cambió drásticamente lo que hoy conocemos como el mundo industrializado, apareció "toda una nueva generación de signos y objetos," simulacros que, en contraste con los simulacros de primer orden, "no tenían ningún sentido." La producción en cadena en las fábricas dio al mundo el "fenómeno de las series" de "objetos idénticos," por ejemplo sillas o rifles, y estos objetos "son transformados ... en simulacros de unos a otros y viceversa, y al igual que los objetos, los obreros que los producían" (*ibíd.*, 140). Aquí Baudrillard parte del signo saussureano cuando dice que estos simulacros no tienen ningún sentido (ni significado ni referente). No obstante, los llama "signos." Pero Baudrillard parte aún más de lo que generalmente entendemos como *simulacro* (según la definición del término en el diccionario) cuando dice que cada objeto de producción en serie es un simulacro de los otros objetos de la serie. De acuerdo con lo que generalmente entendemos, un simulacro es un objeto que finge o imita lo que no es. Sin embargo, una silla es una silla; un rifle es un rifle. Dos sillas en una serie son tan similares la una a la otra que Baudrillard dice que son idénticas; pero ninguna es una imitación de la otra. A pesar de ello, Baudrillard llama a las dos sillas (y a los obreros que las producen) simulacros la una de la otra, simulacros del segundo orden.

Tercer orden de los simulacros. La teoría de Baudrillard sobre simulación y simulacros de tercer orden nos lleva aún más lejos de lo que comúnmente entendemos por simulacros. A menudo, Baudrillard cita el código genético encarnado en el ADN como paradigma del simulacro de tercer orden: "Es en el código genético que la 'génesis de los simulacros' encuentra su forma más desarrollada" (*ibíd.*, 142). Baudrillard entiende el código genético, no como un objeto material (la cadena del ADN), sino como un código o modelo abstracto que genera más ejemplos de sí mismo. Es un simulacro que se produce a sí mismo. En el caso del código genético humano, "no somos más que células interpretativas" (*ibíd.*, 143). El código genético es un *simulacro* de sí mismo porque *es* él mismo.

Otra forma en la que Baudrillard esboza las ideas de simulación y simulacro de tercer orden la encontramos en *Simulacres et simulation* (*Simulacros y simulación*, 1981). En el caso del ADN, dice Baudrillard, ya no hay ninguna "separación" o "distancia" entre causa y efecto. El código genético es un modelo de sí mismo, copiándose a sí mismo una y otra vez en nuevas células (de forma que no podemos entenderlo, dice Baudrillard). Causa y efecto son dos "polos" de la causalidad, pero "ya nada separa un polo del otro, el principio del final; hay una especie de ... colapso entre los dos polos tradicionales: ... una implosión de sentido. *Es aquí donde la simulación* [es decir, simulación de tercer orden] *empieza*" (Baudrillard 1994, 31). Aquí, la similitud del simulacro a su modelo o el código es total; el simulacro es su propio simulacro.

Disneylandia y el mundo de la hiperrealidad. Baudrillard dice que "Disneylandia es un modelo perfecto de todos los órdenes de simulacro enredados" (*ibíd.*, 12). Sin embargo, parece que Baudrillard sólo habla de los órdenes primero y tercero. Como un simulacro de primer orden, Disneylandia es una falsificación, un "mundo imaginario," que presenta la Calle Principal de USA, Los Piratas del Caribe, Frontierland, Tomorrowland y otras muchas atracciones. (Posiblemente como una muestra de simulacro de segundo orden, Baudrillard habla de los automóviles en el aparcamiento, que son claros ejemplos de objetos de producción en serie.) Con estos simulacros de primer orden, "el perfil objetivo de América ... es dibujado," y "son exaltados todos sus valores" (*ibíd.*). Sin embargo, estos simulacros constituyen una "manta ideológica ... para hacernos creer que el resto [de EE. UU.] es real, mientras Los Ángeles y toda la América que lo rodea ya no son reales, sino que pertenecen al orden de lo hiperreal y al orden de la simulación," es decir, al tercer orden de los simulacros (*ibíd.*). Los Ángeles, según Baudrillard, "ya no es nada excepto un inmenso escenario" (*ibíd.*, 13), es decir, un guión que (como los modelos o los códigos genéticos) puede materializarse (en este caso cuando es filmado), pero que existe incluso si nunca se materializa. La realidad ya no existe, de nuevo según Baudrillard, sin embargo, la gente produce signos (simulacros de primer orden), como Disneylandia, para esconder la falta de existencia de la realidad. Por esta razón, estos simulacros de primer orden de alguna forma se convierten en simulacros de tercer orden, signos sin referentes (que de alguna manera operan según un código, como el código genético). "Toda la

América 'real' ... es Disneylandia" (*ibíd.*, 12), dice Baudrillard en su ya famosa frase. Nótese que, como un simulacro de primer orden, Disneylandia tiene un significado−−el concepto de América. Sin embargo, considerada como un simulacro de tercer orden, no tiene ningún significado. Parece ser un significante libre, como la lavadora en *Le système des objets*. Es posible, sin embargo, que sea erróneo llamarla un significante libre, porque más tarde, en *Simulacres et simulation*, Baudrillard dice que los simulacros de tercer orden "ya no conocen ni la distinción entre el significado y el significante ni la distinción entre forma y contenido" (*ibíd.*, 64). De todas formas, Disneylandia y América no existen, según Baudrillard.

La guerra del Golfo. La televisión es otro ejemplo de hiperrealidad. Baudrillard llama a la televisión "una especie de código genético que dirige la mutación de lo real a lo hiperreal" (*ibíd.*, 30). Esta forma de concebir la televisión dio origen a uno de sus más famosos ejemplos de hiperrealidad, la guerra del Golfo, una breve invasión de Iraq en 1991 por una coalición de las Naciones Unidas (dirigida por EE. UU.) en respuesta a la invasión de Kuwait por Iraq.

En su libro *La guerre du Golfe n'a pas eu lieu* (*La guerra del Golfo no ha tenido lugar*, 1991), Baudrillard presentó su interpretación de la guerra como un simulacro de tercer orden. El primero de los tres capítulos del libro, "La guerra del Golfo no tendrá lugar," fue publicado en un periódico francés antes del ataque de las Naciones Unidas a Iraq. Después del ataque, Baudrillard defendió su posición inicial, publicando un segundo artículo, "La guerra del Golfo: ¿está sucediendo de verdad?," y, cuando las Naciones Unidas se retiraron, Baudrillard publicó un tercer artículo con el mismo título del libro. Los artículos segundo y tercero fueron ampliados en el libro.

El libro es una aplicación de su teoría sobre los simulacros y la simulación, en vez de una nueva elaboración de su teoría. Una y otra vez, Baudrillard parece defender su afirmación que la guerra será, es, o fue de alguna manera irreal, hablando de ella como si fuera un simulacro de primer orden. Baudrillard la llama "falsificada" y "fingida," como si hubiera sido una representación de la guerra en un medio diferente, una especie de teatro. La guerra del Golfo podría ser interpretada no como un caso de "medidas extremas y violencia mutua conocido como guerra" (Baudrillard 1995, 56), "nacida de una relación antagónica y destructiva entre dos adversarios" (*ibíd.*, 62), sino como un caso de gente pretendiendo ser enemigos haciendo la guerra entre ellos. Baudrillard señala que Saddam Hussein, el dictador iraquí, fue un aliado-marioneta de los Estados Unidos durante la guerra entre Iraq e Irán en los años 1980−88 y que Saddam permaneció en el poder después de su supuesta derrota en la guerra del Golfo. Así pues, para una persona con cierto cinismo, la guerra podría haber sido un simulacro de primer orden de una guerra.

Pero el argumento de Baudrillard es mucho más complejo: La guerra del Golfo es, según él, un simulacro de *tercer* orden y una de las razones es la cobertura que le dio la televisión. Debido a los recientes avances en la tecnología de los satélites y el nuevo formato de veinticuatro horas de emisión de la cadena CNN, los informes sobre la guerra eran emitidos casi instantáneamente, según iban sucediendo. Algo completamente nuevo. Los programas ofrecían como atracción principal imágenes desde las cámaras montadas en los misiles que acababan impactando en sus objetivos, otra novedad. La programación entre los informes se hacía, a menudo, en forma de entrevistas a oficiales del ejército, diplomáticos, o supuestos expertos que hablaban de sus reacciones y predicciones. Según Baudrillard, toda esta "información" no era ni verdadera ni falsa, sólo una invención de acontecimientos "virtuales," no reales. La televisión, dijo Baudrillard, es "un medio sin mensaje" (*ibíd.*, 63), que presenta imágenes de "insignificancia siniestra" (*ibíd.*, 51). Decir que la televisión no tiene mensaje es lo mismo que decir que los informes y los comentarios son signos sin sentido, que son simulacros de tercer orden. Decir que las imágenes de CNN son insignificantes es lo mismo que decir que no tienen significados ni referentes, lo que viene a decir lo mismo: son simulacros de tercer orden. El papel de la televisión, dijo Baudrillard, no es comunicarle al público lo que está pasando en el mundo, sino mantener "un control social de estupefacción colectiva" en la audiencia (*ibíd.*, 52). Si adoptamos este punto de vista de Baudrillard, el hecho de que los televidentes creyeran haber visto la guerra en la televisión al mismo tiempo en que estaba sucediendo no prueba la realidad de la guerra. Como mucho, fue una guerra virtual (como un juego de video) creada por la televisión, que es "el espejo universal" de lo virtual (*ibíd.*, 28).

Su acercamiento al argumento que la guerra del Golfo es un simulacro de tercer orden, como la cobertura de ésta, depende de otra característica de los simulacros: estos simulacros, según Baudrillard, operan de acuerdo con un código, un modelo, un programa, un plan o un escenario pre-existente. El mando militar americano, dijo Baudrillard, empezó y prosiguió la invasión de acuerdo con un modelo pre-existente, como parte de una estrategia confeccionada después de la Segunda Guerra Mundial, un modelo de disuasión para evitar una tercera guerra mundial. "En cada etapa de esta guerra, las cosas sucedieron como si éstas hubieran sido virtualmente completadas" (*ibíd.*, 74), dando la impresión de una "ejecución implacable de un programa." Baudrillard continuó diciendo "La victoria del modelo es de más importancia que la victoria en el terreno de guerra" (*ibíd.*, 55), porque el conocimiento mundial del modelo hará más que el conocimiento de la victoria para detener una futura guerra. En pocas palabras, "esta guerra no es una guerra, sin embargo, esta idea encuentra su compensación en el hecho que la información tampoco es información" (*ibíd.*, 81).

Al igual que Nietzsche, una de sus inspiraciones, Baudrillard es un escritor atrevido y muy interesante, pero incluso uno de sus más fieles seguidores, Mark Poster, señala que sus "escritos hasta mitad de los 1980s son susceptibles a múltiples críticas. Baudrillard no llega a definir sus más importantes términos, como el de código; el estilo de su escritura es hiperbólico y contundente; a menudo, [sus escritos] carecen de un análisis sustentado y sistemático; generaliza en sus percepciones hasta el punto de hacerlas parecer universales, y rechaza moderar o modificar sus afirmaciones" (Baudrillard 2001, 8). Esta actitud de Baudrillard hace difícil (aunque entretenida) la aplicación de sus ideas a casos específicos.

VII. Cuestionario

Respondan a las siguientes preguntas:

1. ¿Cuál fue el proyecto de la modernidad?
2. ¿Cuál es el proyecto emancipatorio para un cristiano? ¿para un marxista? ¿para un nazi? ¿para un liberal?
3. ¿De qué depende el proyecto científico de la posmodernidad?
4. ¿Cuál es el principio de la performatividad?
5. ¿Cuál es el objetivo final de la investigación posmoderna?
6. ¿Cómo condiciona al estudiante la performatividad?
7. ¿Qué recursos suele utilizar la literatura posmoderna?
8. ¿Por qué dice Baudrillard que Los Ángeles es un simulacro de tercer orden?
9. ¿Qué quiso decir Daniel Bell (ver Glosario) con "las sociedades postindustriales"?

VIII. Sugerencias para una interpretación basada en Baudrillard

General

–Describan cómo hoy en día, según Baudrillard, todo está formado por signos sin referentes. Analicen la simulación. Vean cómo, en nuestras sociedades postindustriales basadas en la tecnología intelectual, la información, el conocimiento y los servicios, ha desaparecido la distinción entre lo real y lo imaginario, lo verdadero y lo hiperreal.

–Baudrillard dice que Disneylandia es un modelo perfecto de los tres órdenes de simulacro enredados. Identifiquen un objeto o situación que pueda ser interpretada como un signo y muestren cómo éste puede ser entendido como simulacro de dos o tres órdenes diferentes, por ejemplo del primer y tercer orden (como la interpretación que Baudrillard hace de Disneylandia como si fuera un signo).

Disneylandia

–Elijan alguno de los muchos parques temáticos que abundan en Estados Unidos y hagan un análisis sobre las representaciones ofrecidas para sustituir la realidad.

–Determinen cómo el parque temático ha llegado a hacer que tomemos su simulación como la realidad (lo exterior al parque).

–Analicen el parque temático de Disneylandia como la metáfora perfecta en la que se muestra un mundo de representaciones que sustituyen la realidad.

–Vean cómo, aunque entramos en Disneylandia sabiendo que es una fantasía basada en el mundo de afuera, es una trampa que nos hace confundir la simulación con la realidad. Observen cómo finalmente acabamos tomando como real el simulacro.

Medios de comunicación

–Elijan alguna de las noticias ofrecidas a través de algún medio de comunicación y vean cómo las presenta.

–Analicen cómo un determinado medio de comunicación crea las imágenes de la noticia en relación con los órdenes de los simulacros.

–Observen cómo los medios de comunicación son los que finalmente determinan lo que sucede en el mundo, creando una atmósfera de hiperrealidad. Observen cómo los acontecimientos presentados parecen mostrarse como veraces. Consideren cómo las representaciones que los medios eligen para mostrar estos acontecimientos convierten la realidad representada en la noticia en un simulacro de tercer orden, una simulación hiperreal.

–Tomando como ejemplo los artículos de Baudrillard sobre la guerra del Golfo, analicen alguna noticia similar y vean si la noticia que estamos analizando, en vez de representarse cercana a la realidad objetiva, se representa como un espectáculo mediático.

—La película *The Matrix* (1999) está basada en la idea de Baudrillard de la hiperrrealidad en *Simulacros y simulación*, pero Baudrillard dijo que el guión estaba basado en una interpretación no fiel a la teoría propuesta en su libro. Analicen las diferencias entre la teoría de Baudrillard y la interpretación de hiperrealidad implícita en la película.

IX. Glosario

Metanarrativas o grandes narrativas: Lyotard define las metanarrativas o grandes narrativas como aquellas verdades cuyos contenidos se afirman sin condición alguna, son aplicados a todos los seres humanos e indican la dirección donde deben enmarcarse todas nuestros pensamientos y acciones. He aquí dos ejemplos de metanarrativas: la de Marx, sobre la liberación de la esclavitud capitalista que la burguesía impone a la humanidad; la de Freud, acerca de la incidencia del inconsciente en el consciente. Todas las metanarrativas políticas y científicas, diseñadas a partir de la modernidad, han legitimado desde entonces numerosos proyectos políticos y científicos como forma de asegurar que la emancipación conduciría a la paz mundial y el bienestar del ser humano.

Posmodernismo, posmoderno y posmodernidad: Estos tres términos han sido utilizados, a menudo de forma intercambiable, como forma de periodizar los acontecimientos de la posguerra en las sociedades postindustrializadas. Hoy existe un entendimiento tácito en que se utiliza el término "posmodernismo" para los discursos que caracterizan la cultura y el arte. Los términos "posmoderno" o "posmodernidad" se reservan para discursos que caracterizan los acontecimientos socio-políticos de este período.

Sociedades posmodernas o postindustriales: En su libro *The Coming of Post-industrial Society* (*La llegada de la sociedad postindustrial*, 1973), el sociólogo Daniel Bell (1919–2011) las define como aquellas sociedades basadas en la información, la informática, las comunicaciones, la tecnología intelectual, el conocimiento y los servicios. En su argumento Bell habla de una sociedad pre-industrial de economía "extractiva" basada en la agricultura, la minería, la pesca, la madera y otros recursos como el gas natural o el petróleo. A esta sociedad pre-industrial, dice Bell, le siguió la sociedad industrial, cuyas formas de producción estaban basadas en la energía, la tecnología de la máquina, el capital y el trabajo. Finalmente, apareció la sociedad postindustrial. En esta sociedad, el conocimiento reemplaza a los bienes materiales como el bien más importante para la producción y el comercio.

XV. Teorías posmodernistas

En las sociedades industriales, las mercancías eran producidas, cambiadas, vendidas y consumidas. En la sociedad postindustrial, según Bell, el conocimiento y la información se han convertido en mercancías. A pesar de ello, Bell nos recuerda que la sociedad postindustrial no ha reemplazado a la sociedad industrial, definida como la mayor fuerza productiva del mundo económico y social.

Bibliografía

Appignanesi, Richard, Chris Garratt, Ziauddin Sardar and Patrick Curry. *Posmodernismo*. Buenos Aires: Era Naciente, 2002.
Baudrillard, Jean. *América*. Tr. Joaquín Jordá. Barcelona: Anagrama, 1987.
_____. *Cultura y simulacro*. Tr. Antoni Vicens and Pedro Rovira. Barcelona: Kairós, 2002.
_____. *De la seducción*. Tr. Elena Benarroch. Madrid: Cátedra, 1989.
_____. *Las estrategias fatales*. Tr. Joaquín Jordá. Barcelona: Anagrama, 2000.
_____. *The Gulf War Did Not Take Place*. Tr. Paul Patton. Sydney, Australia: Power, 1995.
_____. *El otro por sí mismo*. Tr. Joaquín Jordá. Barcelona: Anagrama, 1988.
_____. *Selected Writings*. 2d edition. Ed. Mark Poster. Tr. Jacques Mourrain, Paul Foss, Paul Patton, Phillip Beitchman, et al. Stanford, CA: Stanford University Press, 2001.
_____. *Simulacra and Simulation*. Tr. Sheila Faria Glaser. Ann Arbor: University of Michigan Press, 1994.
Beaulieu, Alain, ed. *Deleuze y su herencia filosófica*. Tr. Axel Cherniavsky. Madrid: Campo de Ideas, 2007.
Beilharz, Peter. *Postmodern Socialism. Romanticism, City and State*. Melbourne: Melbourne University Press, 1994.
Bell, Daniel. *The Coming of Post-Industrial Society*. New York: Basic, 1976.
Brooker, Peter, ed. *Modernism/Postmodernism*. London: Longman, 1992.
Deleuze, Gilles, and Félix Guattari. *El Antiedipo. Capitalismo y esquizofrenia*. Tr. Francisco Monge. Barcelona: Paidós, 1998.
Díaz, Esther. *Posmodernidad*. 4ª ed. Buenos Aires: Biblos, 2009.
Docherty, Thomas, ed. *Postmodernism: A Reader*. Hemel Hempstead, UK: Harvester Wheatsheaf, 1992.
Eco, Umberto. *Travels in Hyperreality*. Tr. W. Weaver. London: Picador, 1987.
Foster, Hal, ed. *Postmodern Culture*. London: Pluto, 1985.
Fukuyama, Francis. *¿El fin de la Historia? y otros ensayos*. Tr. María Teresa Casado Rodríguez. Madrid: Alianza, 2015.
Hutcheon, Linda. *A Poetics of Postmodernism: History, Theory, Fiction*. London: Routledge, 1988.
Huyssen, Andreas. *After the Great Divide: Modernism, Mass Culture, Postmodernism*. Basingstoke, UK: Macmillan, 1988.
Jameson, Fredric. "Postmodernism and Consumer Society." Hal Fisher, ed. *Postmodern Culture*. London: Pluto, 1985.
_____. *Postmodernism, or, the Cultural Logic of Late Capitalism*. Durham, NC: Duke University Press, 2003
Larrauri, Maite. *El deseo según Guilles Deleuze*. Valencia, Spain: Tandem, 2000.
Lovibond, Sarah. "Feminism and Postmodernism." Roy Boyne and Ali Rattansi, eds. *Postmodernism and Society*. Basingstoke, UK: Macmillan, 1990.
Lyotard, Jean-François. *La condición posmoderna*. Tr. Mariano Antolín Rato. Madrid: Cátedra, 2006.
_____. *La posmodernidad (explicada para niños)*. Tr. Enrique Lynch. Barcelona: Gedisa, 2005.

McHale, Brian. *Postmodernist Fiction*. London: Routledge, 1987.
Nicholson, Linda, ed. *Feminism/Postmodernism*. London: Routledge, 1990.
Norris, Christopher. *Teoría Acrítica. Posmodernismo, intelectuales y la Guerra del Golfo*. Tr. Manuel Talens. Madrid: Cátedra, 1997.
Oñate, Teresa and Brais G. Arribas. *Posmodernidad. Jean-François Lyotard y Gianni Vattimo*. Barcelona: Bonalletra Alcompas, 2015.
Poster, Mark, ed. *Jean Baudrillard: Selected Writings*. Tr. Mark Poster et al. Cambridge, MA: Polity, 1988.
Readings, Bill. *Introducing Lyotard. Art and Politics*. London: Routledge, 1990.
Sarup, Madan. *An Introductory guide to Post-Structuralism and Post-Modernism*. Hemel Hempstead, UK: Harvester Wheatsheaf, 1988.
Waugh, Patricia. *Metafiction: The Theory and Practice of Self-Conscious Fiction*. London: Routledge, 1989.
_____, ed. *Postmodernism: A Reader*. London: Arnold, 1992.

Bibliografía

General

Aristóteles. *Poética*. Tr. José Alsina Clota. Barcelona: Icaria, 1987.
Bertens, Hans. *Literary Theory, The Basics*. New York: Taylor & Francis, 2009.
Buchanan, Ian. *Dictionary of Critical Theory*. New York: Oxford University Press, 2010.
Fokkema, D.W., and Elrud Ibsch. *Teorías de la literatura del siglo XX*. Tr. Gustavo Domínguez. Madrid: Cátedra, 1977.
Gómez Redondo, Fernando. *Manual de crítica literaria contemporánea*. Barcelona: Castalia, 2019.
Rice, Philip, and Patricia Waugh. *Modern Literary Theory*. New York: Oxford, 2001.
Ryan, Michael. *Teoría literaria: Una introducción práctica*. Tr. Francisco Martínez Osés. Madrid: Alianza, 2002.
Selden, Raman, Peter Widdowson and Peter Brooker. *La teoría literaria contemporánea*. Tr. Juan Gabriel López Guix. Barcelona: Ariel, 2010.
Tejedor Campomanes, César. *Historia de la filosofía en su marco cultural*. Madrid: SM, 1993.
Viñas, David. *Historia de la crítica literaria*. Barcelona: Ariel, 2017.

Índice temático

Alighieri, Dante 173
Amaya, Antonio 201
anatomopolítica 77–78, 80
Angela de Foligno, Sta. 142
Anzaldúa, Gloria 184
Aquino, S. Tomás 96, 118
argumento 13, 14, 16, 46; y trama 13, 14, 16
Aristóteles 13, 23, 96, 118, 141, 158, 173; *Poética* 13, 23
armario, salir del 179
arqueología 70, 80
La arqueología del saber see Foucault, Michel
"El arte como artificio" *see* Shklovsky, Viktor
Articulate Flesh see Woods, Gregory
Así habló Zaratustra see Nietzsche, Friedrich
Asturias, Miguel Ángel: *Los de abajo* 159
Auden, W.H. 182
automatismo 10, 12, 16
autor implícito 26–27
Azuela, Mariano 159

Bacon, Francis 107
Bakhtin, Mikhail 25–34, 52, 165, 182
Balzac, Honoré de 63, 162; *Sarrasine* 63–66
Barthes, Roland 36, 53, 56–69, 116, 204; *Éléments de semiologie* 60–61, 62, 66; "La mort de l'auteur" 61–62, 63, 66; *Mythologies* 56–59; *Le plaisir du texte* 63; *Système de la mode* 59–60; *S/Z* 63–66, 68–69
Baudrillard, Jean 116, 209–16; *L'échange symbolique et la mort* 210–13; *La guerre du Golfe n'a pas eu lieu* 214–216; *Simulacres et simulation* 213–14, 218; *Le systéme des objets* 209–10, 211, 214

Beauvoir, Simone de: *El segundo sexo* 118, 120–21
Beckett, Samuel: *Esperando a Godot* 157
Bell, Daniel: *The Coming of Post-industrial Society* 218–19
Bentham, Jeremy 76–77, 79, 80
Bhabha, Homi K. 166–69, 173–74; "Cultural Diversity and Cultural Differences" 167; "Of Mimicry and Man: The Ambivalence of Colonial Discourse" 168–69; "Signs Taken for Wonders" 174
biopolítica 77–78
Bleys, Rudi C.: *The Geography of Perversion* 181
Borges, Jorge Luis: "El etnógrafo" 53, 54, 109–10
Brecht, Bertolt 24, 158–59
Butler, Judith 129, 130

Callois, Roger 92
capitalismo 153–56, 158, 172, 195–96, 218; contradicciones internas de 154–55
Cardenal, Ernesto: *Epigramas* 159
carnavalización 27–34, 209
castigo 75–76, 79
El castillo see Kafka, Franz
castración 83, 85, 91, 134, 144
catarsis 13, 23, 161
Celda 211 see Monzón, David
Centro de Estudios Culturales Contemporáneos 194, 197
Chomsky, Noam 44
chora 136–37, 148
Cien años de canción y music hall see Vázquez Montalbán, Manuel
Cien años de soledad see García Márquez, Gabriel
Cixous, Hélène 142–44, 147

código 210, 212–13, 215–16; genético 212–13, 214
código cultural 65–66; hermenéutico 64; prohairético 65; sémico 64; simbólico 64–65
colonia 173
The Coming of Post-industrial Society see Bell, Daniel
competencia literaria 44–45, 47
Compton-Burnett, Ivy 182
"Compulsory Heterosexuality and Lesbian Existence" see Rich, Adrienne
comunicación como proceso subjetivo 50, 53, 54
comunismo 156
conceptos puros 96–97, 104, 116
Los condenados de la tierra see Fanon, Frantz
connotación 9, 23
consciente 82, 90; see also yo
constructivismo 147–48
Cortázar, Julio 27
Cours de linguistique générale see Saussure, Ferdinand de
Crane, Hart 182
Un cuarto propio see Woolf, Virginia
Culler, Jonathan 44–45, 98; *Stucturalist Poetics* 44–45
cultura 30, 57, 192–93, 194–95, 204, 209; alta 30, 192–93, 204, 209; de masas o popular 30, 57, 192–93, 194–95, 204, 209
"Cultural Diversity and Cultural Differences" see Bhabha, Homi K.
Culture and Society see Williams, Raymond

darwinismo social 74
De la gramatología see Derrida, Jacques
deconstrucción 44, 53, 105–10, 119, 133, 137, 143–44; ejemplos de 106–8; y literatura 108–10, 165
denotación 9, 23
Derrida, Jacques 44, 96–117, 133, 143, 165; *De la gramatología* 116–17; *La escritura y la diferencia* 116–17; *La voz y el fenómeno* 116–17
desautomatización 10–11, 12, 16, 21, 22
Descartes, René 73, 141, 173
descripción y narración 43–44
diacronía y sincronía 40
dialéctica 26, 34
dialéctica 151–56, 158; hegeliana 151–52, 162; marxista 152–55
dialogismo 26
diálogo socrático 25, 27, 28, 34

Dickens, Charles 44–45, 162
différance 100–1, 143–44
discurso 52, 70–74
Disneylandia 213–14
distanciamiento 158–59
Dollimore, Jonathan: *Sexual Dissidence* 182
Duffy, Maureen 182

L'échange symbolique et la mort see Baudrillard, Jean
Edipo, complejo de 83, 85, 87, 90–91, 134, 137
eje 38–41; diacrónico 40; paradigmático 38–40, 41; sincrónico 40; sintagmático 38–40, 41
Éléments de semiologie see Barthes, Roland
Eliot, T.S. 173
ello see inconsciente
empirismo 9, 23–24, 48, 55, 73, 99, 117
Epigramas see Cardenal, Ernesto
episteme 71–72, 80
erastés 176–77
erómeno 176–77
"Es el baile del pingüino un baile elegante y fino" see Monsiváis, Carlos
escritura vs. habla 101–3, 104–5, 106–7
La escritura y la diferencia see Derrida, Jacques
esencia 116, 120, 129
esencialismo 135, 148
espéculo 139, 146
espejo, fase del see Imaginario, lo
espejo, teoría del 157–58
Esperando a Godot see Beckett, Samuel
Esquema del psicoanálisis see Freud, Sigmund
estigma 188–89
estructura según Derrida 116
estructuralismo 35–48, 50, 52, 61, 63, 193
estudios culturales 192–205
Estudios Culturales Contemporáneos, Centro de see Centro de Estudios Culturales Contemporáneos
estudios gay see teoría gay
estudios LGBT see teoría gay
estudios *queer* see teoría *queer*
"El etnógrafo" see Borges, Jorge Luis
eurocentrismo 173
exclusión 72–73
extrañamiento 10, 24, 158

Falo 134–35; see also Nombre-del-Padre
falocentrismo 133, 136, 140

Índice temático

Fanon, Frantz 164–65; *Los condenados de la tierra* 165
Faulkner, William: *El sonido y la furia* 157
Fedro see Platón
feminidad 121, 123, 129, 130, 135, 137, 139, 141, 144, 183
The Feminine Mystique see Friedan, Betty
feminismo 15, 91, 118–31, 132–33, 138; primera ola de 119–21, 132–33; segunda ola de 121–24, 133, 182–4, 204
filosofía metafísica 96–100, 103–5, 150–51
Flaubert, Gustave 173
fonocentrismo 101–3, 106, 116
formalismo ruso 7–16, 51, 158; history 8
Foucault, Michel 70–81, 110, 116, 122, 130, 165, 181, 182, 204; *La arqueología del saber* 70–74; *Historia de la sexualidad* 77–78, 181; *Vigilar y castigar* 74–77
Franco, Francisco 200–2, 207
Freud, Sigmund 82–85, 88, 90–91, 92, 93–94, 133–35, 136, 138, 139–41, 149, 173, 180–81, 184, 218; *Esquema del psicoanálisis* 180; "Letter to an American Mother" 180–81
Friedan, Betty: *The Feminine Mystique* 122
"Fronteras del relato" *see* Genette, Gérard
función auxiliar 12
función dominante 11–13, 16; deslizamiento de 12, 16
función estética 11
funciones de los personajes 41–42

Galop, Jane 134, 144
Gandhi, Mohandas K. 169
García Lorca, Federico 79–80
García Márquez, Gabriel: *Cien años de soledad* 159
genealogía 71, 74–76, 77–78, 80; del castigo 75–76; del cuerpo 74–75; de la historia 71; de la sexualidad 77–78
género 120, 121, 129, 130
Genet, Jean 182
Genette, Gérard: "Fronteras del relato" 43, 53
The Geography of Perversion see Bleys, Rudi C.
Gide, André 182
ginocrítica 124
Ginsberg, Allen 182

goce, texto de 63
Golfo, guerra del 214–16
grafocentrismo 106
Gramsci, Antonio 165, 172–73
La guerre du Golfe n'a pas eu lieu see Baudrillard, Jean
Gunn, Thomas 182

habla 36, 46, 51–53; vs. escritura 101–3, 104–5, 106–7
Hall, Stuart 194, 197, 203; *The Popular Arts* 197, 203
Hegel, Georg Wilhelm Friedrich 96, 141, 151–52
hegemonía social 165, 175–76
Hernández, Tiburcio 198, 200
heteronormatividad 183, 188
heterosexualidad obligatoria 183
hibridismo 166–68, 173–74; lingüístico 173–74; literario 167–68; religioso 174
hiperrealidad 209, 213–14
Historia de la sexualidad see Foucault, Michel
historia, fin de 156
Historia general de México 198
Hoggart, Richard 194–95, 197; *The Uses of Literacy* 195
Homero 173
homofobia 179, 189–90; internalizada 189–90
homosexualidad 176–91; historia de 176–79
homosocialidad 188
humanismo 35–36, 47–48, 82
Hume, David 73
Hussein, Saddam 214–15

idea platónica *see* conceptos puros
identidad racial 164, 174
ideología 155, 166, 172, 196–97, 201
Imaginario, lo 84–85, 86, 91–92, 134–35, 144
inconsciente 82, 87, 91, 92, 94, 121, 122, 138, 149; su estructuración como un lenguaje 87
inherencia 116
inmanencia 119, 120–21, 129–30
intertextualidad 61, 62, 63, 67–68, 209
Irigaray, Luce 139–42, 146, 149; *Speculum of the Other Woman* 139–42
ironía 28, 34, 209

Jakobson, Roman 8, 11
Jones, Ernest 133
Joyce, James: *Ulises* 157–58

Kafka, Franz: *El castillo* 157
Kant, Emmanuel 55, 96, 117, 141, 173
Kinsey, Alfred 178-79, 184-85; *Sexual Behavior in the Human Female* 178-79; *Sexual Behavior in the Human Male* 178
Kristeva, Julia 116, 122, 135-39, 144, 145-46, 148, 149; *Revolución del lenguaje poético* 138

Lacan, Jacques 82-95, 110, 122, 133-35, 136, 139, 144, 204
Lakoff, Robin 122
Lawrence, D.H. 182
lengua 36, 46, 52
lenguaje: connotativo 9, 23; denotativo 9; poético 9, 19-21, 40, 138-39; de segundo orden 65, 71
Leonardo da Vinci 180
Lesbian Images see Rule, Jane
lesbianismo 177, 178-79, 182-84
"Letter to an American Mother" see Freud, Sigmund
lexia 64-65
Ley-del-Padre 85, 93, 134-35, 137, 138, 144
Liberación Gay, Movimiento de 179, 182
literariedad 9-10, 11, 16
literatura comprometida see realismo socialista
A Literature of Their Own see Showalter, Elaine
Lodge, David: *Modes of Modern Writing* 40
logocentrismo 98, 106, 143
logos 98-99, 105
Los de abajo see Azuela, Mariano
Lukács, György: *The Meaning of Contemporary Realism* 157-58
Lyotard, Jean-François 208-9

The Making of the English Working Class see Thompson, E.P.
Man Made Language see Spender, Dale
Marx, Karl 150-51, 152-56, 173, 196, 218
marxismo 122, 150-63, 165, 196, 204, 207
materialismo histórico 150-51, 196
The Matrix 218
The Meaning of Contemporary Realism see Lukács, György
"Las medias rojas" see Pardo Bazán, Emilia
Mendel, Gregor 73

Menipo de Gadara 27
metafísica see filosófia metafísica
metalenguaje 61
metanarrativa 208-9, 218
México 198-200
"Mi vaca lechera" 202
Michelangelo 180
Miller, Henry: *Sexus* 123
Millett, Kate: *Sexual Politics* 122-23
mímesis 168-69
mimicry see mímesis
misticismo 141-42, 148-49
mito 57-59; naturalización del 58-59
moda, sistema de 59-60
modernidad 206-8, 218
The Modes of Modern Writing see Lodge, David
Moi, Toril 135-36, 142
Monsiváis, Carlos 197-200; "Es el baile del pingüino un baile elegante y fino" 198-200
Monzón, David: *Celda 211* 80
Moraga, Cherrie 182, 184
Morejón, Nancy: "Mujer Negra" 159
Morfología del cuento see Propp, Vladimir
"La mort de l'auteur" see Barthes, Roland
motivación 14-15, 16
motivo 13-14, 16; asociado 14; libre 13-14
Movimiento de Liberación Gay 179, 182
muerte del autor 36, 61-62, 63-66
"Mujer negra" see Morejón, Nancy
mundo inteligible 96-97, 104, 116, 147
mundo visible 96-97, 104
mystérique 141-42
Mythologies see Barthes, Roland

nacionalismo derivativo 164
narración y descripción 43-44
narrativa 13
necesidad en el psicoanálisis lacaniano 93; see also Real, lo
Niebla see Unamuno, Miguel de
Nietzsche, Friedrich 49-50, 54-55, 78, 80, 106, 173, 216; *Así habló Zaratustra* 54-55
Nombre-del-Padre 85, 92, 93
novela dialógica o polifónica 26-27, 28
novela monológica 25-26, 28, 125
novela polifónica 26-27, 28

"Of Mimicry and Man: The Ambivalence of Colonial Discourse" see Bhabha, Homi K.

oposiciones binarias 38, 43–44, 48, 99–100, 103–4, 105, 111, 119, 135, 142–44
orgasmo 142
Orientalism see Said, Edward
orientalismo 165–66
oscuridad 149

pánico sexual 190
Panóptico 76–77, 80
Pardo Bazán, Emilia: "Las medias rojas" 14
parodia 28, 34
A Passage to India 168–69
patriarcado 119, 121, 130, 136, 142
Peirce, Charles S. 204
pene, envidia del 91, 136, 142
Pérez Galdós, Benito 162
performatividad 208–9
Pinochet, Augusto 207
Piquer, Conchita 201
placer del texto 63
placer, principio de 91, 94
Le plaisir du texte see Barthes, Roland
Platón 25, 27, 73, 96–97, 99, 102–3, 117, 142, 147, 148, 180; caverna de 142, 147; *Fedro* 102–3; *República* 147
Plotino 96, 141
plusvalía 153–54
poder, metafísica del 75, 76
poder, voluntad de 72
poema, como interpretar 16–17
Poética see Aristóteles
Poniatowska, Elena 198
The Popular Arts see Hall, Stuart
poscolonialistas, teorías 164–75, 204
posmodernidad 207–9, 218
posmodernismo 66; en arte y literatura 209
posmodernistas, teorías 206–20
Poster, Mark 216
postestructuralismo 15, 49–55, 66, 119, 165, 194
postfeminismo 132–49
preconsciente *see* súper-yo
presencia plena 86–87, 99–100, 101–2, 135
Propp, Vladimir 41–42; *Morfología del cuento* 41
psicoanálisis 93, 94, 99, 122, 123, 125, 133, 134, 139–41, 180–81

racionalismo 23–24, 48, 49, 55, 73, 98, 117
rarificación 73
razón 96, 98, 100, 119

Real, lo 83–84, 86, 93, 94, 95, 134, 136, 144; *see also* semiótico
realidad, principio de 91, 94
realismo: grotesco 33; mágico 168; socialista 156–58, 159–60, 162
referente 210–12, 215
reflejo, teoría del *see* espejo, teoría del
reglamentación 72
Reina, Juanita 201
República see Platón
Revolución del lenguaje poético see Kristeva, Julia
Rich, Adrienne: "Compulsory Heterosexuality and Lesbian Existence" 183; "The Temptations of a Motherless Girl" 183
Rimbaud, Arthur 149
Rule, Jane: *Lesbian Images* 182

Safo 177
Said, Edward: *Orientalism* 165–66
Sarrasine see Balzac, Honoré de
Sarton, Mary 182
Sartre, Jean-Paul 165, 166
sátira menipea 27–28
Saussure, Ferdinand de 36–40, 51, 52, 57, 59, 86, 100, 139, 193, 107, 204, 216; *Cours de linguistique générale* 36
El segundo sexo see Beauvoir, Simone de
semiología 68, 193–94, 204
semiótica 68, 193, 204
semiótico 136–37, 138
El señor presidente see Asturias, Miguel Ángel
sentido, aplazamiento de 51
sexo 120, 121, 129, 130
Sexual Behavior in the Human Female see Kinsey, Alfred
Sexual Behavior in the Human Male see Kinsey, Alfred
Sexual Dissidence see Dollimore, Jonathan
Sexual Politics see Millett, Kate
sexualidad 77–78, 176–91, 204; de la mujer 141–41, 147–48
Sexus see Miller, Henry
Shklovsky, Viktor: "El arte como artificio" 8, 10
Showalter, Elaine 123–24, 182; *A Literature of Their Own* 123–24
significado 36–38, 51, 57, 62, 86–87, 93–94, 100–1, 105, 109–10, 210, 212, 214, 215; aplazamiento del 100–1; autodestrucción del significado unívoco 109; descentralización del 109–10

significante 36–38, 51, 57, 86–87, 93–94, 105; libre 208–10, 214
signo 36–38, 48, 57, 86–87, 193–94, 197, 210–11, 215; lingüístico, inestabilidad de 50, 51, 54, 143
"Signs Taken for Wonders" *see* Bhabha, Homi K.
Simbólico, lo 84, 85–87, 93, 94–95, 132–33, 134–35, 136–37, 138, 144
símbolo 36, 48
simulación 210, 211, 212, 213
Simulacres et simulation see Baudrillard, Jean
simulacro 209–214; de primer orden 211–12, 213–14; de segundo orden 211–12, 213; de tercer orden 210–14, 215
sincronía y diacronía 40
sintagma 60
sintaxis lingüística 41; narrativa 41–42
sistema de primer orden 57, 61, 67; de segundo orden 57, 61, 67
sociedad disciplinaria 76–77
sociedad posmoderna o postindustrial 208, 218–19
Sócrates 27, 102–3
sodomía 177, 181
El sonido y la furia see Faulkner, William
Speculum of the Other Woman see Irigaray, Luce
Spender, Dale: *Man Made Language* 122
Stein, Gertrude 182
Stimpson, Catharine 182
"The Straight Mind" *see* Wittig, Monique
Structuralist Poetics see Culler, Jonathan
sujeto lacaniano, estructura de 95
súper-yo 83, 91, 93–94
surrealismo 149
Système de la mode see Barthes, Roland
Le systéme des objets see Baudrillard, Jean
S/Z see Barthes, Roland

"Tatuaje" 201–2
televisión 214, 215

"The Temptations of a Motherless Girl" *see* Rich, Adrienne
Teodosio 177
teoría feminista lesbiana 182–84
teoría gay 179–84
teoría *queer* 183, 184–85
Teresa de Ávila, Sta. 142, 146
texto *lisible* 68
texto *scriptible* 68–69
Thompson, E.P. 194, 196–97; *The Making of the English Working Class* 196–97
Todorov, Tzvetan 42–43, 65
Tomashevsky, Boris 13–15
trama 13, 14, 16, 21, 46–47, 158; y argumento 13, 14, 16
trascendencia 117, 119, 120, 130
Tres guineas see Woolf, Virginia
Tynyanov, Yury 11

Ulises see Joyce, James
Ulrichs, Karl Heinrich 177–78
Unamuno, Miguel de: *Niebla* 14–15
The Uses of Literacy see Hoggart, Richard

Valderrama, Juanito 201
vanguardismo socialista 156, 158–59
Vázquez Montalbán, Manuel: *Cien años de canción y music hall* 200–2
verdad 73–74, 80, 165–66, 208; filosófica o metafísica 97–98, 99, 100–5, 107, 111, 117
Vigilar y castigar see Foucault, Michel
La voz y el fenómeno see Derrida, Jacques

Wilde, Oscar 182
Williams, Raymond 194, 195–96, 203; *Culture and Society* 195–96, 203
Wittig, Monique: "The Straight Mind" 183–84
Woods, Gregory: *Articulate Flesh* 181
Woolf, Virginia 119–20, 122, 123, 124; *Un cuarto propio* 120, 123, 124; *Tres guineas* 120, 124

yo 50, 82, 83–87, 89, 90, 93, 94, 99, 104, 134–35

www.ingramcontent.com/pod-product-compliance
Lightning Source LLC
Chambersburg PA
CBHW032039300426
44117CB00009B/1125